英国发展报告

(2010~2013)

国际金融危机背景下的英国

DEVELOPMENT REPORT OF THE UNITED KINGDOM (2010-2013)

Britain in the Aftermath of the Global Financial Crisis

北京外国语大学英国研究中心

主　编／王展鹏

社会科学文献出版社
SOCIAL SCIENCES ACADEMIC PRESS (CHINA)

本报告是北京外国语大学区域和国别研究培育基地专项项目（2012ZX006）成果，由教育部区域和国别研究培育基地经费和中央高校基本科研业务费专项资金（Supported by the Fundamental Research Funds for the Central Universities）资助出版

《英国发展报告(2010~2013)》
编委会

编委会顾问 马振岗

主　　编 王展鹏

编　委　会（按姓氏拼音排序）

　　　　　陈晓律　陈志瑞　程静英　崔洪建　冯仲平
　　　　　江时学　李靖堃　刘　绯　沈　毅　石同云
　　　　　宋云峰　王展鹏　章晓英

主编简介

王展鹏 天津市人,法学博士,北京外国语大学英语学院教授、博士生导师、教育部国别研究培育基地英国研究中心负责人、爱尔兰研究中心主任。近年来,主要从事欧洲一体化研究和英国/爱尔兰问题研究,在《欧洲研究》、《教学与研究》、《国际论坛》等刊物发表中英文学术论文 20 多篇;著有《跨国民主及其限度:欧盟制宪进程研究》(人民出版社 2010 年)、《中爱关系:跨文化视角》(主编,世界知识出版社 2011 年)、《认识爱尔兰:历史遗产与当代经验》(主编之一,外研社 2009 年)、《国家权力与世界市场:国际政治经济学》(译著,北京大学出版社 2008 年)、《爱尔兰人与中国》(合译,人民出版社 2010 年)、《关贸总协定法律及实务指南》(合译,上海人民出版社 2004 年),主编、参编英语教材及工具书十余册。

摘　要

本书追踪了2010～2013年初英国政治、经济、社会、对外关系等领域的发展情况，就联合政府执政和国际金融危机、欧债危机背景下的中英关系、英欧关系、英国防务政策调整、宪法改革、苏格兰独立公决的争论、伦敦奥运会等重大事件和英国文化产业发展做了专题分析，尤其关注当前国际力量格局发生深刻变化，经济衰退迁延不愈的情况下，英国自身力量、国际地位及中英关系呈现出的新特点和新趋势。

这一阶段，英国经济表现出衰退长期化、复苏乏力的特点。长期以来，英国经济过度依赖金融和房地产业、实体经济发展相对滞后、制造业持续衰落。危机表明这一发展模式难以为继，面临艰难转型。而国际经济环境和英国国内高企的债务水平使这一转型尤为艰难。

在此背景下，2010年大选产生了英国战后首届联合政府。内外政策理念迥异的保守党—自由民主党联合执政后，为应对严峻的财政状况，采取了近乎休克疗法的严厉紧缩政策，将减少赤字和政府债务与防范系统性宏观经济和金融风险设定为政府所有工作的首要目标。三年来，紧缩计划在促进英国宏观经济稳定和可持续发展的同时，也对英国传统的福利国家理念形成冲击，加剧了社会阶层间的分化。

国际金融危机以来，英国主要政党的治理思想和政策努力在传统"左翼"和"右翼"之间寻求中间道路，平衡社会各阶层的诉求。卡梅伦提出了"大社会"理念，并将其作为2010年竞选纲领和随后联合政府执政理念的重要部分。2010年大选后，更接近工党传统理念的埃德·米利班德当选该党领袖，提出工党不能停留在新工党的遗产之中，应更加关注下层民众的利益。2012年后工党提出致力建设"全民团结国家政党"（One Nation Party）的定位。2010年大选至今，一些分析家所期待的第三力量崛起给英国政治带来的巨大变革并未出现。联合政府两党注意力集中于削减赤字,加之受到理念差异、决策效率的制约并未给英国政治带来真正变革。较之新工党时期,英国宪法改革的走势趋于保守。苏格兰民族主义的发展和独立公决的启动也提出了工党政府权力下放的宪法改革是否助长了民族主义并最终将导致联合王国解体的命题。

面对国际体系力量结构调整和欧债危机的挑战,联合政府在应对经济问题的同时,不得不认真思考英国在国际体系中力量和地位的命题,将确保英国的大国地位作为重要战略目标。联合政府明确了努力适应日趋网络化的世界、充当全球大国的国际定位,在维持对美、对欧特殊关系的同时,重视与新兴市场国家的关系。在防务政策方面,新出台的《战略防务与安全评估报告》强调了减量增质的思想。

联合政府上台两年多来,在中英关系方面以经贸与人文为重点,积极构建"共同促进增长的伙伴关系"。与此同时,一些新变化、新问题相继出现。这既是源于联合政府对华政策的调整,也是近年来欧债危机持续发酵、亚洲力量崛起与美欧战略东移的国际背景使然。近三年来,英国对华外交在保持延续性与务实传统的同时,"经济外交"特点突出。从广度与深度而言,特别是在经贸与人文领域,双边关系的发展趋于加强态势。然而,2012年5月,首相卡梅伦与副首相克莱格联合会见达赖也给中英政治关系的发展带来不利影响。

Abstract

This report traces the developments in politics, economy, society, and foreign policy in the United Kingdom from 2010 to 2013, and makes special analyses on major events in the first few years of the Coalition Government, such as China – UK relations, European policy, adjustments in defence policy, constitutional reforms, debates on Scottish independence referendum, and the London Olympic Games. Special attention has been given to the impact on the UK of the global financial crisis and European Sovereign Debt crisis. The book also focuses on the power shift in the international system and its impact on the evolving British power, its status and role in the world, as well as new characteristics and trends that have emerged in the China – UK relations.

At this phase, the UK economy is characterized by long-term recession and a slow recovery. The UK economy has long been excessively dependent on finance and real estate industry, while the development of the real economy relatively lagged behind and the manufacturing industry experienced continuous decline. Such a development model is difficult to sustain and transform. Furthermore, the international economic environment and the high level of deficit of the United Kingdom exacerbate the difficulty of such a transformation of Britain's economic structure.

In this context, the first postwar Coalition Government was formed after the 2010 general election. Notwithstanding the incongruity of domestic and foreign policies between the Conservatives and the Liberal Democrats, the Coalition, in order to tackle the difficult fiscal situation, has adopted a harsh shock-therapy-styled austerity programme, which gives priority to reduction in deficit and government debt and to prevention of systematic macroeconomic and financial risk. For about three years, the austerity policy on one hand facilitated the stability of the macro-economy and sustainable development in the United Kingdom, while on the other hand, it undermined the traditional notion of British Welfare State and aggravated the gaps between different social classes.

Since the global financial crisis, the major parties in the United Kingdom have continued to take the middle ground in terms of the ideas and policies of British political and economic governance, in an attempt to gain support from all social groups. David Cameron presented the concept of the "Big Society", which has become a key policy notion in the 2010 Conservative general election manifesto and in the following Coalition Government. Since the 2010 general election, Ed Miliband, who favours a more traditional ideology of the Labour Party, is elected as party leader. He argues that the Labour Party should go beyond the legacy of "New Labour" and be concerned more about the interests of the lower classes. After 2012 the Labour Party proposed to dedicate itself to the idea of "One Nation Party". Against the wish of a number of analysts, three years after the 2010 general election the radical reform in British politics which was expected together with the rise of the "third force" did not occur. The priority in deficit reduction of both parties in the Coalition Government, along with the discrepancies of ideas and the constraints on the efficiency of policy-making has all hampered substantial changes in British politics. The pace of British constitutional reforms tends to be much more moderate and incremental compared with that in the New Labour era. The development of Scottish nationalism and the initiation of the Scottish independence referendum also bring forth the debates over whether the Labour government's constitutional reform on devolution encourages nationalism and will finally lead to the disintegration of the United Kingdom.

Facing the power shifts in the international system and the challenge of the Eurozone crisis, the Coalition Government, while tackling the economic problems, has to think seriously about what power and role the United Kingdom has in the international system, and make it a strategic goal to secure the United Kingdom's great power status. In the debates on the UK's place in the world, the Coalition Government endeavours to adapt to a more "networked" world, orientate itself as a global great power, and emphasise the importance of emerging powers in British foreign policy while maintaining the special relationship with the United States and the European Union. On defence policy, the new *Strategic Defence and Security Review* (*SDSR*) emphasises the idea of "using the minimum number, providing both quality and effectiveness".

Abstract

In Sino-British relations, the Coalition Government has given priority to business, trade and cultural exchange so as to build a "partnership for growth". But at the same time new changes and issues have also emerged. This originates not only from the adjustment in the Coalition Government's policy on China, but also from the international contexts, particularly from the impact of the prolonged Eurozone crisis, the rise of Asian powers and the American and European strategic pivot and repivot to the East. For the last three years, the British government has underlined "economic diplomacy" in its foreign policy, while staying continuous and pragmatic in its relations with China on the whole. China – UK bilateral relations have been augmented in both scope and depth, especially in the fields of business and people – to – people exchange. However, Prime Minister David Cameron and Deputy Prime Minister Nick Clegg's meeting with Dalai Lama in May 2012 has had an adverse effect on the development of China – UK political relations.

目 录

主题报告

国际金融危机下的英国 …………………………………… 王展鹏 / 001

分领域报告篇

金融危机以来的英国经济 ………………………………… 张　劼 / 021
2010年英国大选与政党政治走向 ………………………… 杨光杰 / 040
英国社会发展评述 ………………………………………… 宋云峰 / 061
英国联合政府的外交政策 ………………………………… 曲　兵 / 083
欧债危机背景下英国防务政策的调整 …………………… 倪海宁 / 099

专题报告篇

宪法改革与英国地区自治的新发展 ……………………… 王展鹏 / 120
卡梅伦政府执政以来的中英关系 ………………………… 杨　芳 / 141
英国与欧洲联盟的关系 …………………………………… 王展鹏 / 155
国际金融危机背景下的伦敦奥运会 ……………………… 张　浩 / 172

英国电影产业的发展 …………………………………… 石同云 / 186
英国"数字英国"战略 …………………………………… 张　浩 / 211

资料篇

统计资料 …………………………………………………… 沈　毅 / 226
2010~2012年英国大事记 ……………………… 英国研究中心编 / 236

后　记 ……………………………………………………… 王展鹏 / 308

CONTENTS

Keynote Report

The United Kingdom in the Aftermath of the Global Financial Crisis
Wang Zhanpeng / 001

Reports in Policy Areas

The UK Economy since the Financial Crisis *Zhang Jie* / 021
The UK General Election 2010 and the Development
　of British Party Politics *Yang Guangjie* / 040
An Evaluation on the Development of British Society *Song Yunfeng* / 061
Reviewing the UK Coalition Government's Foreign Policy *Qu Bing* / 083
Adjustments in British Defence Policy in the Context
　of Eurozone Crisis *Ni Haining* / 099

Special Reports

Constitutional Reforms and Developments in Devolution
　in the United Kingdom *Wang Zhanpeng* / 120
An Analysis of the China-UK Relations since 2010 *Yang Fang* / 141

The Relations Between the United Kingdom and the European Union

Wang Zhanpeng / 155

London Olympic Games in the Context of Global Financial Crisis

Zhang Hao / 172

The Development of British Film Industry　　*Shi Tongyun* / 186

"Digital Britain" Strategy　　*Zhang Hao* / 211

Data and Statistics

Data and Statistics　　*Shen Yi* / 226

The Chronology of Important Events in the United Kingdom
 (2010-2012)　　*British Studies Centre* / 236

Afterword　　*Wang Zhanpeng* / 308

主题报告

Keynote Report

国际金融危机下的英国

王展鹏 *

2008年后，英国与世界上大多数国家一样经历了20世纪30年代大萧条以来最严重的金融危机，2009年底爆发的欧洲主权债务危机进一步加剧了英国的经济衰退。预期中的经济复苏在2010年并未如期而至，而欧债危机则凸显了欧洲国家经济社会模式存在的诸多缺陷和发展限度，长期积累的全球化时代生产方式和经济社会模式的困境日益突出，影响远远超出欧元区国家的金融治理领域，也对英国产生了重要影响。为应对这一冲击，英国的内外政策都主动或被动地做出了相应调整，其经济社会模式、政党政治、国际地位和对外政策历经变化，面临转型的压力。

在《经济学家》杂志对2013年英国走向的预测中，英国副首相克莱格写道：过去几年英国面临的国际和国内环境都发生了深刻变化；游戏规则已

---

* 王展鹏，北京外国语大学英语学院英国研究中心教授。

然完全改变；英国的经济模式、全球力量格局、气候、人口组成，乃至人们身边的风景都在变化之中。① 在复杂性和不确定性并存的情况下，2010～2013年初的英国呈现出的新特点包括：经济衰退迁延不愈；战后首次出现的联合政府执政给英国政治版图带来新变化；紧缩政策的政治、经济、社会影响日益显现；国际力量格局演变下英国出现了关于自身新的国际地位定位的辩论。

一 危机下的英国经济走势与联合政府的经济社会政策调整

2010年，联合政府开始执政时英国正处于2008年危机后的复苏期，欧债危机的蔓延迫使卡梅伦政府实行严厉的紧缩政策，在削减预算赤字方面取得了一定成效，宏观经济形势较为稳定，2012年通货膨胀降至2%以下；就业成为疲软的英国经济中的一大亮点，高于2008年危机前的水平。然而，在实现经济增长和增强国际市场的竞争力方面，联合政府的政策成效有限，2011年底英国经济再次陷入衰退。据国际货币基金组织（IMF）的年度统计数字，2008年英国GDP总值约为27874亿美元，② 2012年降至约24338亿美元。③ 据英国国家统计局的统计，2008年第一季度到2012年底，英国GDP收缩3.4%左右，经济表现低于除意大利外的其他七国集团国家，英格兰银行的量化宽松政策也未能阻止英国出口下滑的趋势。④

---

① Nick Clegg, "Priorities for a Pivotal Year", The Economist, 21 Nov 2012, p. 45.
② IMF, "World Economic Outlook Database, October 2008", http：//www.imf.org/external/pubs/ft/weo/2008/02/weodata/weorept.aspx？pr.x＝53&pr.y＝12&sy＝2008&ey＝2008&scsm＝1&ssd＝1&sort＝country&ds＝.&br＝1&c＝112&s＝NGDP_R%2CNGDP_RPCH%2CNGDP%2CNGPD&grp＝0&a＝.
③ IMF, "World Economic Outlook Database, October 2012", http：//www.imf.org/external/pubs/ft/weo/2012/02/weodata/weorept.aspx？pr.x＝50&pr.y＝10&sy＝2012&ey＝2012&scsm＝1&ssd＝1&sort＝country&ds＝.&br＝1&c＝112&s＝NGDP_R%2CNGDP_RPCH%2CNGDP%2CNGPD&grp＝0&a＝.
④ John O'Sullivan, "The Sunshine Breaks Through", in The Economist：The World in 2013, p. 47.

（一）肇始于银行业的金融危机对英国经济发展模式提出了挑战

2008年以雷曼兄弟破产为标志的国际金融危机爆发后，英国经济最具活力的部分——金融业首当其冲，成为重灾区，并迅速向其他产业传导。这一危机标志着始于撒切尔革命并为新工党所接受的新自由主义模式蜜月期的终结。[①] 从1995年起英国经济开始了长达13年的稳定增长的黄金时期，其经济增长一直维持在3%左右，整体表现好于德、法等其他欧盟大国。许多英国决策者和经济学家认为，英国已找到了救治"英国病"的良方。与此同时，英国的经济发展模式、经济周期、产业结构与美国趋同的趋势更为明显，与国际经济的依存度进一步加深。

在国际金融危机爆发前，金融和房地产成为英国经济的支柱产业，而实体经济发展相对滞后，制造业持续衰落，抵御危机的能力较弱。2007年伦敦金融城的金融及相关服务业的产值占英国GDP总额11%左右；外国银行数量几乎是纽约的2倍。危机爆发伊始，伦敦金融城就成为继华尔街之后全球金融危机的另一个中心。英国金融业从业人员领取高额薪酬，长期大量从事高风险金融业务。而房地产泡沫则形成于20世纪90年代初，该产业经历18年的增长，产值增长近4倍。危机出现后，到2009年春英国房地产业产值下降20%左右，风险敞口加大，加剧了金融业的危机。为应对危机，布朗政府动用国家财政救助银行、收购私有银行债务，使预算赤字和政府债务急剧上升。工党政府的表现引起民众强烈不满，成为该党在2010年大选中败选的重要原因之一。2010年保守党—自由民主党联合政府执政后，与上届工党政府同样面临的一个困境是如何在加强金融监管的同时，确保英国金融业的竞争优势不会遭到削弱。2012年12月，英国议会通过了《金融服务业法》，规定由英国央行——英格兰银行成立专门委员会统筹、履行保持金融市场稳定的职责。英国政府于2011年12月接受了由独立委员会起草的《维克斯报告》。该报告建议在大银行混业经营的模式下，对商业银行进行"圈护"（ring fence），同时对银行的资本金充足率提出了刚性要求。英国政府已表态于2013年将该报告的大部分

---

① P. W. Preston, *England after the Great Recession*, London: Palgrave Macmillan, 2012, p.1.

内容纳入新《金融服务业法》的立法工作。但该报告也因在完成、实施整改时间等方面规定过于宽松而被认为是对银行业的妥协。面对危机，出于保持伦敦国际金融中心地位的考虑，英国在金融监管方面相对其他国家的政策更为宽松、采取的激进措施较少。此外，对国际货币基金组织、欧盟等国际机构在提高资金充足率、限制金融机构提供服务的范围、降低从业人员薪酬、实施借贷范围限制等方面加强国际金融监管的提议，英国也持谨慎态度。这在一定程度上有利于保持英国金融业的国际竞争力，但也加大了未来出现危机的风险。①

为应对困境，英国政府也推出了一系列措施，如鼓励制造业、大力发展创意产业和与气候变化相关的清洁能源等低碳经济产业，借助产业转型促进经济增长。但由于英国长期形成的经济模式过度依赖金融服务业、国家和私人负债居高不下、实体经济疲软，特别是制造业长期衰落，加之新兴市场和发展中国家的竞争及国内紧缩政策对经济增长的消极影响都加大了英国产业转型的难度。

（二）财政赤字和政府债务危机迫使英国采取了严厉的紧缩政策

危机之初，英国政府为救助"大而不能倒"的银行业将私营企业债务"国有化"，大幅增加了政府债务和财政赤字，经济衰退同时导致税收下降，英国长期形成的福利国家传统使历届政府在改革社会福利方面举步维艰。这些因素相互叠加，导致金融危机迅速演变为财政和债务危机。到2009年底，该自然年度英国政府预算赤字高达1608亿英镑，占当年GDP的比重从上一年的5.1%，上升到11.5%。② 这一数字不仅已远远高于《马约》设定的国家财政状况稳定的安全线，③ 而且已接近引发2010年欧债危机的希腊的水平。早在2009年春，卡梅伦在保守党代表大会上就宣称英国已进入一个"紧缩的

---

① LSE, *London's Place in the UK Economy*, 2009~2010, October 2009, London.
② HM Treasury, *Budget 2011*, London: The Stationary Office, March 2011; HM Treasury, *Budget 2012*, London: The Stationary Office, March 2012; HM Treasury, *Budget 2013*, London: The Stationary Office, March 2013. 本文中宏观经济数据主要参考了英国国家统计局网站公布的有关报告。
③ 国际上一般借用《马约》设定的财政状况安全线，即预算赤字占当年国内生产总值的比重不应超过3%，政府债务总额占国内生产总值的比重不应超过60%。

时代"，① 提出未来保守党政府将彻底改变工党政府实行的对公共开支挥霍无度的宽松政策，建设负责任的节俭型政府。联合政府执政后，为应对严峻的财政状况，采取了近乎休克疗法的严厉紧缩政策，将减少赤字和政府债务与防范系统性宏观经济和金融风险设定为政府所有工作的首要目标。2010年6月，联合政府提出用4年时间实现财政平衡的目标，各部门预算削减幅度平均达19%，拟裁减49万个公共部门工作岗位，政府开支削减830亿英镑，增加税收290亿英镑。

截至2012年底，英国削减预算赤字的工作取得了一定进展。2012～2013财年预算赤字维持在7.4%左右，② 较2009～2010财年下降1/3。但政府债务率仍继续保持上升势头，到2012年底接近GDP的75%。同时，紧缩政策对经济增长的不利影响也日益显现。2012年英国经济再次探底，前两季度GDP均出现负增长，虽然第三季度由于举办奥运会等因素的刺激实现了0.9%的增长，第四季度再次下降0.3%。经济复苏乏力使联合政府应对经济衰退的能力受到广泛质疑。2010年在工党政府经济刺激政策的作用下英国经济曾出现较为强劲的复苏（GDP增长按年率达2.5%），但2011年后联合政府的紧缩政策导致经济增长乏力招致众多批评。保守党执政伊始指责工党应为英国的经济问题负责，但联合政府已执政近三年，仅靠指责工党政府政策失当，已难以令人信服。

（三）英国经济面临紧缩政策和刺激增长间的矛盾以及世界经济增长放缓的外部挑战，存在诸多不确定性和衰退长期化的风险

到2012年底，本轮经济下行已进入第五个年头，联合政府执政两年半取得的主要成绩包括：削减赤字增强了财政的可持续性，通货膨胀趋于稳定，就业状况较好，据世界经济论坛的测算，英国国际综合竞争力指数在2012年度上升至世界第8位；但同时经济增长乏力、债务水平居高不下成为英国政府不

---

① David Cameron，"The Age of Austerity"，http：//www.conservatives.com/News/Speeches/2009/04/The_age_of_austerity_speech_to_the_2009_Spring_Forum.aspx.
② George Osborne，"Budget 2013：Chancellor's Statement"，http：//www.gov.uk/government/speeches/budget-2013-chancellors-statement.

得不面对的痼疾。

在此背景下,英国关于刺激经济增长和削减赤字的争议再起。在短期实现平衡预算目标无望的情况下,进一步采取紧缩政策将使深陷危机的英国经济复苏之路更加艰难。国内外关于英国削减赤字的力度过大、过猛的呼声不断升高。继续实行旷日持久的紧缩政策也给联合政府下次大选的前景带来巨大压力。2013年初,包括国际货币基金组织在内的多个国际经济组织对英国的紧缩政策提出了质疑。YouGov民意调查显示,进入2012年,针对"英国经济应以促进增长为重点,即便因此导致预算赤字水平进一步上升也在所不惜"的问题,英国民众给出肯定答案者持续增加(40%左右),超过认为应继续坚持紧缩政策者7~8个百分点。[1] 英国政府的立场也出现了松动:虽在2013年财政预算中继续坚持削减赤字的努力,但同时也提出财政政策趋于中性的政策取向,在财政和货币政策方面为刺激经济增长留出了一定空间。

近年来,欧债危机迁延不愈,2012年又出现了美国财政悬崖和新兴市场发展速度趋缓的新的外部挑战。欧元区作为占英国出口总额42%的最大出口市场,其大多数成员国在2012年陷入衰退;占英国出口份额16%的美国市场,2012年底关于财政悬崖的争论给美国经济将实现较快复苏的前景投上了阴影;与此同时,中国、印度、巴西等新兴市场国家经济增速也出现了放缓的势头。这些都给英国借助国际贸易提振经济的努力带来了不利影响。

(四)英国社会改革与发展喜忧参半,出现了局部矛盾激化的趋势

联合政府的紧缩计划包括压缩公共部门及其开支,削减福利,提高大学学费,将部分国家医疗服务转包给私营公司,到2020年将退休年龄推迟到66岁等内容。这些措施在促进英国宏观经济稳定和可持续发展的同时,也对英国传统的福利国家理念形成冲击,加剧了社会阶层间的分化。其效果喜忧参半:除方案推出之初爆发的一些抗议活动,英国社会反应总体平稳,比较理性地接受

---

[1] Leo Barasi, "The Five Trends That will Shape British Politics", http://www.noiseofthecrowd.com/the-trends-that-will-shape-british-politics/.

了联合政府通过紧缩政策削减公共开支摆脱危机的方案。2012年英国就业形势好转，第四季度新增就业58.4万人，实现了1989年以来的就业市场的最快速复苏，失业人数在危机初期迅速走高的情况下趋于稳定，为英国经济社会的整体稳定提供了支持。英国民众认识到，高公共支出、高福利的经济社会模式在当前的国内外经济环境下是不可持续的。据2012年《英国社会态度》大型舆情报告的数据显示，近年来，英国民众在"政府是否应加大福利开支"问题上持肯定态度的人数呈下降趋势，2011年做出肯定回答的仅占28%，而20年前，则高达58%。①

紧缩政策对英国社会发展的一些不利影响也开始显现。首先，削减福利的计划加剧了英国社会收入不平等的状况。联合政府计划到2014～2015财年将各种福利补贴、救济金削减共计190亿英镑。相关研究表明，因低收入者更依赖这些救济，削减赤字对低收入者收入的影响远大于高收入者。②

其次，随着紧缩政策的实施，英国一些社会矛盾出现激化的迹象。在推出紧缩计划最初一年多发生的抗议、骚乱等标志性事件有：2010年11月，爆发了针对增加学费和削减教育补贴的抗议活动；2011年8月，托特纳姆爆发骚乱并迅速蔓延全国，成为英国三十多年来最大规模的骚乱；2011年11月30日，英国爆发32年来最大规模公共部门大罢工，抗议政府养老金改革计划；2011年10月，受"占领华尔街"运动影响，伦敦市民走上街头，宣告"占领伦敦"，并在伦敦证券交易所附近的圣保罗大教堂周围抗议长达4个月之久。自撒切尔执政时期受到削弱的工会运动出现了重新活跃的迹象。但进入2012年以后英国社会相对平静，紧缩政策对英国社会的长期影响还有待观察。

再次，长期的紧缩政策对英国社会团结和地区、种族、阶层关系的负面影响开始显现。英格兰人认为苏格兰等地区的居民占用了过多的公共财政资源。穆斯林等少数群体的国家认同下降。战后英国历届政府积极倡导的多元文化主义和少数民族融入政策面临挑战。2012年《英国社会态度》报告显示，51%的被调查者认为英国应大幅减少移民数量；而在1995年这一数字仅

---

① NatCen, *British Social Attitudes 29* (*2012 edition*), http://www.bsa-29.natcen.ac.uk/media/13421/bsa29_full_report.pdf, p. ii.
② Ben Baumberg, "Benefit Cuts, Welfare Reform and Inequality", *One Society*, 2012.

为39%。①

尽管英国正处于经济危机和紧缩政策的沉闷气氛下，但伦敦奥运会的成功举办和女王登基60周年纪念（女王钻石庆典）的盛大场面仍然给英国社会发展带来一些积极色彩。在2012年伦敦奥运会上，英国获得65枚奖牌，高居金牌榜第三位，特别是来自不同阶层、民族、地区的选手代表英国同场竞技，分享这些奖牌。这些都成为英国国家自豪感和社会凝聚力的象征。

二 联合政府与英国政治的新变化

2010年5月，英国诞生了第二次世界大战结束以来第一个联合政府。保守党和自由民主党首次牵手，两党领袖卡梅伦和克莱格分别出任首相、副首相，结束了新工党执政长达13年的局面，标志着英国政治进入了新的时期。

（一）面对金融、债务危机的挑战，英国主要政党在自由主义和社会民主主义、效率和公平之间寻求艰难的平衡

经过新工党13年"第三条道路"实验，英国政治左右翼之间的界限更加模糊，三大主要政党在国家、社会、市场等关系中，都不局限于左或右的意识形态窠臼，转而向"中间道路"靠拢，采取了中左或中右的取向。② 国际金融危机以来，英国主要政党的政治、经济理念和政策表现出努力寻求中间道路、平衡社会各阶层诉求的特征。

联合政府中，保守党和自由民主党在各自的保守主义和社会民主主义传统中竞相加入了自由主义的理念。在政治经济理念上，卡梅伦属自由主义的保守主义者，主张个人自由，反对国家干预。他和克莱格在《联合政府协议》的序言中写道："我们持有同样的信念——大政府的时代已经终结。"他们把消

---

① NatCen, *British Social Attitudes 29 (2012 edition)*, http://www.bsa-29.natcen.ac.uk/media/13421/bsa29_full_report.pdf, p.30.
② 宋雄伟、曾飚、罗铮：《保守党回来了：卡梅伦和他的联合政府》，人民日报出版社，2010，第107~109页。

除赤字和债务作为联合政府的最紧迫任务,并承诺实行"改变时代、挑战传统的激进改革"。① 此外,卡梅伦提出了大社会理念,将其作为2010年竞选纲领和随后联合政府执政理念的关键部分。卡梅伦宣称,保守党和联合政府将与大政府传统决裂,但同时致力于大社会建设,并将其视为与过度关注市场、忽视社会作用的撒切尔保守主义的关键区别,以期修复保守党的"经济自由主义"给英国社会带来的创伤。而实现这一目标的途径并非加强政府作用的自上而下的方式,而是强调个人、家庭、企业的社会参与,重建负责任的社会。② 从卡梅伦执政后的政策实践看,大社会理念更多地停留在宣传策略层面,其可行性面临诸多问题。首先,新工党13年来在社会公正和经济效益间寻求平衡的政策已大幅降低政府在社会领域的投入,进一步改革面临削弱英国福利国家制度的风险。其次,保守党增强公民、企业责任感,鼓励志愿服务、社区发展等措施,事实上是任何国家、政府所倡导的理念,如不能得到强有力的国家政策引导,难免流于空想和宣传辞令。迄今为止,联合政府仅推出了大社会银行、社会投资市场等有限的举措,难以对英国社会的重建产生全局性影响。最后,批评者认为,在当前经济衰退的背景下,保守党的大社会理念有政府推卸责任之嫌,在国家退出的一些领域,最终将为市场的力量所占据,因而,大社会最终只是撒切尔新自由主义理念的延续与调整。

除政党竞争的考虑外,自由民主党理念的右转在一定程度上促成了其与保守党的联合执政。该党历史上从传统社会民主主义转向社会自由主义,在金融危机的背景下更多接受了大幅削减公共开支和对公共服务采取激进的市场化改革的理念和政策,在高等教育学费、国家医疗服务体系改革、环境、国际援助等问题上,自由民主党都向保守党做出了妥协。

2010年大选后,更接近工党传统理念的埃德·米利班德当选该党领袖。他宣布用两年时间对工党过去的政策进行评估,提出工党不能停留在新工党的

---

① HM Government, *The Coalition: our Programme for Government*, http://www.direct.gov.uk/prod_consum_dg/groups/dg_digitalassets/@dg/@en/documents/digitalasset/dg_187876.pdf, p.7.
② Simon Lee, "'We are All in this Together': The Coalition Agenda for British Modernization", in Simon Lee and Matt Beech eds., *The Cameron-Clegg Government*, Basingstoke: Palgrave Macmillan, 2011, pp.3 - 23.

遗产之中，应更加关注下层民众的利益。① 2012年后工党强化了致力建设"全民团结国家政党"（One Nation Party）的定位。② 工党认为，英国已成为贫富阶层鸿沟加深的国家，作为传统的代表社会进步力量的政党，工党应努力缩小左右、贫富、南北、城乡、种族等差别。在英国经济复苏过程中，尤其需要采取自上而下的方式加强制度设计，鼓励民众参与，保护劳动者的利益，同时也应回应社会其他阶层的诉求。为此，米利班德借用维多利亚时期实行社会改革的保守党前首相迪斯雷利带有民粹主义色彩的全民政党的口号，也是意在消除中产阶级对工党重回传统意识形态的担忧。这些看似自相矛盾的理念在一定程度上反映了英国工党内部在该党未来发展方向上的模糊和分歧之处。工党内部左翼（蓝色工党）批评新工党过去实质上实行的政策是新自由主义的翻版，未能充分考虑工人阶级的利益；而工党主张中间道路的领导人则在2011年发表《紫皮书》寻求中间阶层民众的支持。"全民团结国家政党"的提法试图兼顾工党内部左右两方面的诉求，争取两派选民，但在未来具体政策层面则面临诸多不确定性和现实困难。③

（二）在国际金融/债务危机迁延不愈的情况下，经济社会政策的调整成为英国政治的核心议题

联合政府上任之初，将英国的经济问题归咎于工党大政府、高开支的政策。保守党认为过去13年工党政府的政策不可持续，对经济增长、社会公平和稳定而言都蕴涵着巨大风险，因而，需要通过激进的变革，在经济上实行削减开支的紧缩政策，在社会政策方面继续新工党未能完成的福利制度改革。两年半以来，联合政府总体运行平稳，除在学费、医疗改革等问题上自由民主党被迫做出让步外，执政两党争论的焦点集中在选举制度改革、上议院改革等与普通选民切身利益不很紧密的领域。随着联合政府任期过半，在教育、福利、

---

① Ed Miliband, "Ed Miliband's Speech to Labour's NPF", http://www2.labour.org.uk/ed-milibands-speech-to-labours-npf.
② Ed Miliband, "Ed Miliband Speech to the Fabian Society-One Nation Labour：The Party of Change", http://www.labour.org.uk/ed-miliband-speech-fabian-one-nation-labour-change.
③ 林德山：《经济危机对欧洲政党及政党结构的影响》，《欧洲研究》2013年第2期，第15页。

对欧政策等敏感问题上两党的分歧将逐步表面化。鉴于英国的经济问题既包括产业结构和福利国家自身的缺陷，也有全球化背景下国际竞争加剧、发展中国家和新兴市场集体性崛起带来的外部挑战，在2012年削减赤字已落后于政府时间表的情况下，英国经济持续衰退，进一步改革的难度加大，也增加了两党协调政策的难度。

工党支持采取紧缩政策，但同时认为，联合政府过于严苛的紧缩不利于实现经济增长，在当前复杂的经济形势下，仅仅借助紧缩政策，削减政府开支，寄希望于依靠市场自动实现经济的再平衡是不现实的，而且会使英国福利国家的传统处于危险之中。针对奥斯本2010年提出的用四年时间实现预算平衡的方案，工党一方面重申其支持采取紧缩政策解决赤字问题；但同时认为，紧缩措施的力度至关重要。考虑到未来需要为实施促进经济增长的措施留出空间防止经济再次探底，较为可行的目标是，在未来四年中，将预算赤字缩减一半，降至5%左右即可。①

在2010年大选中，面对严峻的国内和国际经济形势，保守党、工党和自由民主党在英国福利政策改革方面也有一定共识，即强调福利和责任的平衡，补贴主要向失业后积极寻找工作的人士倾斜。联合政府在《福利综合改革评估》和2011年《福利改革法案》中建议统一各项与收入有关的补贴（失业、育儿、住房等）、家庭享受的总福利封顶、对拒绝工作者停发补贴、削减部分补贴的额度，希望通过这些措施鼓励人们努力工作，减少政府福利负担。在医疗改革方面，联合政府2010年秋发表了对国家医疗服务系统进行结构性改革的白皮书，并于2012年通过了相关法律，将病人和临床医务人员置于决策和资金使用的核心位置，对有关政府机构进行重组，由私营公司或公益机构竞标承担管理工作。

英国主要政党在这些改革问题上虽有一定共识，但在改革的时机、政府和市场机制的作用、具体政策执行的力度上还存在明显分歧。工党对保守党政府借社会改革强化新自由主义政策持批评态度，他们认为这些政策将使英国社会

---

① Ed Miliband, "Labour Leader's 2010 Conference Speech in Full", http://www.bbc.co.uk/news/uk-politics-11426411.

各阶层间鸿沟继续扩大。自由民主党也面临支持者的压力,要求其履行竞选承诺,在未来社会政策改革问题上坚持自身的诉求。近期英国社会改革仍会在扩大开支和维持最低标准间摇摆,寻求妥协性安排。①

(三)受经济形势和政治现实的制约,宪法改革迈出的步伐有限

与1997年工党执政后大刀阔斧的宪法改革不同,联合政府两党并未如其竞选承诺中所说在英国政治中大力革故鼎新,在宪法改革方面迈出的步伐有限。除《议会固定任期法》顺利获得通过外,2011年下院选举制度改革、上院改革等议题先后在全民公决和议会表决中未获通过而搁浅。工党执政后期提出的考虑制定成文宪法和引入权利法案等从根本上改革英国宪法体制的主张都未能提上立法议程。

除英国政治文化在宪法改革上渐进、审慎的传统外,宪法改革步伐有限的原因主要有以下几个方面。第一,面对经济危机的压力,英国各界的注意力主要集中在削减财政赤字、尽快走出危机上,对宪法改革的关注度下降。第二,英国主要政党在宪法改革的内容、时机、方式等方面存在分歧,难以形成足够的共识。其中,在轮流坐庄的两党制下处于不利地位的自由民主党极力主张推动议会选举制度改革,但缺乏其他各党的积极配合,欲速不达,而匆忙出台的改革方案也存在不够严谨、可操作性不强等缺陷,在议会和全民公决中难以获得充分的支持。例如,在部分选举产生上议院议员问题上,尽管三党在大选中有一定共识,但工党和部分保守党议员认为,自由民主党主导推出的改革方案操之过急、缺乏可操作性,因而拒绝给予支持。第三,联合政府两党之间和两党内部也存在分歧。在联合政府内部,居主导地位的保守党在大多数宪法改革议题上并不积极,出于其政治理念和现实利益,主张维持现状。该党对自由民主党推动选举制度等改革的支持主要出于履行联合执政时的承诺,难免敷衍了事。在下院改革选举制度问题上,卡梅伦只支持就这一问题举行全民公决,并不支持改变简单多数制;在上院改革等问题上,保守党部分议员不顾领导层和

---

① 田德文:《金融危机背景下的英国社会改革》,《当代世界与社会主义》2012年第5期,第16页。

党内纪律的压力明确反对联合政府的提案，使联合政府被迫放弃上述法案的议会表决。

（四）苏格兰民族主义的新发展给英国区域自治政策乃至整个国家的未来造成压力

自新工党 1997 年推行权力下放政策以来，英国国内长期存在权力下放政策是否会最终导致多民族国家走向分裂的担忧。英国民族国家发展的复杂历史和现实，对中央政府如何有效应对这一权力下放进程带来的新变化提出了更高要求，但总体来看英国政府对这一变化带来的挑战准备不足。①2010 年以来，苏格兰、威尔士、北爱尔兰权力下放继续推进，但苏格兰政治格局的新变化和独立公决的开启对这一进程产生了巨大影响，增添了诸多变数。

历史上，在英国民族地区自治问题上，工党力主权力下放，保守党更倾向于通过中央集权维护统一，而自由民主党则支持联邦安排，但近年来保守党政治理念向"新地区主义"②转型，这样，与工党权力下放政策的趋同性增加。到 2010 年大选时，三大主要政党在继续推进权力下放政策问题上已无明显分歧。2010 年，北爱尔兰两大主要政党民主统一党和新芬党终于就警务和司法领域的机构分权方案达成一致，为全面落实《复活节协议》迈出了关键一步。2011 年，威尔士关于进一步下放权力的全民公决如期举行，使威尔士议会在 20 个主要公共政策领域获得了完全的立法权，完成了 2006 年开始的二次权力下放进程。2012 年，苏格兰议会通过了进一步下放权力的《2012 苏格兰法》。该立法被称为英国有史以来，最大规模的财政权力下放举动。它虽未满足苏格兰民族党争取完全财政自主权的长期诉求，但大幅增加了地区议会征税的权力。

---

① 例如，黑兹尔教授认为，在权力下放的新机制下，中央政府和地方政府关系的政治文化将发生新变化，二者的上下级关系因之改变，由上下级变为平等的伙伴；进而出现对由此导致的政治力量变化失去控制的风险。Robert Hazell, "Reinventing the Constitution: Can the State Survive? CIPFA/Times and Inaugural Lecture 4 November 1998", http://www.ucl.ac.uk/spp/publications/unit-publications/33.pdf.

② 其基本理念是使决策尽可能在低层次基层政府中做出，增加民众决策参与。

苏格兰民族党 2011 年获得地方议会多数，单独执政并启动独立公决进程，到 2013 年初相关民调显示苏格兰人支持独立的比例仅占 1/3 左右，经济利益的考虑仍是左右公决结果的重要因素，但这一发展给英国政府推行的权力下放政策和英国民族自治的发展带来的巨大影响仍不容低估。第一，在新工党执政期间，工党在苏格兰地方议会居多数地位，在苏格兰权力下放问题上能够与中央政府充分协调，苏格兰民族党独立执政后先后提出财政完全独立和举行脱离英国公决的要求，使英国政府面临权力下放是否将导致英国解体的现实命题。第二，由于在处理中央政府和地区政府关系，特别是权力下放带来的宪法问题上，英国宪法体制中缺乏明确的法律规定，传统上被认为在维护英国统一问题上较为坚定的保守党政府，迫于各方压力与苏格兰政府达成了协议，同意于 2014 年举行苏格兰地区公决。虽然许多人认为，在当前独立选项支持率不高的情况下，英国政府是出于策略考虑同意举行公决，希望通过公决平息苏格兰独立的争论，但这一进程创造的宪法先例和独立公决合法化的影响对英国仍将产生深远影响。第三，未来一年多时间关于苏格兰独立的争论也将给英国多民族共存的国家认同和经济上的相互依存产生巨大压力。2011 年以来，苏格兰关于北海石油收益的归属和英格兰人关于是否应为苏格兰人的福利买单的争论不断加剧，就是这一新变化的反映。第四，苏格兰公决也在一定程度上产生"溢出效应"，使北爱尔兰和威尔士的民族主义趋于活跃，在英格兰地区关于英国人身份、利益的辩论也日益增加。许多英格兰人认为，对英格兰也应实行权力下放政策，而不应由包括苏格兰、威尔士等地区议员的英国议会决定只和英格兰人相关的经济社会事务。[①] 第五，苏格兰独立公决加大了联合王国走向解体的风险，也对英国的国际地位和影响力带来负面影响。

（五）英国政府政策和政党政治将围绕未来大选出现新调整

在联合政府执政时间过半的情况下，选举政治的逻辑在未来两年多的时间

---

① 即所谓"西洛锡安问题"，20 世纪 70 年代后期以来，随着英国权力下放的深入，部分英格兰议员提出，在苏格兰、北爱尔兰等地区议会可决定大多数本地区事务的情况下，英格兰不存在地区议会，立法依靠包含 100 多位苏格兰等地区议员组织成的英国议会，对英格兰人而言有失公平。

内将成为影响英国政府政策和政党政治的重要因素。从目前英国主要民意调查结果来看,自 2010 年底起,工党的支持率一直对保守党保持稳定的领先态势,2012 年后领先幅度扩大到 10% 以上。而自由民主党的支持率则从 2010 年大选时的 23% 左右下降一半。导致这一局面的一个重要原因是,联合政府实行的紧缩政策在教育、医疗等领域削减开支已接近选民承受的极限,而经济复苏并未如期出现,联合政府执政后英国经济经历了二次探底,到 2012 年底 GDP 较 2008 年初危机开始时仍收缩 3.4% 左右;而据英国政府在 2013 年预算报告中所做的预测,2013、2014 年英国经济增长率分别为 0.6% 和 1.8%,[1] 仍将维持低速增长态势。自由民主党加入联合政府后在民生问题上过于迁就保守党,学费、医疗改革未能履行竞选承诺,导致传统支持者流失,使该党在 2010 年大选前出现的上升势头终止,甚至其第三大党的地位也有被独立党(UKIP)取代的风险。

自由民主党一直把宪法改革作为其充当英国政治中第三势力的核心特征,[2] 但在下院选举制度改革和上院改革未能如愿后,未来两年多的任期内将不得不在福利政策、增加富人税收及欧洲政策等问题上更坚定地维护自身立场。执政两党的摩擦也可能随之增加。尽管如此,在当前执政两党民众支持率低迷、经济形势暗淡、民众不希望出现政府不稳定或重新大选的情况下,保守党将会极力维持联合执政的稳定,避免成为少数派政府。自由民主党也不希望为维持联合执政付出的高昂代价付诸东流,因而,虽然未来两党分歧将增加,但不大可能改变联合执政的局面,不排除联合政府将根据经济形势的变化适当放松紧缩政策的力度,采取刺激经济增长的措施,取悦选民。

而对于目前民众支持率处于有利地位的工党而言,除继续突出自己代表英国社会团结的政党特性与形象外,如何证明工党具备管理深陷困境的英国经济的能力至关重要。英国选举研究的民调显示,2012 年 30% 的选民认为保守党是处理英国经济问题的最佳选择,虽比 2010 年大选时下降 11%,但仍高于工

---

[1] HM Treasury, *Budget 2013*, London: The Stationary Office, March 2013.
[2] Michael Foley, *The Politics of the British Constitution*, Manchester: Manchester University Press, 1999, p.135.

党的26%。① 目前，工党提出的主要经济社会政策改革方案包括：对富人征收房产税，降低低收入者税负；实行结构改革，支持新兴产业和小企业；引入新的教育培训体系，加强金融业、能源价格管理等。这些政策大多比较笼统，还需要拿出切实可行的方案，应对英国经济在削减公共开支和有效发挥国家的再分配职能间达致平衡的难题。

三 英国对外政策调整及中英关系新发展

耶鲁大学教授保罗·肯尼迪在2010年曾写道：几乎所有的中等强国都无法回避的一个难题是如何界定自身在国际体系中的地位，即自己是谁、战略重点如何、怎样实现战略目标的问题。② 对英国而言，这一命题尤为关键，作为19世纪国际体系的领导国，英国在短短半个多世纪的时间内失去了霸主地位，当前又面临国际力量格局深刻调整、本国经济衰退的挑战，如何维持全球性大国地位、避免进一步衰落是其对外政策的关键。

（一）联合政府执政以来关于英国国际地位的讨论

面对国际体系力量结构调整和欧债危机的挑战，联合政府在应对经济问题的同时，不得不认真思考英国在国际体系中力量和地位的命题，将确保大国地位作为重要战略目标。2010年大选期间，保守党在竞选纲领中明确界定了英国实现全球大国目标可以借重的资源，如联合国安理会常任理事国席位、英美特殊关系、欧盟大国地位、强大的军事力量等。保守党同时也承认，英国如不能扭转自身力量衰落的趋势，其影响国际事务的能力将迅速下降。联合政府执政后，外交大臣黑格即表示英国不能接受"中等工业化国家"或"具有全球影响的地区性力量"的定位。在2010年发布的《战略防务与安全评估报告》中，英国政府虽对防务预算有所削减，但强调承担全球责任、发挥全球影响是其始终恪守的承诺。2012年英国皇家国际事务研究所的民意调查结果也显示，

---

① Paul Whiteley, "Uneasy Bedfellows", in Economic & Social Research Council, *Britain in 2013*, p. 60.
② Paul Kennedy, "Britain: A History Lesson", *The Economist: The World in 2010*, 2009, p. 51.

56%的受访者认为英国应寻求维持其大国地位。

如何充分利用现有政治、经济和军事力量资源及其文化创新能力，在欧美之间左右逢源，同时积极发展与新兴大国的关系，在联合国、全球治理中发挥重要作用，成为英国国际战略调整的关键。① 国际力量结构调整、多极化深入发展对英国而言也意味着挑战与机遇并存。国际体系主导国的相对衰落和多个力量中心崛起将加速国际力量的再分配，发展中国家和新兴市场的群体性崛起，也成为英国加强与这些国家的双边关系的现实动力。

随着以物质资源界定国家力量及其国际影响力的思维定势的改变，英国在全球经济竞争力、软实力等方面也表现出众多独特潜力和优势，如英国影响国际规则的能力、清洁能源与低碳经济领域的技术和经验。19世纪中叶以来，英国积极以自由贸易的捍卫者自居，在世界金融和投资等领域形成了竞争优势，金融资本和金融机构成为英国利益和国际影响力的要素，伦敦和纽约并称世界最重要的国际金融中心。此外，按世界经济论坛的计算，2010～2012三年中英国经济的竞争力综合排名分别位居第12位、第10位和第8位，呈上升态势，在包括新兴市场国家在内的大国和潜在大国中仍位居第四，仅低于美、德、日三国。②

（二）英国对外政策的延续与调整

在此背景下，英国内外政策呈现出诸多新特点和新趋势。在全球层面，联合政府继续将英美特殊关系作为其对外战略的一个基点，但同时有意淡化布莱尔时期充当欧美间桥梁的提法，代之以努力适应日趋网络化的世界，发挥全球影响的国际定位，即在当前充满不确定性的复杂世界中需要英国针对各种挑战具备更迅速作出反应的能力，加强影响全球治理和国际多边合作走向的能力，与世界主要力量加强双边合作，尤其重视发展与中国、印度、巴西等新兴大国

---

① Justin Morris, "How Great is Britain? Power, Responsibility and Britain's Future Global Role", *The British Journal of Politics and International Relations*, Vol. 13, 2011, pp. 341 – 342.
② World Economic Forum, *Global Competitiveness Report 2010 – 2011*; *Global Competitiveness Report 2011 – 2012*; *Global Competitiveness Report 2012 – 2013*, http：//www.weforum.org/issues/global – competitiveness.

的关系。

在地区层面,保守党主导的联合政府执政之初在欧洲问题上并未采取激进措施改变工党政府的对欧政策,但受欧债危机下欧盟经济治理深化和英国(特别是保守党内部)疑欧主义发展的影响,英国与欧盟间的分歧与矛盾日益突出。2013年1月,卡梅伦提出下次大选后保守党如再次当选将就英国的欧盟成员国地位问题举行全民公决。在保守党看来,面对全球金融危机和欧债危机,欧盟应致力于提高自身和成员国的国际竞争力,"成为具有灵活性的网络,而非束缚成员国的僵化集团"。[1] 保守党的这一姿态并不意味着欧盟对英国无足轻重,在英国加入欧盟40年后,二者之间的联系已密不可分。目前,英国与欧盟成员国的贸易占其进出口总额的一半以上,除非有保证贸易利益的安排,英国很难承受退出欧盟的后果。可以说,卡梅伦的讲话一方面是出于大选考虑而做出的一场政治赌博;另一方面,希望能够以退为进,为欧洲一体化发展设置底线,根据自身意愿影响、塑造其未来走向。

在外交理念上,联合政府延续了现实主义和"道德外交"相结合的传统,卡梅伦将其倡导的自由的保守主义延伸到对外关系领域;将英国国家利益明确界定在经济繁荣、国际竞争力和国家安全层面,进而将推动经济复苏和长期增长作为外交政策的重要目标,英国外交也因此被赋予帮助英国走出衰退的重要工具的职能。除注重自由贸易和发展援助等传统理念外,联合政府强化了"经济外交"、"商业外交"的概念并积极付诸实践。[2] 与此同时,英国并未因紧缩政策放弃以民主、人权等价值观推进自身战略目标、维持国际影响力的做法。2011年英国与法国在利比亚战争的武装干预中扮演了主要角色。

从短期看,紧缩政策对英国防务能力带来了不利影响,但联合政府在安全

---

[1] David Cameron, "Prime Minister's Speech at the Lord Mayor's Banquet: Foreign Policy in the National Interest", http://www.gov.uk/government/speeches/prime-ministers-speech-at-the-lord-mayors-banquet.

[2] David Cameron, "Statement on Strategic Defence and Security Review", http://www.direct.gov.uk/prod_consum_dg/groups/dg_digitalassets/@dg/@en/documents/digitalasset/dg_191634.pdf; William Hague, "Britain's Foreign Policy in a Networked World", http://www.gov.uk/government/speeches/britain-s-foreign-policy-in-a-networked-world-2?view=Speech&id=22462590.

领域继续强化英国具有全球利益的全球性力量这一基本定位,并在上台伊始,迅速成立了国家安全委员会;出台了《安全防务与战略评估》和《国家安全战略评估》等文件,继续借重北约和欧盟两大战略支点,依托英美特殊关系,将北约视为"英国防务的基础和国家战略的主要工具",① 同时通过欧盟多边和双边合作,增加了自身在欧洲共同安全政策中的参与度和影响力;强调"减量增质"的防务发展战略,重视海上核威慑力量的建设,将恢复和增强英国在全球的快速反应能力作为长期发展目标。

(三)中英关系的新发展

联合政府执政以来,英国外交保持了其延续性和务实传统,中英关系发展总体平稳,并在经贸、金融、人文与民间交流等领域趋于深化,但2012年5月英国首相卡梅伦会见达赖,给中英关系的发展带来了消极影响,如何尊重对方核心利益、努力构建"新型大国关系"成为双边关系发展的重要命题。

首先,国际力量结构变化使英国的战略认知呈现新特点,在英国外交更加重视发展与新兴大国关系的背景下,中国在英国外交战略中的地位不断上升,联合政府上台后提出建立"共同促进增长的伙伴关系",双方经济互补性增强,经贸合作发展迅速。中国经济发展和巨大的市场潜力对陷于经济衰退的英国而言意味着机会,而英国在金融、教育、创意产业、低碳经济等方面具有的优势和经验都是发展两国关系的重要财富。从政府高层互访到英国贸易投资局实施的"到亚洲做生意"项目,英国积极推动企业在中国拓展业务。2012年中英货物贸易额达到631亿美元,比前一年增长7.5%,进出口增幅在中国与欧盟主要贸易伙伴中位居第一。而同期中国与欧盟的其他主要成员国(如德、法、意)的贸易都出现了下降。② 中英相互投资增长迅速,中国对英投资并购也出现井喷式增长。双方在低碳经济和清洁能源领域(如碳捕捉技术)分享

---

① "Our mission is to ensure that NATO remains fit to serve as the bedrock of the UK's Defence and a leading instrument of our national security and that NATO military operations meet UK strategic objectives." Gov. uk, "UK and NATO", http://www.gov.uk/government/world/uk-joint-delegation-to-nato.

② 赵永升:《中英贸易为何在欧盟一枝独秀》,财富中文网,2013年2月26日,http://www.fortunechina.com/column/c/2013-02/26/content_146183.htm。

经验，开展合作，取得了重要进展。此外，英国积极推动在伦敦建立人民币离岸交易中心，2011年两国就这一问题初步达成了协议，目前已取得实质性进展。

其次，两国人文交流深入发展，与政治互信、经贸合作一道，共同构成全面战略伙伴关系的三大支柱。中英两国都是对人类文明做出巨大贡献的历史文化大国，文明借鉴和文化交流的历史源远流长。2012年5月，国务委员刘延东访问英国，启动了中英高级别人文交流机制，旨在在教育、科技、文化、媒体、体育和青年等领域深入合作，交流思想和经验，达到增进相互了解和友谊的目的。英语语言、教育、文化、传媒均被视为英国软实力的重要来源，而中国文化"走出去"，增强国家软实力的工作也推动了两国人文交流的发展。2010年以来，英国中国文化热不断升温，孔子学院作为两国间综合性文化交流平台的作用日益凸显。而英国在教育、创意文化产业等领域的优势也成为增进合作的桥梁和纽带。

最后，中英两国如何在双边关系中相互"促进共同利益、尊重对方利益，维护整体利益"，成为双边关系的重要命题。[1] 2010年联合政府成立后中英关系延续了工党执政期间双边关系发展的良好势头。2010年11月，卡梅伦率包括众多工商界领袖的庞大代表团访华，推动经贸合作和商业外交；2011年6月，温家宝总理成功访问英国。但2012年5月卡梅伦会见达赖给双边政治关系的发展带来了不利影响。在英国政府内部，围绕对华政策出现分歧，出现是否对华关系中突出人权等议题而不惜影响双边经贸关系的争论。[2] 如何从两国人民的整体利益出发，维护对方重要利益，促进共同发展成为中英建构新型大国关系的重要课题。

---

[1] 中华人民共和国驻大不列颠及北爱尔兰联合王国大使馆：《驻英国大使刘晓明在英工商界举办的纪念中英建立大使级外交关系40周年晚宴上的演讲：坚持正确的利益观》，http://www.fmprc.gov.cn/ce/ceuk/chn/dsxx/dashijianghua/2012/t935856.htm。

[2] 《英内阁围绕对华政策现分歧》，《参考消息》2013年2月18日。

分领域报告篇

Reports in Policy Areas

金融危机以来的英国经济

张劼*

摘　要：

金融危机对英国造成了重大打击，经济产出下降，失业率飙升，政府为救助银行业而深陷财政赤字泥淖。因应对危机不力，执政13年的工党政府在2010年大选中下台，新上任的联合政府权衡利弊，确立了以"减赤"为核心的经济紧缩方针。围绕这个方针，政府努力开源节流，一方面增加税收，一方面削减开支。但两方面的政策在推行过程中均遇到强大阻力，尤其是在削减福利开支上，引发民众强烈不满。更为糟糕的是，危机发生四年多后，英国经济仍未看到复苏的迹象。随着紧缩政策实施范围的不断扩大，预计联合政府将面临更大反弹。如何处理好"减赤"与经济复苏之间的关系，是摆在联合政府面前的第一大难题。

关键词：

宏观经济　银行监管　货币政策　紧缩政策　就业

---

* 张劼，英国《金融时报》中文网编辑。

一 宏观经济综述

2008~2009年的金融危机以及随之而来的经济衰退,对英国打击甚大。金融危机之前的2007年,英国的GDP增长率还维持在1%以上,但在2008年9月雷曼兄弟倒闭引发的金融海啸后,GDP增长率急速跌至-2%以下。虽然2009年一度恢复到正值,但已对英国经济造成了严重影响。卡梅伦领导的联合政府,就是在这样的大背景下上台执政的。

2010年5月联合政府执政后,在当年6月推出"紧急预算案",确立了以"减赤"为中心的任内经济政策目标。由保守党领袖卡梅伦和自由民主党领袖克莱格共同签署的《联合政府协议》明确表示:本届联合政府最迫切的任务是处理英国史无前例的巨大债务,[①] 政府希望在五年的任期内将英国预算赤字从2010年的1490亿英镑减少到200亿英镑。然而,该计划的前提是英国经济增长能适时复苏,可事实上,经济复苏非常缓慢,2011和2012年英国经济增长率一直在±1%之间徘徊,远未达到政府的预期。2012年7月公布的官方统计显示,GDP甚至已连续三个季度(2011年第四季度、2012年第一季度、2012年第二季度)负增长,总计下跌了1.3%(见图1)。面对如此糟糕的经济数据,财政大臣乔治·奥斯本在2012年12月5日向议会做的预算报告中,已明确承认本届政府无法在五年任期内完成减赤目标。

造成英国经济难以及时复苏的原因是多方面的。从宏观层面看,过去十几年来,一直被视作英国经济增长支柱行业的金融服务业和房地产业,在此次金融危机中受到重创,短期内难以恢复到危机前的水平。尽管联合政府数次强调要尽快实现经济转型,重振制造业,提升出口,并积极发展软件开发、创意设计、绿色科技等新兴领域,但产业转型无法一蹴而就,新兴产业无法及时弥补老旧产业衰退带来的产业真空,导致英国近几年商业活动疲软,失业人口增加,随之而来的是政府税收减少,福利支出猛增,深陷财政赤字泥潭。可以

---

① The Coalition, *Our Programme for Government*, May 2010, http://www.direct.gov.uk/prod_consum_dg/groups/dg_digitalassets/@dg/@en/documents/digitalasset/dg_187876.pdf.

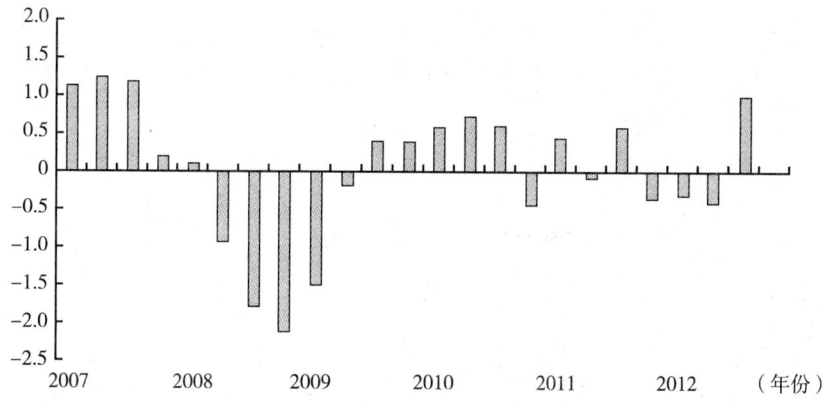

图1　英国实际GDP季度增长率（2007年至2012年第三季度）

资料来源：http://www.leftfootforward.org/2012/11/economic-update-november-2012/。

说，这是英国经济近年来表现出的结构性问题。

这个结构性问题在联合政府上台之前早已存在。前任工党政府1997年上台后，时任财政大臣的戈登·布朗把英国中央银行——英格兰银行变成一个独立于财政部的货币政策机构，以控制通货膨胀为主要政策目标，并赋予其独立制定基准利率的权力。2000年后，在美国的影响下，全球主要发达国家的基准利率不断走低，英国央行也不例外，只是其降息力度比美国小很多。利率的降低意味着资金成本的降低，于是从企业到个人纷纷贷款投资、消费，负债文化大行其道，导致整个英国社会债务高企。在企业界，尤其是伦敦金融城内的金融机构，以极低的利率获得资金、人为提高杠杆率后，在金融市场进行赌博式交易，给整个金融体系带来了极大风险，金融机构从中获得了巨额回报。在社会上，由于银行放松了借贷标准，普通百姓都能以相对较低的利率获得住房按揭贷款，申请信用卡也变得相当容易，于是人们不再储蓄，而是投入到消费大潮中。仅以信用卡为例，62%的英国成年人至少每人拥有一张信用卡，刷卡额在2008年达到1214亿英镑的历史最高点。消费额如此巨大，却仅有10%的人能每月全额还款，剩下90%的人每月都要为自己的信用卡借款支付高额利息。在这种情况下，平均每张信用卡的负债额，从1999年的900英镑，猛增到 2009 年的 2300 英镑。①

这种疯狂举债度日的局面，直到 2008~2009 年的金融危机爆发后才有所改变，但为时已晚，英国社会此时已习惯于借钱投资、借钱消费。而此前维持了近十年的房价上涨局面（见图 2），又给许多人带来了财富膨胀的错觉，从而更加消费无度。可以说，在工党执政末期，到联合政府上台之前，英国经济极度依赖民众消费、金融服务业和房地产繁荣的局面已经形成。

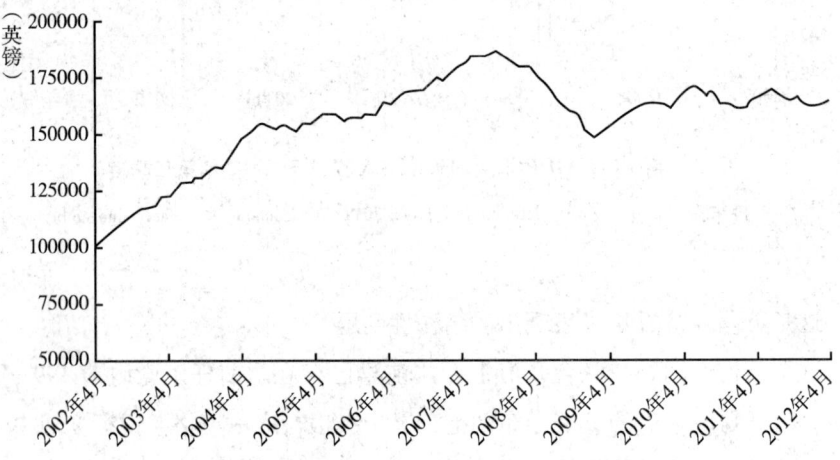

图 2　英国平均房价（2002 年 4 月至 2012 年 4 月）

资料来源：英国按揭贷款银行，http://www.thisismoney.co.uk/money/mortgageshome/article-2138804/Nationwide-says-UK-house-prices-fall-months.html。

然而，这三个支撑英国经济发展的支柱，在金融危机中都受到重大打击，并引发一连串连锁反应。在国内，英国经济陷入了信贷枯竭、通货膨胀上升、失业率升高、薪资冻结、房价下跌、福利削减等各种负面因素并存的局面。在国际上，欧洲债务危机愈演愈烈，以中国、印度为代表的新兴经济体发展放缓以及美国经济复苏的不确定性等，成为英国经济必须面对的严峻的外部环境。多数经济学家和分析师都认为，这是二战结束以后英国经济面临的最大困境。

---

① Adrian Buckley, *Financial Crisis: Causes, Context and Consequences*, Harlow: Pearson/FT Prentice Hall, 2011, p. 42.

二 金融服务业

前文已提及,在金融危机爆发前的十几年,金融服务业已成为英国经济的支柱产业。根据2011年的一份统计,伦敦金融城(相当于纽约的华尔街)占据了全球20%的跨境借贷、40%的非英国股票交易、32%的外汇交易、43%的衍生品场外交易以及二级市场70%的国际债券交易。除对冲基金资产外,伦敦在几乎所有的指标上都胜过了美国、德国、法国、日本等国的金融中心。金融服务业在伦敦"扎堆",使伦敦成为全球唯一能和纽约比肩的重量级金融中心,金融服务业也同时成为英国的"纳税"大户。在英国,从税收的转移支付角度上讲,伦敦每年对英国其他地区的补贴达到150亿英镑,[①] 而伦敦就是英国金融服务业的代名词,伦敦对其他地区的补贴,也就是金融服务业对英国的补贴。仅此一点,就可以看出金融服务业在英国经济中的支柱地位。

在金融服务业中,又以银行业最为重要。在全球30家大银行中,英国独占5家。金融危机之前,英国金融监管机构信奉"轻度监管"的原则,工党政府大举简化监管程序,将原有的多个监管部门合并为一个英国金融服务局。而当时的美国在经历了安然、世界通信公司等一系列公司财务丑闻后,为加强监管,通过了严厉的"萨班斯—奥克斯利法案",给在美国上市的外国企业强加了每年数以百万美元计的额外合规成本。这一举措导致很多本来打算在美国上市的外国公司纷纷转向,改为登陆伦敦,给英国银行业带去了一笔意料之外的"横财"。

有利的外部环境,加上金融危机之前的房地产和信贷泡沫,致使英国银行业的资产急速膨胀(见图3),金融资产与GDP的比率到2006年已超过200%,几乎高于所有发达国家。这极大增加了英国经济对银行业的风险敞口,给其带来了不小的潜在风险。结果,当次贷危机在美国爆发后,很快就蔓延到英国,给暴露在国际金融市场下的英国银行业造成重大打击。五大银行之一的

---

① "London: A Precarious Brilliance", *The Economist*, Jun 30th 2012, http://www.economist.com/node/21557754.

皇家苏格兰银行因危机前借贷过度，大肆扩张，在这次危机中率先倒下，于2008年10月被英国政府国有化，并在2009年1月爆出280亿英镑的亏损，创下英国历史上最大规模的公司业绩损失。

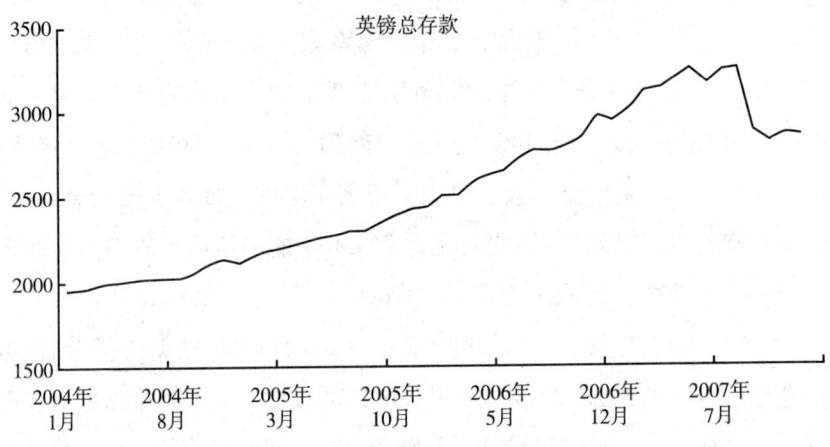

图3 英国银行业资产（2004年1月至2007年7月）

资料来源：ONS, *Financial Statistics*, February 2008, Table 4.3A, http://ukhousebubble.blogspot.co.uk/2008/02/how-big-is-uk-banking-sector.html。

除皇家苏格兰银行外，还有数家与英国百姓日常生活联系密切的按揭贷款银行因资不抵债，也被英国政府国有化，比如北岩银行以及规模稍小一些的布拉福德·宾利银行。其中，北岩银行因暗中向英格兰银行求助的消息被BBC曝出，储户们纷纷排队提取存款，一天之内提走10亿英镑，引发英国1866年以来第一次银行挤兑，逼迫时任工党政府财政大臣的达林出面，以政府名义担保所有储户的存款安全，才结束挤兑。这也是金融危机中，英国银行业最富戏剧性的一幕。

在金融危机最为严重的2008年10月，英国政府为救助银行业，前后共投入4000亿英镑，其中500亿用于向英国八大银行注资，1000亿用于增加货币市场的流动性，剩下的2500亿用于担保银行发行的中短期债券，而且其中还不包括此前为国有化皇家苏格兰银行和北岩等银行而注入的资金。如此"大手大脚"救助银行业的最严重后果就是本应由银行业自己承担的债务转移到英国的国家资产负债表上，这种私营部门债务的"国家化"导致英国财政状况迅速恶化。数据显示，到 2010 年联合政府上台时，英国政府的净债务已达 7590 亿英镑，占英国当年 GDP 的 52%，为 20 世纪 90 年代以来最高。

与此同时，得到了纳税人救助的银行家们仍然领取着全英国最高的薪水以及普通中产阶级不敢想象的巨额年终奖金。这让许多英国普通纳税人非常愤怒，他们不断质疑英国政府为什么一定要救助银行业，而不让其按市场规律破产。英国公众认为，之所以会出现这种银行"大而不能倒"的现象，正是因为英国经济过于依赖金融服务业，以致政府被金融机构"绑架"，无法对该行业实行严格监管。全英国民众都需要在金融危机后勒紧腰带过日子，银行家们却在享受了纳税人的救助后阔绰依旧。这种极具讽刺意味的状况终于引起了公愤，决定救助银行业的工党政府也为此付出了 2010 年大选失利的代价。

大选后上任的联合政府以保守党为主导，而保守党虽一向与商业机构走得较近，但在银行家们被"人人喊打"的情况下，也不得不宣布要对银行业加强监管。财政大臣奥斯本甫一上任就宣布成立独立的银行业调查委员会，对英国银行业状况进行彻底调查，并提出整改意见。这个委员会由牛津大学著名学者、曾担任英格兰银行首席经济学家的约翰·维克斯爵士负责，经过一年多的调研，在 2011 年 9 月向公众公布了维克斯报告。① 这份报告全面审视了英国银行业的现状，并提出了一系列政策建议。

维克斯报告最引人关注的一点，就是在大银行混业经营的模式下，建议对商业银行进行"圈护"。过去十几年来，英国大银行基本都属混业经营模式，像巴克莱、皇家苏格兰银行等大行，在具备吸纳储户存款资格的同时，也发展起了规模庞大的投资银行业务，其中就包括风险极高的自营交易业务。维克斯爵士担心，一旦投资银行业务发生巨额亏损，会殃及商业银行中储户的存款。所以他在报告中要求银行采取措施，在商业银行与投资银行之间建起一道防火墙，将两者隔离开来。墙内是安全系数较高的

---

① Independent Commission on Banking, "Final Report: Recommendations, September 2011", http://www.hm-treasury.gov.uk/d/ICB-Final-Report.pdf.

一般商业银行业务，如储户存款、小企业借贷、支付机制等，而墙外则是高风险的投资银行业务，包括各类证券买卖、债券及股权承销、衍生品交易等。墙外的投资银行不得动用墙内商业银行的资金，以保证商业银行不必承担投资银行业务遭受的损失，因此储户的存款至少是安全的，像北岩银行那样的挤兑事件就不会发生，政府也不必动用纳税人的钱为投资银行的损失买单。

除"圈护"外，维克斯报告还对银行的资本金规模提出了硬性要求，特别是圈护内的商业银行，要求他们将资本充足率提高到10%～13%，另外再计提风险权重资产的10%和债务资本的10%，作为拨备，以提高商业银行的抗风险能力。

总体看来，维克斯报告对英国银行业提出的整改要求相当高。比如，"圈护"概念的实质是要回归到20世纪30年代美国大萧条后实施的银行分业经营模式，在金融业全球一体化的今天，实施起来有相当难度。再比如，10%～13%的资本充足率远高于国际通行的《巴塞尔协议》中的规定。有鉴于此，维克斯报告在整改时间的限度上相对比较宽松，仅要求英国各银行开始实施整改的时间不得晚于2015年5月，到2019年1月必须完成全部整改。一些批评人士认为，这个时间表过于宽松，实质上是对银行业的让步，在瞬息万变的现代金融市场面前，2019年太过遥远，很难确保2019年之前一切都能按照设想运行。

令批评人士不满的不仅仅是时间表。他们还认为，维克斯报告"放过"了投资银行中风险极高的自营交易业务，也没有对银行在货币市场上的融资活动提出监管建议，而这正是导致北岩银行资不抵债的重要原因。"圈护"的概念固然很好，但防火墙具体建在哪里，把什么业务放进墙内，鉴于每家银行情况不同，将由各银行自行决定，这给予银行业很大的操控空间，有可能削弱监管效果。另外，从英国的角度出发，维克斯报告对本国银行实施的监管过于严厉，将损害英国银行业在国际上的竞争力，从而很可能影响到伦敦的国际金融中心地位以及英国经济本身。

维克斯爵士本人十分清楚这些批评的存在，但他在发布报告后接受英国媒体采访时仍表示，如果这次银行业改革能顺利进行，那么影响将是"根本而深远的",将有助于预防类似北岩银行和雷曼兄弟那样的破产事件发生。① 其支持者认为,这并非没有前车之鉴。此次金融危机中,冰岛和爱尔兰两国的金融业发生的灾难几乎摧毁国民经济,全世界有目共睹。维克斯报告中的措施若能得到全面贯彻,银行自身就会具备承受巨额损失的能力,即便完全破产,也有一种机制保证其平稳地走完清盘、解体程序。这样,银行业不再"大而不能倒",也就不太可能对整个金融体系造成破坏性影响。

三 货币政策

英国的货币政策由英国中央银行——英格兰银行制定。前文已述,把英格兰银行从财政部剥离出来,作为一个独立的货币政策机构,是1997年上台的工党政府财政大臣布朗的决策。当时,工党政府通过了一部《1998英格兰银行法》,正式赋予英格兰银行独立制定基准利率的权力,希望央行通过利率调节,将通货膨胀率控制在2.5%以内(从2003年起,该目标调整为2%)。正是从那时起,保持物价稳定,并以此保持市场对英镑作为主权货币的信心,成为英国央行的一个主要政策目标。

除此之外,布朗还给英国央行制定了另一个政策目标,就是保持英国金融体系的稳定,这就要求央行能及时发现金融市场、货币体系中有可能危及到整个系统稳定的异常状况,一旦发现要尽快处理,并在需要时担当起"最后借款人"的角色。可以说,在金融危机之前,英国央行在这两个政策目标上表现尚可,但金融危机发生后,央行的应对措施就遭到不少人诟病,引起较大争议,至今仍无定论。

(一)降息

金融危机的蛛丝马迹最早从2007年年初开始显现,但到当年夏天突然加剧,7月份时市场流动性急速陷入停滞,逼迫欧洲央行、美联储及日本央行纷

---

① Brooke Masters, Patrick Jenkins, Sharlene Goff and Megan Murphy, "UK Banks Face Tough New Raft of Reforms", *Financial Times*, September 12, 2011, http://www.ft.com/cms/s/0/68575f84-dd56-11e0-9dac-00144feabdc0.html.

纷在8月初入市干预，向市场注入上千亿美元的巨额流动性。英国央行是在这一轮行动中唯一按兵不动的发达国家央行，令一些市场人士颇为不解，批评声浪随之而来。很快英国央行就难以继续置身事外，仅仅一个月后的9月，英国央行加入了向市场注资的行列。不少分析家相信，这表明英国央行仅坚持一个月的"无为而治"的监管立场已被彻底放弃，走上了欧洲央行和美联储的路子。而正是这样的摇摆不定，招致了许多对英国央行行长默文·金及其领导下的货币政策委员会的批评。

随着市场流动性的进一步枯竭，危机不断加深，大西洋彼岸的美联储开始了迅速而猛烈的降息动作，联邦基准利率在一年多的时间内从5.25%猛降到0.25%以下。这一次英国央行没有再作壁上观，而是快速跟进，在美国的雷曼兄弟银行破产后，以更猛烈的动作，把基准利率从2008年10月的5%降到2009年3月的0.5%，力度之大、决心之强前所未有。从后来的情势看，这样的做法远好过最初的"无为而治"。因为降低利率，实质上就是降低了企业和个人获得资金的成本，在市场流动性几近枯竭的状况下，低利率能促进市场上的借贷和投资，提高需求，从而带动经济活动，这在金融危机时显得尤为重要。

当然，这样做也带来了副作用，那就是市场上过多的资金导致通货膨胀。2009年3月以来，英国基准利率一直维持在0.5%，毫无变化，通货膨胀率则相应地从0（甚至是负值）慢慢上升到2011年的5%以上，而且在一些与百姓日常生活息息相关的领域（比如食品、汽油、公共交通票价等）通胀率远高于5%，让公众普遍感到日子越来越不好过。即便如此，由于英国经济至今仍深陷衰退，英国央行已一再表示，近期没有加息计划。几次议息会议纪要也显示，货币政策委员会的九名成员一致投票赞同维持利率不变。有研究机构更预测，0.5%的基准利率有可能延续到2017年。

（二）量化宽松

不过，事实证明，此次金融危机是二战后最为严重的一次，其破坏性仅次于1929~1933年的大萧条，全球各大央行若仅靠降息，根本无法缓解危局。英国央行的处境也不例外。英国央行在如此短的时间内把利率降到近乎为零，客观上导致自身很快就失去了利率调节这一重要政策工具，在经济形势迟迟不见好转的情况下，只能把希望寄托在另一个货币政策工具——增加货币供应上，这就是经济学术语上的"量化宽松"。

英国央行于2009年3月开始第一轮量化宽松，当时宣布的规模是750亿英镑，用于直接在市场购买金融资产，以政府债券为主。但从2009年4月开始到2010年2月，不到一年时间内，英国央行就把第一轮量化宽松的规模扩大到2000亿英镑。然而，2010年上半年，随着欧洲债务危机的逐渐显现以及英国经济自身危机的不断加深，英国央行经研究后认为，仅仅进行一轮量化宽松是不够的，因此决定从2011年10月开始实施第二轮量化宽松，规模仍为750亿英镑，并在2012年2月和7月分别追加了500亿英镑。这样两轮量化宽松后，英国央行目前已持有英国政府债券流通总量的1/3，规模惊人。

仅从降息的力度和量化宽松的规模上看，这是英国央行二战以来为英国经济开出的最猛的货币政策药方。在2009年，也就是金融危机爆发后情况最艰难的年份，这样的货币政策确实对稳定市场秩序，降低企业和个人的借贷成本，避免资产价格雪崩式下跌起到了较大的作用。然而，这毕竟只是一副紧急药方，其用药效果类似于饮鸩止渴，并不能从根本上解决英国经济面临的问题和困境。尤其是实行量化宽松之后，由于经济总体需求仍然疲软，大部分新"印"出来的钱都进入了金融行业，让银行、基金等金融机构能够以极低的利率从央行获得巨额资金，然后转手投入市场进行投机活动，在推高资产价格的同时，也导致通货膨胀快速上升。从2009年9月到2011年9月的两年间，英国通胀率从1.1%一路攀升至5.2%，为过去十年来最高，远高于英国央行2%的通胀目标（见图4）。

随着利率几乎降无可降，量化宽松对市场的刺激作用也逐步减小。虽然英国央行在事实上向市场提供了近乎无限量的货币供应，英国宏观经济增长近几年却几乎停滞，陷入了凯恩斯所提出的"流行性陷阱"。另一方面，金融危机后银行业面临更为严格的监管，普遍处于业务调整期，即使能以极为优惠的利率从央行拿到资金，也不愿向个人及中小企业放贷，造成央行"印"出的大量货币无法进入实体经济，没能起到帮助经济复苏的作用。有媒体在2012年

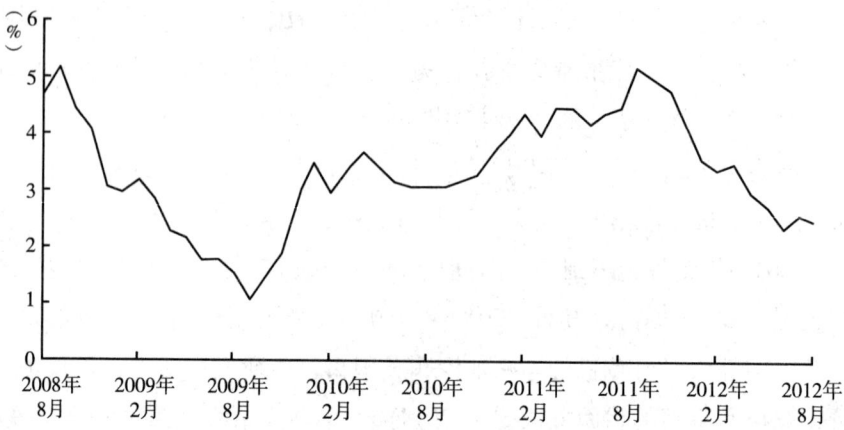

图4　英国通货膨胀率［2008年8月至2012年8月，CPI（消费者价格指数）］

资料来源：ONS，*Consumer Price Indexes*，*August 2012*，p.2，http://www.ons.gov.uk/ons/dcp171778_278917.pdf。

末进行统计后发现，从量化宽松中获利最多的恰恰是一些非常大型的对冲基金。① 就连英国央行自己也承认，量化宽松并未直接给中小企业带来急需的资金。

在现有的货币政策大框架下，市场预计，0.5%的基准利率很有可能一直维持到2017年，而现任英国央行行长默文·金任期将满，新任行长、加拿大人马克·卡尼将在2013年中走马上任。届时卡尼将采取怎样的货币政策，市场仍在拭目以待。

四　财政政策

工党执政的13年（1997～2010年），是英国经济发展相对较快的13年，尤其是金融服务业和房地产业都呈现出爆炸式增长。金融服务业前文已有阐述，而在房地产上，英国的平均房价在2001～2007年的六年间增加了一倍以

---

① Louise Armitstead, "Hedge Funds Reap Record Profits from Bets on QE", *The Daily Telegraph*, 30 December 2012, http://www.telegraph.co.uk/finance/newsbysector/banksandfinance/9771755/Hedge-funds-reap-record-profits-from-bets-on-QE.html.

上。这两个行业带动了许多相关产业的发展,为政府财政贡献了大量税收来源,从而使工党政府在财政上一直比较充裕,能够大幅增加在教育、医疗、福利等方面的公共支出。另一方面,英国一直在国家信用上维持着最高的评级级别,英国政府债券是流动性最好的国家债券之一,因此,对英国政府来说,从国际金融市场上融资从来都不是难题。从1997~2007年一直担任工党政府财政大臣的布朗曾做出规定,英国的国家债务不得超过GDP的40%,在金融市场上借贷的资本全部用于投资和再发展。这意味着,英国仅依赖国内税收就应能满足所有的公共支出需求。

不过,金融危机打乱了布朗的政策规划。经过2008年和2009年一系列大规模的银行纾困行动,加之金融服务业和房地产业遭受的重大打击,税源急剧减少,英国政府的财政赤字开始飙升。到2009年12月,英国净债务已达到GDP的157.3%,财政赤字达到GDP的11.4%,均创下英国和平时期的历史纪录,逼迫2010年上台的联合政府把"减赤"确立为本届政府的财政目标(见图5)。

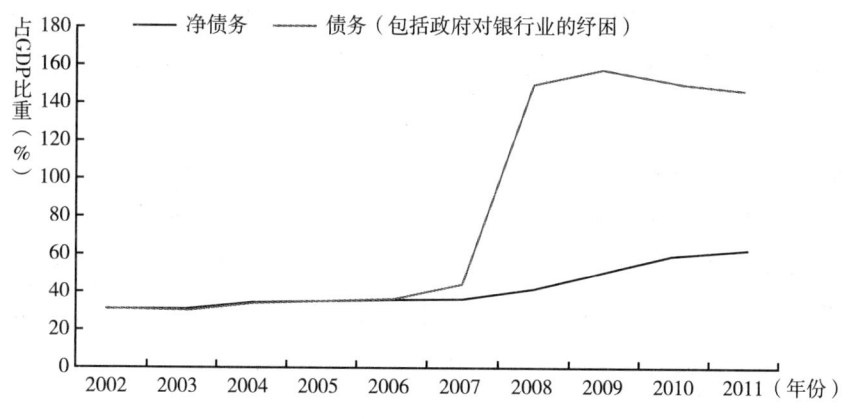

图5 英国公共部门债务

资料来源:Economics Help,*UK National Debt*,http://www.economicshelp.org/blog/334/uk-economy/uk-national-debt/。

联合政府最初的计划是在五年内,也就是到下一次大选(2015年)时,把财政赤字降到GDP的1.1%。这意味着政府需要平均加税27%,削减开支73%。不少分析人士认为,这是一个雄心勃勃、却也充满争议的计划。果然,由于经济复苏速度未能达到预期,联合政府被迫在2011年底就将实现"减赤"目标的年份推迟一年。而在截稿前最新的预算报告中（2012年12月5日），财政大臣奥斯本已经承认，要达到联合政府2010年设定的目标，最早也要到2017～2018财政年度，比原定计划推迟了三年。届时，本届政府是否仍在执政都是未知数。

"减赤"意味着或者加税，或者削减开支，本质上是"开源节流"，是一种紧缩政策，但对习惯了福利保障的英国老百姓来说，却是一个痛苦的过程。为了避免下药过猛导致经济在短时间内遭受"休克"式治疗，也为了稳定民心，保住选票，联合政府只能先易后难，一步一步实施其紧缩计划。2010年6月，财政大臣奥斯本在紧急预算案中宣布将增值税从17.5%提高到20%，并将资本利得税从18%提高到28%（仅适用于个人所得税税率在40%以上的个人）。同时，他宣布削减一系列福利支出，包括婴幼儿抚养、廉租房补贴、失业补助等，还冻结了公共部门员工的工资，并大幅削减政府部门预算，以此拉开了本届政府的紧缩大幕。

这些措施一开始确实取得了一定的效果，并得到了国际货币基金组织（IMF）的认可。但随着紧缩范围不断扩大，受影响者越来越多，经济却远未出现好转的迹象，紧缩计划的推进遇到了越来越大的阻力。2011年3月，联合政府上台还不到一年，英国就发生了反对削减开支的大游行。而2011年11月30日，全英公共部门约300万员工举行大罢工，抗议政府的紧缩计划，连一向温和的全英教师工会成员也加入了此次罢工。与此同时，联合政府的支持率也比2010年大选时明显下降。据英国权威民意调查统计，截至2012年底，工党的支持率已回升到40%左右，超过保守党和自由民主党的总和。换句话说，如果此时举行大选，工党将很可能夺回执政党地位。

不过，虽然联合政府的紧缩计划遇到了强大阻力，但从首相卡梅伦到财政大臣奥斯本，都数次表达了按原定计划继续走下去的决心。奥斯本在2012年12月5日的预算报告中明确表示，政府的政策方向是正确的，虽然这条路不好走，但英国正向着目标前进。[①] 另外，奥斯本也曾在不同场合多

---

① The Rt Hon George Osborne, MP, Chancellor of the Exchequer, "Autumn Statement 2012 to the House of Commons", http://www.hm-treasury.gov.uk/as2012_statement.htm.

次指出,英国至今仍能维持顶级的债信评级,与成功实施紧缩政策密不可分。倘若英国再不大幅削减赤字,国际金融市场将逐渐失去对英国偿债能力的信心,从而推高英国国债收益率,也即提高英国政府借贷成本,这对本已深陷赤字的英国财政极为不利。卡梅伦则在2013年的新年贺词中,重申了政府继续努力减少赤字的决心,并强调说,如果英国背负着巨额债务,就不可能与中国、印度等新兴经济体竞争了。卡梅伦进一步指出,2012年底英国的赤字已比2011年底减少近1/4,① 而根据国际货币基金组织的统计,在2011~2012财年结束(即2012年4月5日)时,英国的财政赤字占GDP的比重已经降至8.25%。

可以说,联合政府2010年公布的"减赤"计划虽然过于雄心勃勃,无法按期实现,但毕竟赤字在逐年减少,英国的负债状况也在逐步好转。但在"减赤"的同时,经济未能如预想中复苏,这将使随后的紧缩行动面临极大阻力。工党作为反对党,早已多次提出,经济复苏如此疲软,现在不是大力"减赤"的时候,相反,应当增加借贷,用于投资及福利支出,这样既能促进经济发展,又能保障经济衰退下人民的生活水平。甚至在联合政府内部,不少自由民主党党员也赞同工党的观点,认为目前的紧缩政策过于严厉,有可能导致英国经济陷入长期衰退。即便一直对英国紧缩计划表示支持的国际货币基金组织也建议说,如到2013年初经济仍未有起色,英国政府应考虑暂时放慢紧缩,而把重点转移到促进经济增长上来,在量化宽松等货币政策已近乎失效的情况下尤其如此。② 国际货币基金组织还特别针对奥斯本提到的"不实行紧缩,英国国债收益率将上升"的说法做了研究,得出的结论是,对拥有独立货币政策制定权的发达经济体来说,赤字/债务水平并不与政府债券收益率密切相关。这给紧缩政策的反对派提供了弹药,也给卡梅伦和奥斯本造成更大压力。舆论一般把奥斯本的紧缩政策称为"A计划",这个"A计划"到底能实施多久的问题恐怕将贯穿本届政府的整个任期。

---

① David Cameron, "2013 New Year Message", 30 December 2012, http://www.number10.gov.uk/news/david-cameron-new-year-message-2013/.

② International Monetary Fund, "United Kingdom: Staff Report for the 2012 Article IV Consultation", 19 Jul 2012. http://www.imf.org/external/pubs/ft/scr/2012/cr12190.pdf.

五 就业与劳动力市场

毫无疑问，就业与民生息息相关。金融危机后，英国企业或倒闭，或裁员，在联合政府的紧缩政策下，公共部门也开始裁员，导致英国失业人口从2007年11月的164万急剧上升到2011年11月的268万，失业率则相应从5%攀升到8.4%，均达到1997年工党政府上台以来最高点（见图6）。虽然2012年凭借女王登基60周年庆典和伦敦奥运会创造了不少临时岗位，使失业人口在2012年第三季度下降到251万，但在剔除这些一次性因素后，经济学家仍然对后奥运会时代的就业有很大担心。一方面，英国经济目前陷入结构性困境，传统的制造业纷纷转移到国外，新兴的服务业（如金融业、创意产业等）要么遭到金融危机重创，要么尚未能完全成为支柱产业，导致就业市场需求疲软，职位有限；另一方面，英国传统的大学教育转型缓慢，培养出的毕业生在技能上与工商业界的要求有较大差距，不堪企业任用。此外，英国相对新兴市场更为严苛的劳动法也打击了雇主招聘的积极性。在经济衰退的时刻，大多数雇主都对未来经济走向持观望态度，更倾向于收缩战线、暂缓扩张，希望能

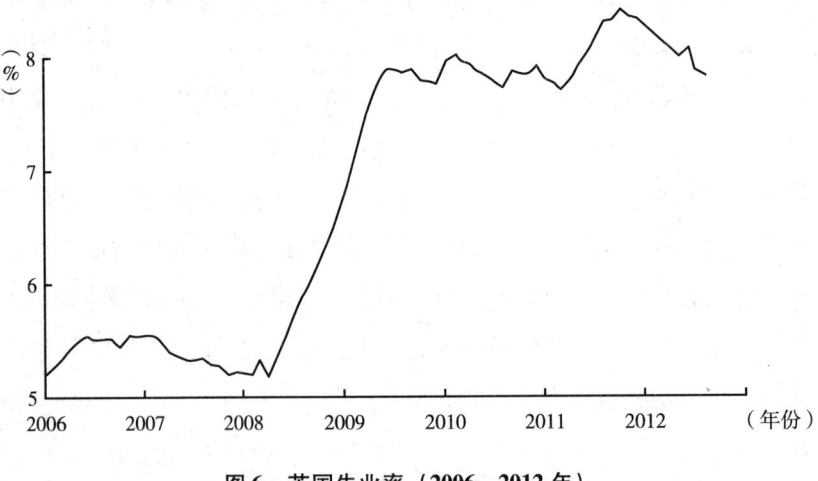

图6 英国失业率（2006~2012年）

资料来源：ONS, *Labour Market Statistics*, *October 2012*, in Jonathan Jones, *Jobs Figures Show a Move in the Right Direction*, 17 Oct 2012, http://blogs.spectator.co.uk/coffeehouse/2012/10/jobs-figures-show-a-move-in-the-right-direction/。

"储备余粮,准备过冬",反映到人力资源政策上,不是裁员就是冻结招聘。在上述几重因素综合作用下,只要英国经济没有起色,就业市场就难以出现太大转机。

这当然是联合政府不愿看到的。在英国这样的福利社会,高失业率既减少了个人所得税的上缴,又增加了政府的福利支出,对政府财政是个双重冲击,直接影响到联合政府"减赤"目标的实现。因此,卡梅伦入主唐宁街10号后,开始在企业和个人两方面开动脑筋,一边鼓励企业多招聘员工,一边鼓励长期失业在家的民众积极寻找工作,希望能扭转失业率居高不下的局面。

(一)降低公司税

在企业方面,为了鼓励企业投资,联合政府采取的主要措施是降低公司税。工党政府2010年下台时,英国的公司税税率是28%,联合政府2011年将其降到了26%,随后又在2012年将之降到24%(见图7)。在2012年12月5日的预算报告中,奥斯本更进一步宣布将在2014年4月把公司税税率降低到21%。到那时,英国的公司税税率将远低于美国的40%、法国的33%和德国的29%,与卢森堡持平,而卢森堡一直以来都被工商界视作税率最有竞争力的欧洲大陆国家。奥斯本希望这样的减税力度能吸引更多公司到英国注册、投

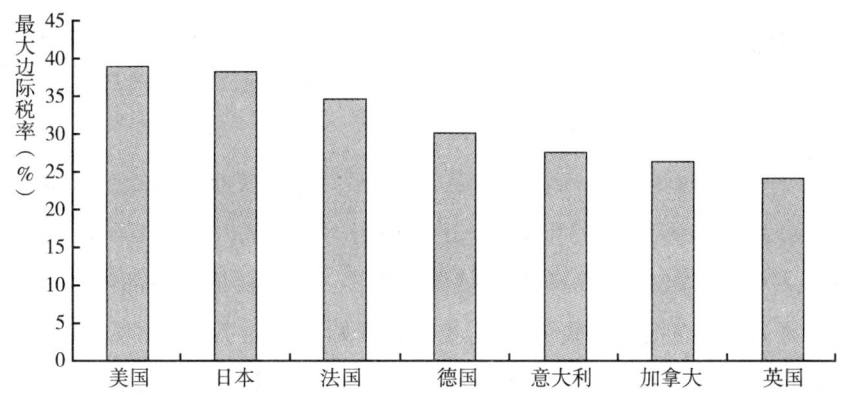

图7 七国集团公司税税率对比(2012年9月)

资料来源:OECD Tax Database, 2012; Japan's Ministry of Economy, Trade and Industry, Points of FY 2012 METI Related Tax Reform, http://www.pgpf.org/Issues/Taxes/2012/09/091412-why-reform-our-corporate-tax-code-explainer。

资、经营,从而为英国带来更多的税收和就业机会,效果如何,现在讲为时尚早,但英国工商界已明确表示,欢迎这样的减税政策。

(二)"学徒制"

在全部失业人口中,有一个群体受到了特别关注,那就是16~24岁的年轻人。2011年11月,这个年龄段的年轻人失业人数第一次突破100万关口,在英国社会引发震动。社会各界普遍认为,如果如此多的年轻人在职业生涯的起步阶段无法找到工作,年纪轻轻就依赖福利生活,将助长英国社会的"福利依赖症",对英国社会的未来危害极大。在这样的压力下,金融危机后,工党政府出台了专门针对年轻人就业的"学徒制"政策,鼓励雇主招聘16~24岁的年轻人当学徒,使其有机会在实践中学习工作技能,赚取一份能养活自己的工资,并且每周还能抽出一天时间用来完成学业,真正做到工作学习两不误。联合政府上台后,延续了这一政策,认为该政策能培养年轻人靠劳动养活自己的观念,有助于改变许多英国人"不工作也没关系,反正有国家养着"的想法。

为实施"学徒制"政策,联合政府出台了针对雇主的具体激励措施。例如,企业为一名16~18岁的学徒支付的培训费用,政府全额报销;19~24岁学徒的费用,政府报销一半。除此之外,企业每招聘一名年轻人当学徒,政府就给予1500英镑的补助。当然,该计划针对的主要是雇员人数少于1000人的中小型企业,大企业不在其列,因为政府认为,最需要学徒工但经济上无法承受的恰恰是广大的中小企业。

"学徒制"博得了英国社会的一致好评,有些媒体(如伦敦《标准晚报》)还发起相关活动,呼吁大企业也主动招聘学徒工,在给年轻人一份工作的同时,为全社会减少对福利的依赖做出榜样。根据英国政府部门2012年11月公布的一份调查报告,截至2011年底,开始当学徒工的年轻人比前一年增长50%以上,[1] 因此,至少从招聘人数上看,"学徒制"措施相当成功。不

---

[1] House of Commons, Business, Innovation and Skills Committee, "Apprenticeships, Fifth Report of Session 2012 – 13", p. 10. http://www.apprenticeships.org.uk/~/media/AAN/Documents2/BIS – Committee – Apprenticeship – 5th – Report.ashx.

过，报告也指出，"学徒制"究竟是否成功，要看培训的效果，而不能只看人数，并为政府提出了一些政策建议。但从总体上看，"学徒制"仍是一项受到肯定的政策。

The UK Economy since the Financial Crisis

Abstract: The UK economy took a severe hit during the 2008/2009 financial crisis. Output plunged, and unemployment soared, leaving the government with a huge debt as the effects of bailing out the banks kicked in. The Labour Party bore the blame in the 2010 general election, making way for a new coalition government which established "deficit reduction" as its most urgent task. However, the coalition government encountered massive resistance in rolling out its spending cuts program, which in turn led to big drops in the polling rate of both the Conservative Party and the Liberal Democratic Party. Over four years into the crisis, with the economy still in the midst of the most severe and protracted recession since the Second World War, the coalition government faces a great deal of uncertainty in trying to steer the UK economy out of the uncharted water.

Key Words: Macroeconomic Situation; Banking Regulation; Monetary Policy; Austerity; Employment

2010年英国大选与政党政治走向

杨光杰*

摘　要：

2010年英国大选产生了无多数议会，保守党和自由民主党组建联合政府，保守党在野13年后重新执政，自由民主党首次参与执政，英国政治进入了一个新时期。联合政府执政两年半总体运行平稳，但两党在执政理念、政党利益方面的分歧也逐渐显现。失去执政地位的工党选出了新领袖埃德·米利班德，提出了新的执政理念，备战下次大选。与此同时，独立党的影响力不断扩大，出现了和自由民主党争夺第三党（the third force）地位的态势。

关键词：

英国2010年大选　联合政府　政治走向

2010年英国大选产生了二战以来第一个联合政府，也是第二个无单一政党占绝对多数的议会。保守党—自由民主党联合政府在政府运作、内外政策、政党政治、宪法改革等方面给英国政治版图带来了诸多重要变化。

一　2010年英国大选

2010年4月6日，英国首相戈登·布朗请求女王下令解散议会，于5月6日举行大选。4月12日，布朗正式宣布解散议会。5月6日大选投票如期进行；7日公布的大选结果显示，英国出现了1974年以来的第一个无多数议会

---

* 杨光杰，北京外国语大学英语学院英国研究中心2012级博士生、河北大学英语系讲师。

（或称"悬浮议会"）。5月11日，布朗宣布辞职，保守党领袖戴维·卡梅伦接任首相职务，自由民主党领袖尼克·克莱格出任副首相，组成了保守党和自由民主党联合政府。

（一）主要政党的竞选纲领

在国际金融危机和国内经济衰退的背景下，2010年大选中英国三个主要政党都提出了"变革"的口号，但在具体经济、政治、社会和对外关系方面的政策主张仍有一定差异。

1. 工党竞选纲领

经济：鉴于严峻的经济形势，工党未提出庞大的开支计划，并承诺到2014年通过促进增长和削减不重要开支等方式减少一半赤字，以支持经济发展，确保实现复苏。工党承诺不提高个人所得税税率；到下一届议会任期结束时，国家最低工资随平均收入增长。尽量保持较低的营业税水平，对银行业进行改革。

政治改革：公众有权罢免财务上行为不当的议员。建议就以"排序复选制"选举下院议员和按比例代表制选举上院议员进行全民公决；实行固定任期议会制度。

社会：提高各级学校教学质量；保障国家医疗服务体系的资金供应，建设更优质的医疗体系，对国家医疗服务体系进行改革，扩大病人的权利。严厉打击犯罪和反社会行为，改善社区环境，保护社区生活。发展低碳经济，保护自然环境，提高生活水平。保障农业的可持续发展和提供健康食品。

欧盟：工党相信欧盟的强大对英国在世界上的地位至关重要。未经英国民众公决同意，英国不加入欧元区。

2. 保守党竞选纲领

保守党强调"大社会"理念，号召选民在改变国家中发挥作用。

经济：在执政50天内出台紧急预算，2010~2011财年削减60亿英镑不必要的政府开支，削减财政赤字。实行紧缩政策，在诸多领域削减开支。

政治改革：下议院议员数减少10%；增加政治透明度，禁止前大臣在离任两年之内游说政府。停止中央政府机构用公共资金雇佣人员游说其他政府机构。给后座议员更多权力。

社会：建设"大社会"，保守党政府将致力于把英国建设成为欧洲最先进的家庭和睦国家。支持国家医疗服务体系、改革教育，解决对福利的过度依赖，消除贫困，打击犯罪。

欧盟：建设性地与欧盟开展工作，通过新的欧盟法，保证未来的英国政府在未获英国全民公决支持的情况下，不在任何领域向欧盟移交权力，不加入欧元区。通过努力把一些关键领域的权力重新收归英国。

3. 自由民主党竞选纲领

公正是自由民主党竞选纲领的核心思想，包括四个主题：公平税收、给儿童更多的机会、绿色经济和公平政治。

经济：减少赤字；将个人所得税起征点提高到1万英镑。对银行业征税，设定公共部门工作人员薪酬上涨上限。除学徒外，超过16岁的工人享受同样的最低工资标准。

政治改革：固定议会任期，减少上议院议员人数，且全部由选举产生，制定成文宪法。公民从16岁开始享有选举权，选民有权罢免违规议员。

社会：在教育方面，投入资金，缩小班级容量，增加一对一辅导，无论孩子的家庭背景如何，都有受到良好教育的机会。解决工作中因性别、年龄及种族等存在的不平等，给每个雇员均等机会充分发挥自身潜力。增加投资，改善公共服务质量。保持和改善国家医疗服务体系，所有的病人都能得到高质量的医疗服务。对家庭给予充分支持。

欧盟：与欧盟合作是英国未来保持强大、安全和影响力的最好方式。欧盟并不完美，但通过各成员国的合作，可以更好地应对全球化带来的影响，如处理环境污染问题等。加入欧元区符合英国的长远利益。

（二）主要政党的民意支持度

英国经济从2008年第二季度开始衰退，到2009年第三季度出现了连续六个季度的下滑，[①] 尽管从2009年第四季度开始复苏，但速度非常缓慢。根据

[①] 《英国第三季度经济连续第六个季度下滑》，http://finance.ifeng.com/roll/20091026/1387872.shtml。

英国国家统计局2010年4月21日公布的统计数据,在2009年12月~2010年2月三个月中,英国的失业率为8%,达到了1996年9月以来的最高水平。①政府刺激经济的措施使财政赤字猛增,2010年3月24日,工党政府财政大臣达林公布了大选前最后一次财政预算,赤字比之前预期的1780亿英镑减少了110亿,并认为工党"在经济复苏中做了正确的事"。②工党在大选之前公布预算,意在向选民证明英国在工党的领导下经济状况正在好转,以期获得选民支持。英国经济的困境与2007年以来的全球金融危机大背景有关,连续执政13年的工党也有不可推卸的责任。工党的公共投入多,政府机构臃肿,希望改善民众福利,但效果并不理想。2009年5月,英国《每日电讯》曝出为数众多的议员申领补贴时作假,骗补丑闻使民众降低了对议会和政府的信任。这些都导致了选民对英国经济政治状况的不满不断增加。

本次大选中,工党希望获得第四次大选的胜利,保守党希望打破工党连续13年执政的局面,重新取得英国政治的主导地位,自由民主党希望出现无多数议会,增强自身在英国政治中的地位。布朗成为工党领导人后不久,工党的选民支持率不断走低,③许多英国民众认为布朗缺乏领袖魅力,工党竞选活动的组织也乏善可陈。2010年4月28日,布朗在英格兰进行竞选宣传活动时用不敬言辞描述女性选民被媒体录音并公之于众,使之失去了部分女性选民的支持。从宣布大选到投票前,工党的支持率一直低于保守党。4月15日第一次电视辩论后,自由民主党的支持率明显提高,④使分析家对自由民主党上升为英国政治中强有力的第三力量充满期待。大选前几天的民调显示此次大选可能没有任何一个政党的议席数会过半,需要不同政党联合组建政府(2010年大选期间各党支持率的变化,见图1)。⑤

---

① Office for National Statistics, "Labour Market Statistics April 2010", http://www.ons.gov.uk/ons/rel/lms/labour-market-statistics/april-2010/index.html, p. 16.
② "Budget 2010: Darling Draws Election Battle Lines", http://news.bbc.co.uk/2/hi/uk_news/politics/8584163.stm.
③ "Gordon Brown's Image, July 2007 - March 2010 Monthly BES CMS Surveys", http://www.bes2009-10.org/.
④ "Who Did the Best Job in Party Leader Debates", http://www.bes2009-10.org/.
⑤ "UK Set for Hung Parliament with Tories Largest Party", http://news.bbc.co.uk/2/hi/uk_news/politics/election_2010/8666128.stm.

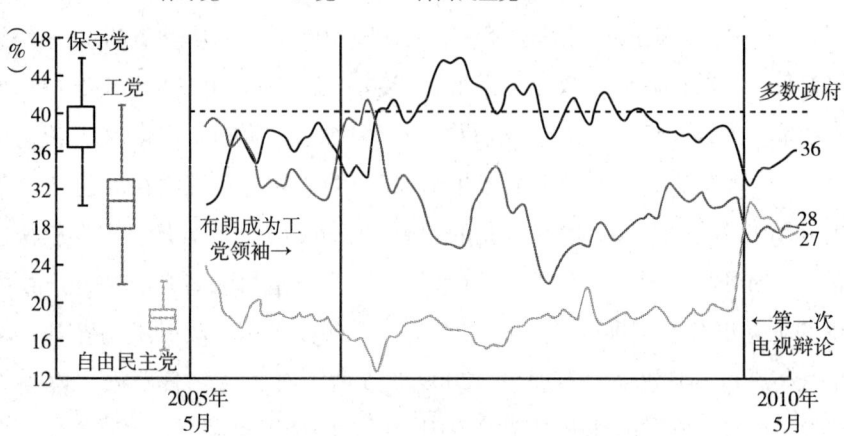

图1　选民投票意向，2005年5月19日至2010年5月5日

资料来源："UK Set for Hung Parliament with Tories Largest Party", http://news.bbc.co.uk/2/hi/uk_news/politics/election_2010/8666128.stm。

在此次大选中，英国首次引入了大选电视辩论，使政治领导人的个人外在形象和论辩才能成为影响选民投票意向的一个重要因素。三大党领袖中，克莱格的媒体曝光率较低，但在4月15日就内政问题举行的第一场辩论结束后，克莱格深受选民欢迎，许多人认为他表现最好。克莱格形象给人的感觉坦诚、放松，深得年轻选民的喜爱。在YouGov为《太阳报》做的民调显示，自由民主党的支持率大幅上升为33%，保守党为32%，工党为26%，这也是自由民主党历史上第一次在大选民调中居于首位。① 卡梅伦的辩论表现居第二位，布朗居第三位。4月22日就外交问题举行的第二场辩论由天空电视台现场直播，克莱格和卡梅伦均表现出色。4月29日就经济问题举行第三场辩论，克莱格和卡梅伦延续了前两次辩论的颇佳表现，布朗原本希望通过自己在经济上取得的成绩来扭转前两次辩论中的不利局面，却仍发挥不佳，使其本人和工党的处境更加困难。此次大选中，各党领导人与各党的政策一样，成为影响选民投票意向的重要因素。

---

① Ben Leach, "General Election 2010: Lib Dems Take Lead in New Poll", 18 Apr 2010, http://www.telegraph.co.uk/news/election-2010/7605260/General-Election-2010-Lib-Dems-take-lead-in-new-poll.html.

（三）大选结果

英国议会下院共有 650 个议席，如一政党要单独组建政府，需获得超过半数的议席，即 326 个议席。5 月 7 日公布的投票结果显示，保守党得到 306 个议席（5 月 28 日保守党获本次选举的第 307 个议席），工党获 258 个议席，自由民主党获 57 个议席，英格兰和威尔士绿党第一次获得下院议席。从选民支持率来看，在 650 个选区中，保守党的得票率是 36.1%，工党的得票率为 29.0%，自由民主党的得票率为 23.0%。① 各党得票率接近，反映了英国选民对工党失望，但对保守党也缺乏信心。自由民主党的得票率与工党相差 6%，但获得的议席数却有天壤之别，这在很大程度上是英国"简单多数"选举制度的结果。该制度对保守党和工党有利，对自由民主党和其他中小政党就显得不公平。但这种选举制度易于在下议院中产生稳定的多数党政府。近几十年，保守党和工党轮流执政，英国成为人们熟知的两党制国家。此次选举中没有任何一个政党获得超过半数的席位，由此产生了 1974 年以来的首个"无多数议会"。

这样，自由民主党成为左右英国政治格局的关键力量，也成为工党与保守党组建联合政府时竞相争取的对象。从执政理念看，自由民主党与工党更为接近，但两党合作存在诸多障碍。首先，自由民主党曾明确表态，不愿与布朗为领袖的工党合作组建政府，布朗为此辞去了工党领袖职务，但这一姿态并未得到自由民主党的积极回应；其次，自由民主党担心在未来与工党的联合政府中被边缘化；最后，工党和自由民主党的议席数之和仍未超过半数，还需其他小党支持，增加了联合执政的不确定性。而自由民主党和保守党的谈判进行较为顺利，最终于 5 月 11 日就组建联合政府达成了协议。

根据益普索·莫里公司的统计，在此次大选中，男性选民更愿意投票给保守党，女性选民更倾向于投票给工党和自由民主党；保守党在 65 岁以上的老年人中表现最好，得票率是 44%。② 在选民最关心的问题中经济排在第一位，

---

① "Election 2010, National Results after 650 of 650, Share", http：//news.bbc.co.uk/2/shared/election2010/results/.

② "How Britain Voted in 2010", http：//www.ipsos-mori.com/researchpublications/researcharchive/poll.aspx?oItemId=2613.

其次是移民，再次是政府债务（具体数据见图2）。① 受经济危机影响最严重地区的选民最不愿投工党的票。②

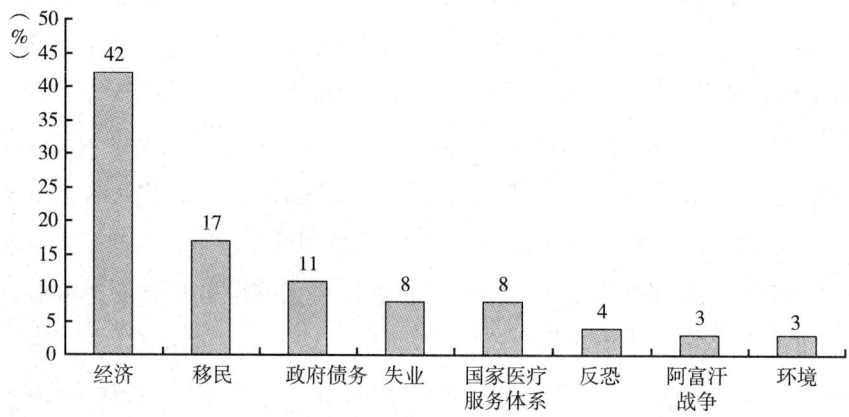

图2　大选中选民最关心的问题

资料来源：Harold Clarke, David Sanders, Marianne Stewart and Paul Whiteley, "Electoral Choice in Britain, 2010: Emerging Evidence from the BES", http://bes.utdallas.edu/2009/report/elecchoicever7june25.ppt#256, 1。

二　保守党—自由民主党联合政府运作情况

2010年5月英国大选产生了无多数议会，如不能尽快组建政府，可能对已深陷危机的英国经济造成不利影响。最终，保守党与自由民主党组建联合政府。这是二战后英国通过选举产生的第一个联合政府。联合政府在实行比例代表选举制度的西方国家并不少见，在英国则很少出现。由代表不同传统和价值观的两个政党组建的联合政府成立之初，人们曾担心其运行效率不如单一多数党执政高，但执政两年半后，相关研究表明，联合政府的运作效率总体上是令

---

① Harold Clarke, David Sanders, Marianne Stewart and Paul Whiteley, "Electoral Choice in Britain, 2010: Emerging Evidence From the BES", http://bes.utdallas.edu/2009/report/elecchoicever7june25.ppt#256, 1.

② Justin Greaves, "Voting Behaviour at the 2010 General Election", http://www2.warwick.ac.uk/fac/soc/pais/people/greaves/wellington_college_talk.ppt#267, 19.

人满意的,① 它保持了政府的稳定,并在一些方面取得了较好成绩。

2010年5月12日,卡梅伦和克莱格就职的第二天,联合政府公布了《联合政府协议》,该协议弥合了两党在一些主要领域,如削减赤字、社会公正、税收、银行业改革、移民、政治改革、养老金与福利制度、教育、对欧关系、环境等方面存在的分歧,为联合政府执政做了必要的、基础性准备。5月20日,联合政府出台了更为详细的、可操作的指导性文件《联合政府协议》,公布了详细的施政方案。这份协议涵盖了两党达成共识的政策领域,包括经济、政治改革、公民权利、国防、对欧政策及移民政策等多个领域,使联合政府的运行有章可循。同时,该协议在一定程度上相当于约束保守党和自由民主党的契约。一般情况下,如一党执政,该文件涉及的内容会体现在大选之前的竞选纲领中,而执政理念不同的两党组建的联合政府,需要对各方面政策取向和具体措施达成共识。正如卡梅伦和克莱格在《联合政府协议》的前言中所说,这是一份本着"自由、公正和责任"的精神为建立一个强有力的、进步的、为期五年的伙伴关系政府而达成的协议。② 联合政府的日常运作主要按协议的规划进行,支持者认为协议工作目标明确,效率较高。也有批评者感觉这份协议并无特别之处,因为其中的许多内容来自保守党的竞选纲领。

施政方案作为一份指导性的执政协议,实施中还受到诸多现实条件的制约。在联合政府成立一周年后,英国政府公布了一份执政一年的回顾报告。据该文件显示,为期五年的联合政府协议所规定内容的1/4已完成。③ 2013年初,联合政府公布了执政两年半以来的中期评估,陈述了其在各方面取得的进展,但也有评论认为,中期评估充满了华而不实的词句,实质内容并不多。

联合政府执政即将满三年,需要新的施政方案,以应对新情况。在西方政府体制下,一般的情况是新政府上台之初充满信心,迫不及待将许多新政策付

---

① Institute of Government, *A Game of Two Halves*: *How Coalition Governments Renew in Mid-term and Last the Full Term*, 2012.
② HM Government, *The Coalition*: *Our Programme for Government*, 20 May 2010, p. 8.
③ *The Coalition Government*: *One Year on*, 11 May 2011, http://www.number10.gov.uk/news/the-coalition-government-one-year-on.

诸实施。民众对新政府有更高的期待。随着时间的推移，各项工作的进展往往不及预期，民众对政府也逐渐失望，执政党的支持率会随之降低。联合政府执政两党在接下来的两年多时间里，既要为政府的平稳高效运作而努力，又要为2015年5月7日的大选做准备。保守党希望能赢得下次大选，最好可以单独执政；首次参与执政的自由民主党则希望以良好的表现获得选民支持，继续执政。在今后两年，两党可能会强调自己的政策和理念，向民众展示执政成果，为下一次大选造势。

联合政府成立之初，曾有人担心政府不够稳定，当形势有利时，保守党就会举行新的大选，建立单独执政的政府。针对这种看法，卡梅伦和克莱格在联合执政协议中明确表示，本届政府任期五年。此外，2011年议会通过的《议会固定任期法》规定下次大选的时间是2015年5月7日，卡梅伦也因此成为第一个不能根据自己的意愿随意解散议会举行大选的英国首相。《议会固定任期法》对于卡梅伦和克莱格来讲，既是约束又是保障，能使执政两党专注合作。

联合政府除通过协议、法案等方式保障政府的平稳运行外，还在人事任命方面做了充分安排。内阁成员中，有18人来自保守党，5人来自自由民主党。在大多数公共服务部门——包括卫生、教育、司法、就业和养老金以及内政部，都有一位保守党大臣和一位自由民主党副手。在有些部门中，自由民主党承担了比原定工作内容更多的职责。

在英国历届政府中，首相通过人事变动和政府机构改组为内阁注入活力和强化某一领域的政策已司空见惯。而在卡梅伦担任首相的前两年，除由于个人原因提出辞职者外，内阁和各部未进行人员更替，离职官员也由各党内的人员替代，内阁中保守党和自由民主党的比例仍为18∶5，未发生变化。联合政府未发生频繁的人事调整，一方面是为了维持联合政府的平稳运作，另一方面人事变动也受到两党联合执政现实的制约。根据联合政府稳定与改革协议，在未与副首相充分磋商的情况下，卡梅伦不能更换自由民主党大臣。另外，对于其他职位变动，克莱格也有否决权。2012年9月4日，本届政府终于进行了首次内阁重大重组，卡梅伦宣布内阁成员改组名单，包括卫生大臣、交通大臣在内的多名内阁成员职位发生变动。

为保障平稳高效运行,联合政府在决策机制上也做了安排。执政两党的执政理念不同可能延缓联合政府的决策,但联合政府的决策机制仍较为明晰。在各项政策的起草阶段,有关利益各方尽量充分参与,以避免政策成型后产生重大分歧。为解决联合执政可能出现的决策分歧,本届政府成立之初,就参照其他国家的做法,设立了争端解决机构——联合政府委员会。委员会由卡梅伦和克莱格共同领导,五名成员来自保守党,另五名成员来自自由民主党,分别包括了两党的重要领导人。实际上,这个委员会很少举行会议,也未解决具体问题。在现实中,真正解决争端的是由卡梅伦、奥斯本、克莱格和财政部秘书长亚历山大组成的四人组完成。这个组合是解决党派争端、制定制度战略方针的核心机制。① 虽然它不是内阁委员会,却在政府的运行中起着至关重要的作用。

在联合政府的运行中,首相与副首相的关系也是非常重要的因素。卡梅伦和克莱格年龄相近,教育背景相似,都有外在魅力,私人关系融洽。从两人的职位看,副首相职位发生了一些变化。克莱格之前的英国副首相只是一个荣誉头衔,宪法或政治权力有限,也没有正式的职权范围。自克莱格担任副首相开始,副首相职位被正式化了,克莱格不仅有头衔,在内阁有职位,还有实权。但也有人认为,克莱格决定不在任何重要部门任职可能削弱了其影响力。② 从保守党方面看,虽有副手的牵制,卡梅伦还是起主导作用的领导人。卡梅伦和克莱格需要彼此努力,相互合作,争取对方的信任。另外,两党高层的私人关系也较为融洽,有利于联合政府的平稳运作。

然而,在各部职位较低的党员中差异仍比较明显,他们来自传统和价值观截然不同的两个政党,在许多后座议员和草根党员看来,联合政府就是一种交易,目的是各自的政党在零和博弈中获得最大的利益。③ 许多后座议员和草根党员不赞同联合政府的决策方式——多数情况下两党上层达成协议,普通党员被排斥在决策进程之外,很难参与。草根党员对联合政府需要的妥协和让步也

---

① Institute of Government, *A Game of Two Halves: How Coalition Governments Renew in Mid-term and Last the Full Term*, 2012.
② Institute of Government, *A Game of Two Halves: How Coalition Governments Renew in Mid-term and Last the Full Term*, 2012.
③ Institute of Government, *A Game of Two Halves: How Coalition Governments Renew in Mid-term and Last the Full Term*, 2012.

非常不满，特别是一些自由民主党党员认为克莱格对保守党让步太多，导致两党领袖和各自的政党之间产生了裂痕。卡梅伦和克莱格要合作、彼此妥协、灵活处理问题才能保证联合政府的有效运转；而双方各自的政党要求两位领导人坚持自己的理念、保持各自党派的特色。尽管做到两者兼顾很难，卡梅伦和克莱格在任期剩余的两年多时间中还是要尽力协调这一关系。两年多来，两党联合执政出现的主要问题有：自由民主党明确反对保守党提出的有关削减继承税、修建监狱等提议；保守党和自由民主党在国家医疗服务体系、大学学费上限上涨、上议院改革、下院选举制度改革及对欧盟关系等方面分歧明显。

联合执政符合两党的共同利益，但同时对两党提出了如何超越各自执政理念差异的挑战。两党在2013年还要共同面对欧盟政策、媒体监管、福利制度、绿色能源等诸多问题。正如卡梅伦所说，前方的道路不会平坦，总有一些问题是我们不同意的，毫无疑问在未来的岁月里这些问题会越来越多，但关键不是是否存在分歧，而是如何处理它们。[①] 在未来两年多时间里，两党会明确自身定位，强调自身特色，但同时努力维持联合政府和政府决策的平稳运行。

三　英国政党政治的新发展

2010年以来，无论是联合执政的保守党和自由民主党，还是工党在自身理念、政策诉求方面以及在英国政治版图中的地位都呈现出一些新特点。

（一）保守党的现代化与"大社会"理念

2005年卡梅伦当选保守党领袖，标志着已在野八年的保守党探索自身现代化进程的开始，保守党必须有所改变，才能避免在英国政党竞争中进一步边缘化。这些变化包括：首先，与传统保守党相比，卡梅伦领导下的保守党更注意社会公正，认为贫穷是相对的概念，造成贫穷的原因是多方面的；而撒切尔主义认为穷人之所以贫穷在很大程度上是因为道德堕落和自身不努力

---

① "Cameron and Clegg Reboot the Coalition", http://news.sky.com/story/1034257/cameron-and-clegg-reboot-the-coalition.

工作所致。其次,卡梅伦的保守党对中央政府的作用持一定的怀疑态度,认为"小政府"更有利于有效治理国家。撒切尔主义在经济上强调市场的作用,但看似放任的经济背后有强大的政府支撑,政府设立了严格的监管评估机制。

对卡梅伦保守党而言,公民社会是个核心理念。其强调公民社会中志愿组织在英国政治经济生活中的重要作用,公民社会机构代替中央政府的职能越多越好。在新保守党看来,新工党失败之处在于过分强调中央政府的作用,造成政府投入多,管理事务多,效果却不明显;同时造成了政府赤字增加,民众在各方面严重依赖政府,进而变得缺乏活力,对社会、家庭不负责任,英国社会也就成了一个破碎的社会。基于这一认识,政府需要做的是大幅削减公共开支而不是增加税收。①

2010年大选,英国处在现代历史上形势非常严峻的时期,债务负担沉重,经济复苏缓慢,失业率居高不下。民众对生活、对国家缺乏信心,甚至内心感觉恐惧。在保守党的竞选纲领中,对公民社会的重视,以"大社会"这个概念表达出来,表明其与工党和自由民主党在执政理念上的差异。"大社会"也成为保守党在竞选活动中吸引选民的核心理念。"大社会"理念倡导还政于民,反对权力过多集中于中央政府,认为应从中央政府和政治家手中收回权力交还民众,让民众更多参与国家管理和社会生活,进而培养民众的公民道德和社会责任感。卡梅伦在2010年的保守党年会上更加详细地阐述了"大社会"理念。卡梅伦认为,在长达13年的工党主政时期,英国民众养成了过度依赖政府解决问题的习惯,因而,"需要改变我们〔英国人〕对自己的看法和我们在社会中所起的作用。"英国需要"大社会精神":应改变过去工党政府高支出政策,实现从国家权力到民众权力,从大政府到"大社会"的转变。这并不意味着政府放弃其作用,而是改变了作用。从中央政府拿走权力归还人民;给地方议会更多的自由;给社区更多的权力,让民众有归属感。"大社会"也意味着权力的转移——从政府转到公民手中,从政治家转到民众手

---

① Kevin Hickson, "The Ideology of the New Conservatism", http://www.britishpoliticsgroup.org/documents/bpg2010 - hickson.pdf.

中,从政府转到社会手中,即从政府权力到民众权力。"大社会精神"强调民众对社会的贡献,民众齐心协力使社会变得更美好。在"公正"问题上,卡梅伦则认为,公正意味着帮助民众走出贫困,而不是被限制在依赖别人的怪圈中无法自拔。卡梅伦鼓励民众相信自己,英国相信自己。①

2011年8月,英国伦敦等多个地区发生骚乱,凸显了民众,特别是年轻人,对社会不满、对社区及国家缺乏认同感的现状。到同年10月保守党年会召开时,英国经济状况仍未出现明显改观。卡梅伦在年会发表的演讲中鼓励英国民众回顾英国辉煌的过去,相信自己、相信英国一定能渡过难关。卡梅伦再次提到"大社会"理念:要建立一个大社会,更强的社会,要重视社区精神和社会行动。由于英国经济困难重重,民众参与志愿活动不失为削减政府开销的重要手段。卡梅伦强调,成功需要正确的理念、正确的方法、正确的领导,领导来自政府,也来自民众,肯定了民众参与的重要性。鼓励民众努力工作、承担责任,民众要多担当,不能只依赖政府解决问题。②

在2012年10月的保守党年会上,卡梅伦在演讲中又一次提到"大社会"。卡梅伦不认同保守党是富人政党的说法,他认为保守党是想成为富人的人的政党,是那些通过努力使自己和家庭越来越好的人的政党。保守党不仅要建设强大的经济,还要建设大社会。保守党采取的措施不仅对实力强的成功者有利,也是帮助穷人、弱者和易受伤群体的最好方法。保守党想改革学校,减少民众对福利的依赖,减少政府开支,不是要回到保守党传统的帮助富人的老路上去;保守党想帮助每个人,特别是穷人。③

2010年5月18日,卡梅伦和克莱格谈到了"大社会"理念将如何在联合政府的政策中体现出来。他们认为民众在决策上应有更多的发言权,志愿组织

---

① David Cameron, "David Cameron's Speech to the Tory Conference: in full", http://www.guardian.co.uk/politics/2010/oct/06/david-cameron-speech-tory-conference.
② "Conservative Party Conference 2011: David Cameron's Speech in full", http://www.telegraph.co.uk/news/politics/conservative/8808521/Conservative-Party-conference-2011-David-Camerons-speech-in-full.html.
③ "David Cameron's Speech to the Conservative Conference: full text", 10 Oct 2012, http://www.newstatesman.com/blogs/politics/2012/10/david-camerons-speech-conservative-conference-full-text.

应能管理公共服务。其具体措施包括：训练社区组织者，鼓励志愿活动，创建"大社会银行"为企业提供资金，民众能更多获取政府的相关信息，民众可以审核地方政府的财政情况。英国政府将选取利物浦等四地作为"大社会"计划的试点，具体措施包括招募志愿者负责博物馆的运行，提速宽带等。2010年7月19日，卡梅伦在利物浦正式发起他倡导的"大社会"计划。

将"大社会"理念转变成可实施的政策过程复杂。华裔上议院议员韦鸣恩是"大社会"项目的主要负责人之一。2011年2月，韦鸣恩宣布其在内阁办公室办公的时间由三天缩短为两天，以便有更多时间出去工作，补贴家用，因为他为"大社会"项目工作是没有报酬的。卡梅伦和"大社会"的其他设计师大多来自较富裕的选区，由身体健康且空闲时间多的退休人员做志愿工作。在城市的中心地带，往往是受联合政府缩减开支影响较大的地方，民众对自己没有信心，没有时间投入到诸如维持濒临倒闭的图书馆或社区中心的运营上去。即使有地方政府和志愿组织愿意参与到"大社会"当中去，也缺乏资金支持，且对"大社会"的内涵、具体应如何做等问题不甚了解。① 卡梅伦建设一个更大更强的社会的愿望是好的，但与"大社会"相关的政策实施起来有难度，有时甚至取得了相反的效果。"大社会"的初衷是赋予个人更多的权利，但只靠个人的力量"大社会"难以实现。

"大社会"项目需要有专门的机构或政府部门协调民众、社区和志愿组织的活动，而在英国经常出现同一地区不同志愿组织做相同或者类似工作的情况，对人力物力都是一种浪费。有些民众、社区自发的活动需要资金支持，而卡梅伦联合政府削减开支的政策恰好阻止了"大社会"项目的实施。因而，批评者甚至认为，"大社会"是英国政府在削减政府开支的大背景下，将一部分政府的工作转移到社会层面，减少政府开销的一种方法。

（二）工党领导人更替及其新理念的探索

截至2010年，工党和保守党在英国已轮流执政65年。2010年5月11日，

---

① Brian Wheeler, "Big Society: More than a Soundbite?", 14 Feb 2011, http://www.bbc.co.uk/news/uk-politics-12163624.

布朗辞去工党领袖职务,在选举产生新的领导人之前,由哈丽雅特·哈曼任代理领袖。失去执政地位的工党面临的首要任务是需通过一系列复杂的选举程序选出新领导人并反思如何从大选失败中重新崛起的问题。同时,工党在执政理念和领导风格方面都面临重新定位。从执政理念上看,从宪法改革到消除贫困和减税,联合政府的施政纲领中均已提及,工党必须提出有新意、鲜明、能打动选民的新理念。从领导风格上看,在布莱尔—布朗时期,工党的派系纷争已是众人皆知,新的领导人必须能把工党重新团结起来。

2010年9月25日,40岁的埃德·米利班德在曼彻斯特举行的工党代表大会上当选新领袖,工党新领导层开始寻找新的执政理念定位。在布莱尔担任工党领袖期间,工党提出了"新工党、新英国"的口号,党章中去掉了涉及公有制的条款,工党逐渐疏远工会,拉近了与中产阶级的距离。埃德不完全赞同"新工党"理念,认为在这一理念指导下的工党政府并未提供足够就业机会,也未能有效缩小贫富差距。埃德本人强调负责任的资本主义,希望通过更多的政府干预改变英国的经济结构,从而使英国经济不必过多依靠金融业。① 2011年以来,埃德·米利班德逐渐强化了工党致力于建设"全民团结国家政党"的新定位。2012年10月的工党年会上,米利班德提出需要超越"新工党"的遗产,并首次提出工党致力于建设"全民团结国家政党"的理念。"全民团结国家"意味着:(1) 社会中每个人都发挥作用,公平地共享繁荣;(2) 重建英国经济,使其不仅对少数上层有利,而是对所有的劳动者有利;(3) 自上而下每个人都履行自己的责任,需要改变权力和政治的运作方式,重建信任和信心。② 这一理念在一定程度上起到了弥合工党左右翼间分歧,加强党内团结的作用。然而,距下次大选还有两年时间,英国经济危机前景尚不明朗,不可预知的因素很多,工党需要逐步把"全民团结国家政党"理念变成具有可操作性的政策,同时树立工党的新形象并制定新的竞选策略。

在宪法和经济社会政策改革方面,工党首先希望用"排位复选制"代替"简单多数制",但这一建议在全民公决中未能获得选民支持。在饱受争议的

---

① Ed Miliband, "Building a Responsible Capitalism", *Public Policy Research*, Volume 19, Issue 1, pp. 17-25, http://onlinelibrary.wiley.com/doi/10.1111/j.1744-540X.2012.00677.x/pdf.

② "One Nation Labour", http://www.labour.org.uk/onenation.

高校学费问题上，米利班德提出如工党执政，会将大学学费上限从9000英镑下调至6000英镑，以减少学生们的债务负担。① 他认为卡梅伦和克莱格为削减赤字在社会福利等方面付出的代价过高。在2013年2月的一次演讲中，米利班德指出，经济复苏只是战斗的一半，能保证普通民众在经济增长中受益是重要的另外一半，两者互相依托，而联合政府在这两方面做得都不够好。② 目前，英国约有一百万青年人失业，③ 贫富差距加大，许多人工作努力却未能得到相应回报，工资下降，物价上涨，生活水平降低。工党认为，联合政府造成了英国社会分裂，地区之间、阶层之间差距明显，而未来的工党政府将要着力改变这种状况。

（三）自由民主党的联合执政经历与挑战

2010年大选后，与保守党组建联合政府，是自由民主党历史上第一次参与执政。有研究表明，与其议席数在议会中所占的比例相比，自由民主党在联合政府中对政治决策的影响力更大。自由民主党把其竞选纲领中75%的竞选承诺纳入了与保守党的联合执政协议中。④

然而，随着联合政府为削减开支而推行一系列不受欢迎的政策，自由民主党在自身理念和联合执政目标之间的矛盾也日益显现出来。2010年11月3日，英国政府宣布大幅上调学费上限，允许大学将本科生年度学费由最高3290英镑提升至9000英镑。11月10日，数万大学生、教师在伦敦游行，抗议政府的政策。自由民主党竞选时曾承诺废除大学学费，政府宣布提高学费导致部分选民对自由民主党非常不满，随后的民调显示该党的支持率明显

---

① "Tuition Fees: Labour Pledges Maximum Cap of £6000", 25 Sep 2011, http://www.bbc.co.uk/news/uk-15050334.

② J. C. , "Labour's Influences: the most Important Chart in British Politics?", 14 Feb 2013, *The Economist*, http://www.economist.com/blogs/blighty/2013/02/labours-influences.

③ Oliver Wright, "Ed Miliband Declares Labour the Party of 'One Nation Britain' as he Sets out his Vision of a Labour-run Country", http://www.independent.co.uk/news/uk/politics/ed-miliband-declares-labour-the-the-party-of-one-nation-britain-as-he-sets-out-his-vision-of-a-labourrun-country-8194215.html.

④ "Inside Story: How Coalition Government Works, Constitution Unit, 3 June 2011", http://www.ucl.ac.uk/constitution-unit/research/coalition-government/interim-report.pdf.

下降。① 2012年9月19日，克莱格承认提高大学本科学费违背了竞选承诺，并道歉"做了一个我们没有十足把握能实现的承诺"。②

2011年5月5日，英国就是否以"排位复选制"代替现行的"简单多数制"进行全民公决。投票结果是大多数英国选民支持现行的选举制度，这对倡导议会选举制度改革的自由民主党是一沉重打击。由于"简单多数制"对保守党和工党这样的大党有利，对中小政党不利，所以在自由民主党与保守党之间组建联合政府的谈判中，改革议会选举制度是自由民主党同意与保守党组建联合政府的重要条件。公投的结果令自由民主党和支持选举制度改革的民众非常失望。2012年8月，保守党最终拒绝支持自由民主党推动的上议院改革提案，克莱格表示自由民主党也不会支持保守党提出的议会选区重划案。

自加入联合政府以来，自由民主党在大学学费和上议院改革等问题上，不断令选民失望，导致该党的支持率持续下降，在地方选举中的表现也不理想。《星期日泰晤士报》在2013年3月17日公布的民意调查显示，自由民主党的支持率为12%，与独立党持平。③

联合政府执政已近三年，自由民主党如希望2015年大选后能继续执政，可能的方式仍是参与联合政府。在未来两年多时间里，自由民主党偏低的支持率会迫使其一方面寄希望于民众意识到在削减赤字和经济复苏方面自由民主党的配合功不可没；另一方面该党自身需要采取措施，彰显该党在社会公正等方面的特色，增加民众的信任。

（四）英国独立党（UKIP）与欧洲怀疑主义的新发展

成立于1993年的独立党是以英国退出欧盟为主要政治诉求的右翼民粹主义政党，近年来影响力上升，成为具有影响英国政党政治走势潜力的重要力

---

① "Gov't Trackers-update 8th Dec"，http://yougov.co.uk/news/2010/12/09/govt-trackers-update-8th-dec/.
② "Watch：Nick Clegg's Tuition Fees Apology"，http://www.politics.co.uk/comment-analysis/2012/09/20/watch-nick-clegg-s-tuition-fees-apology.
③ "UK Polling Report"，http://ukpollingreport.co.uk/.

量。该党成立之初吸引了保守党中的一些疑欧主义者,长期以来在英国政治中影响力有限。奈杰尔·法拉奇在2010年11月5日再次当选该党领导人后,为了改变独立党的单一议题政党形象,将该党关注的政策领域扩大到移民、经济政策、教育、医疗、伊斯兰极端主义等方面,以利于在选举上取得进展。

独立党的政治理念包括:英国人应自己管理自己,而不是被非选举产生的布鲁塞尔的官僚机构管理;政府应简政放权,保护个人自由,支持真正需要帮助的人;政府从民众手里收取的税收越少越好,不干涉民众生活。①

尽管独立党在英国议会下院中迄今未获议席,但其影响力不断扩大。在2010年大选中,获得3.1%选民的支持,较2005年大选上升0.9%,在各党中位居第四。在2012年地方议会选举中独立党共有约700名候选人参选,在该党参与竞争的议席中,其平均得票率为13%,比上一年增加了5个百分点。②到2012年底,独立党在民调中的支持率上升至10%左右,出现了和自由民主党争夺第三大党地位的势头。《星期日泰晤士报》在2013年3月17日公布的的民意调查显示,独立党的支持率为12%,与自由民主党持平。③在伊斯特利的补选中,自由民主党获32%的选票,独立党获27.8%,保守党获25.4%,④独立党得票率超过了保守党。在2010以来的竞选活动中,独立党的宣传主要集中在欧盟和移民两个问题:强调英国留在欧盟需付出的代价,特别是未来大批来自保加利亚和罗马尼亚移民的潜在威胁,同时开始在经济、教育等方面批评政府的政策。从党派竞争的视角考虑,独立党影响的上升也在一定程度上使保守党在欧盟和移民政策上被迫迎合极右翼选民的民粹主义诉求。

---

① "UK Independence Party, the only Party Standing up for Britain and (all) the British People", http://www.ukip.org/page/ukip-history.
② Lizzy Davies, "Ukip Enjoys Record Local Election Results", http://www.guardian.co.uk/politics/2012/may/04/ukip-farage-local-election-results.
③ "UK Polling Report", http://ukpollingreport.co.uk/.
④ James Kirkup and Rowena Mason, "Eastleigh By-election: Ukip Inflicts Major Setback on David Cameron", http://www.telegraph.co.uk/news/politics/9901730/Eastleigh-by-election-Ukip-inflicts-major-setback-on-David-Cameron.html.

四 英国政党政治的走势

从2010年底起,在YouGov、益普索·莫里等英国主要民调榜上,工党的支持率开始反超保守党,2012年后工党的领先优势稳定在10%左右,而自由民主党的支持率从大选前的20%~25%,跌落至10%左右(见图3)。在2010年后举行的一系列下院补选和地方议会选举中,保守党和自由民主党大多表现不佳。如2011年1月13日在下院议席补选中,执政联盟惨败,工党轻松赢得了东奥尔德姆与萨德沃斯区议席。在2012年5月举行的地方议会选举中,保守党惨败于工党。工党目前控制2158个地方议席,比之前增加823席;保守党则失去400多席,仅获得1005席;自由民主党仅获431席,失去336席。自由民主党目前所拥有的地方议会议席已降至1988年该党建立以来的最低值。

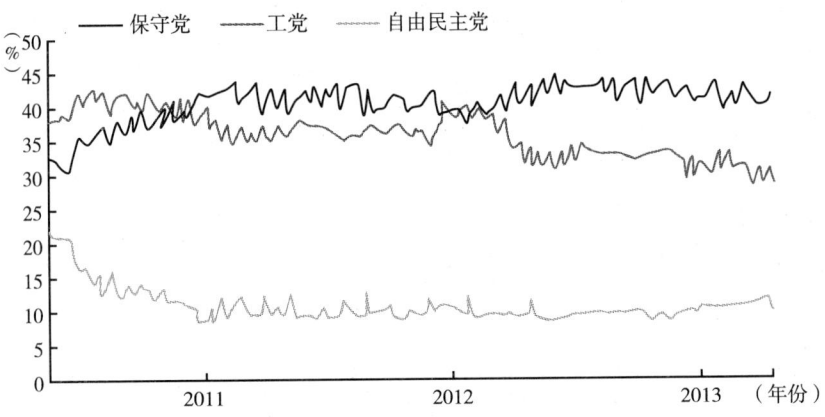

图3 2010年以来的英国三大主要政党民意支持率

资料来源:http://ukpollingreport.co.uk/voting-intention-2。

联合政府成立之初,卡梅伦和克莱格就表示两党要合作到五年任期结束。《2011议会固定任期法》规定下一次大选的时间是2015年5月7日。尽管在符合一定条件情况下,提前大选也是可能的,但目前卡梅伦和克莱格主动促成提前大选的可能性都不大。近来的民调显示,保守党的选民支持率一直低于工党。① 如提前大选，保守党获得的议席数可能更少，结果或是工党组建多数政府，或产生工党和自由民主党联合政府，无论哪种结果对保守党都是不利的。在严峻的经济形势下，保守党现在采取的一些不受欢迎的政策引起选民的不满。如在两年内英国的经济状况好转，对保守党则意味着改变不利局面的转机。到2012年底，保守党曾担心的两个问题——选举制度改革和上议院改革都已平稳过去，在未来两年里更容易依其理念治理国家。

多年以来，自由民主党的目标之一就是尽量保持保守党和工党之间的力量平衡，两党中任何一党力量强大到可以取得议会多数，自由民主党都没有参与执政的机会。在2010年与保守党组建联合政府的谈判中，自由民主党坚持就选举制度改革举行全民公决。该党希望现行简单多数制得以改变，自由民主党的选民支持率有可能转变成相应议席数，自由民主党参与执政的机会将明显增加。2011年5月的全民公决中自由民主党未能如愿，组建联合政府成为自由民主党参与执政的最好方式。如果目前解散联合政府重新大选，自由民主党是否有机会参政都很难说。另一方面，在过去近三年时间里，克莱格和自由民主党为维持联合政府平稳运行牺牲该党的利益，付出了代价，如在大学学费上限问题上完全违背2010年的竞选承诺，未来两年此类问题仍有可能发生。自由民主党如退出联合政府，损失就会更加巨大。

工党在2010年9月选出了新领袖，历经两年多时间，埃德·米利班德逐步证明他是一位有能力的领导人，工党内部挑战其领导地位的声音也逐渐平息。米利班德正努力使英国民众像支持工党一样支持他本人，通过各种方式拉近与选民的距离。在2010年的大选，英国选民没有选择已执政13年的工党，本届议会的五年任期已过半，保守党和自由民主党联合政府并未使英国的状况明显改善，英国民众感觉哪个政党执政都没有什么差别，对政治冷漠，乃至失望。埃德·米利班德领导下的工党希望使民众重新关注政治，支持工党。2013年3月的《观察家报》民调显示，29%的民众预测下次大选仍会产生无多数议会，工党是议会最大党，25%的民众希望米利班德的政党下次大选是议会多

---

① "UK Polling Report", http://ukpollingreport.co.uk/voting-intention-2.

数党，共有54%的民众支持米利班德成为首相。① 在未来两年，工党如能延续近两年来的选民支持率，埃德·米利班德能有效应对内外政策的挑战，充分与民众沟通，工党将有较大机会赢得下次大选。

The UK General Election 2010 and the Development of British Party Politics

Abstract：The United Kingdom general election of 2010 resulted in a hung parliament and a coalition government of Conservatives and the Liberal Democrats. Thus the Conservative Party came into power after 13 years in Opposition, while the Liberal Democrats became a party of government for the first time in its history. British politics entered a new era. The coalition government has generally run smoothly in the first two－and－a－half years；however, the differences in ideology and party interests between the two parties have also emerged. The Labour Party elected Ed Miliband as new leader, who proposed "One Nation Labour" as a new ideology, and has been preparing for the next general election. Moreover, the influence of the UKIP has been increasing, and it has shown the potential to displace the Liberal Democrats as the third force in British Politics.

Key Words：UK General Election 2010；Coalition Government；Political Trends

---

① Toby Helm, "Poll Shows 54% of Voters Expect Ed Miliband to be next Prime Minister", http：//www.guardian.co.uk/politics/2013/mar/23/opinion-poll-ed-miliband-next-pm.

英国社会发展评述

宋云峰[*]

摘　要：

> 联合政府上台伊始，面对金融危机的影响和经济低迷的形势，采取了财政紧缩政策，大幅削减福利、提高高校学费上限、改革中学体制，并试图重组英国人引以为傲的国家医疗服务体系（NHS）。从改革的效果来看，前三项比较成功，而后者则遭到激烈反对，进展有限。2011年8月，英国爆发了全国性大规模骚乱，造成很大人员伤亡和财产损失。骚乱引起了全国范围的激烈辩论，而引起骚乱的深层次原因主要包括青年居高不下的失业率、少数族裔聚居区紧张的种族关系和警民矛盾、青少年家庭不健全以及帮派文化影响等。在经济复苏前景尚不明朗的悲观情绪下，2011年威廉王子的盛大婚礼和2012年女王钻禧（登基60周年）庆祝活动给英国人增加了几许亮色。

关键词：

> 联合政府　福利改革　医疗改革　教育改革　骚乱　王室

自全球金融危机以来，英国的政治、经济与社会都经历了深刻的发展与变化，而造成这些发展与变化的主要原因有：执政13年的新工党第三条道路的延续和影响、世界金融危机对英国经济造成的冲击、工党应对危机措施的持续作用以及2010年大选后保守党与自由民主党组成的联合政府新政治经济及社会政策的影响。

2010年上台的联合政府的执政理念与计划清晰，使多数选民意识到削减

---

[*] 宋云峰，北京外国语大学英语学院英国研究中心主任、副教授。

福利是不可避免的，许多人更倾向于支持紧缩的保守党而不是花钱缺乏节制的工党。政府在削减预算和刺激经济复苏方面的措施较为得力，效果也比较明显。公有部门的改革目的明确，即在教育与福利方面，联合政府继承的是一个成本极高且不可持续的制度，所以要对其进行改革。由于涉及不同社会利益阶层的支持或反对，这些改革有的进展顺利并取得了初步成效，有的则遭遇很大阻力而告失败，有的则需要时间来推进和检验。

总体来说，以保守党为主导的联合政府属于中间偏右的政府，强调小政府、大社会。在严峻的经济形势和高额的财政赤字下，联合政府采取的政策和方针是缩减公有部门预算，减少社会福利开支，提升经济竞争力，鼓励私营部门。在这一方针指导下，政府的主要部门对各自的领域进行了改革。其主要政策与措施是，改变权力集中在中央政府或地方政府的长期趋势，放权给城镇、学校和医生，缩减社会福利和公有部门开支，鼓励公司和非营利组织投标转包政府服务项目。这是二战以来最大规模的政府削减开支计划。（英国财政收支和减赤计划，见图1）

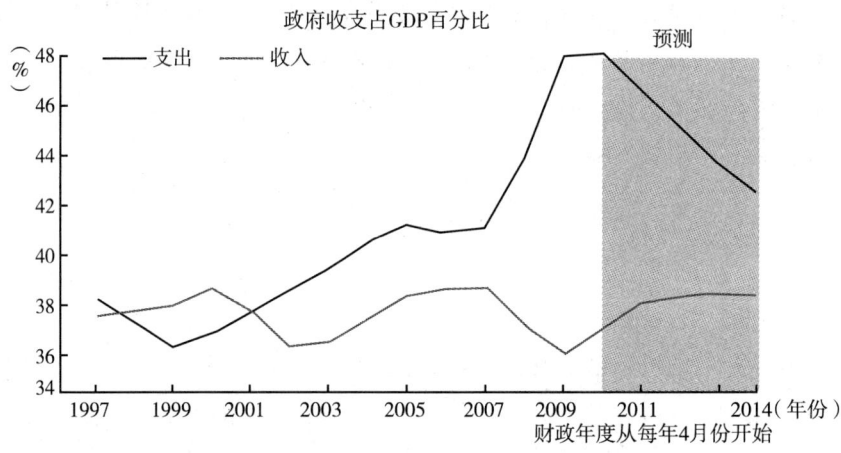

图1 英国政府财政收支平衡变化（1997~2014，其中2011~14年的数字为预测）

资料来源：HM Treasury, in "The British Economy: The Pain to Come", *The Economist*, 25 Mar 2010, http://www.economist.com/node/15770872。

联合政府的社会改革在某些领域初见成效，尤其在公有部门裁员节支方面成就最大，使英国走上了减少赤字的轨道（见图1）。从2010年联合政府上台到2012年5月执政两周年的较短时间内，公共部门雇员减少约38.1万名，私营部门则增加63.4万人就业。①

联合政府进行的教育改革进展也较为顺利。在高等教育领域，政府将工党政府开始实行的高校学费收费的数额从每年3000英镑提高到9000英镑，以减少政府支持并给予高校更多自主权。在中等教育方面，政府的改革旨在让中学摆脱地方政府的控制，在预算和教学方面拥有更大的自主权。教育大臣迈克尔·戈夫2010年上任时提出的目标是到2015年英国一半以上的公立中学摆脱地方政府的控制，变成具有较大自主权的"学院"或"自由校"。而这一目标实际上在2012年就已基本实现。他的下一步目标是将这场"革命"扩展到初等教育系统。

英国政府社会改革最大的失败是在全民医疗服务方面。政府原本希望将国民保健体系过分集中的权力下放，并使服务多元化，例如让地方全科医生在医疗收费方面拥有更多的自主权，并且将某些服务项目转包给私人职业医生。但这一改革方案遭到了医疗服务部门和社会多数人的反对。公众不能理解的是，保守党在选举之前承诺对国家医疗服务制度不做改变，而现在却又操之过急地进行改革以应对医疗成本的上升、社会过高的期待和老龄化的趋势。所以医疗改革法案几经妥协和修补才得以在议会通过，离联合政府的改革目标相去甚远。历史证明，英国的国民保健制度广受多数人的支持和拥护，改变这一制度比改变任何公有部门都要艰难。

英国政府的其他改革成效尚不明朗。例如，在福利改革方面，联合政府大胆减少了家庭年收入超过平均数家庭的福利待遇（英国家庭2011年平均收入为26000英镑，约合42000美元）。联合政府还大幅减少了养老金缴纳额享受免税的上限（从约25万英镑减少到5万英镑）并计划延长退休年龄。目前政府的计划是将头绪繁多的福利项目和退税项目简化成单一且联网的福利项目。

在警察与治安方面，2011年8月英国爆发了席卷全国的大规模骚乱，凸显出青少年犯罪加剧、种族关系紧张和治安管理不力等问题。过去两年给低迷

---

① "Two Years of the Coalition: I Never Promised you a Rose Garden", *The Economist*, 12 May 2012, http://www.economist.com/node/21554567.

的经济和沉闷的国民情绪增色的亮点是威廉王子的婚礼、女王登基60周年庆祝活动以及世界瞩目的伦敦奥运会（另文评述）。

一 福利改革

联合政府秉承传统右翼观点，认为从摇篮到坟墓的面面俱到的福利制度的弊端是社会中的个人会产生不负责任的懒惰、大量的浪费和过分依赖政府的心态，而且节节攀升的巨额成本支出使政府财政入不敷出、濒临破产。所以联合政府借金融危机和经济衰退之机实施了紧缩政策，以削减英国的福利开支。以英国政府2011年度预算为例，福利支出占当年政府财政的16%，养老金占17%，医疗服务占18%。[①] 另据联合政府2010年发表的《国家现状》报告，医疗保健、养老金和各种社会福利等财政支出已使政府不堪重负、不可持续发展，到了非改不可的地步。2011~2012财政年度仅对失业人员的支出就高达51亿英镑，而对低收入人群的补助更高达418亿英镑（见表1）。

表1 低收入人员福利支出，2011~2012年度

单位：百万英镑

福利项目	支出	福利项目	支出
收入补贴	6925	住房减税	30
工作减税	6889	社会保险基金	333.7
住房补贴	22706	总　计	41805.7
地方税减免	4928		

资料来源：http://www.ifs.org.uk/bns/bn13.pdf。

根据英国国家统计局的社会趋势调查数据，约有近1/3的退休人员仅靠退休金生活。其中单身女退休者的比例最高，为42%；其次为单身男退休者，为31%；退休夫妻的比例最低，为19%。工作与养老金部经手的总额1360亿英镑的福利支出中，约60%用于支付养老金（女性领取养老金的年龄为60

---

① UK Public Spending, "Public Spending Details for 2011", http://www.ukpublicspending.co.uk/year_spending_2011UKbt_12bc1n_40#ukgs302.

岁，男性为65岁）。调查数据还表明，2008年第一季度英国的家庭储蓄率跌至过去40年来最低值，仅为-0.2%①（见图2）。其中房费和水电费支出最多，占家庭费用支出的21%。②

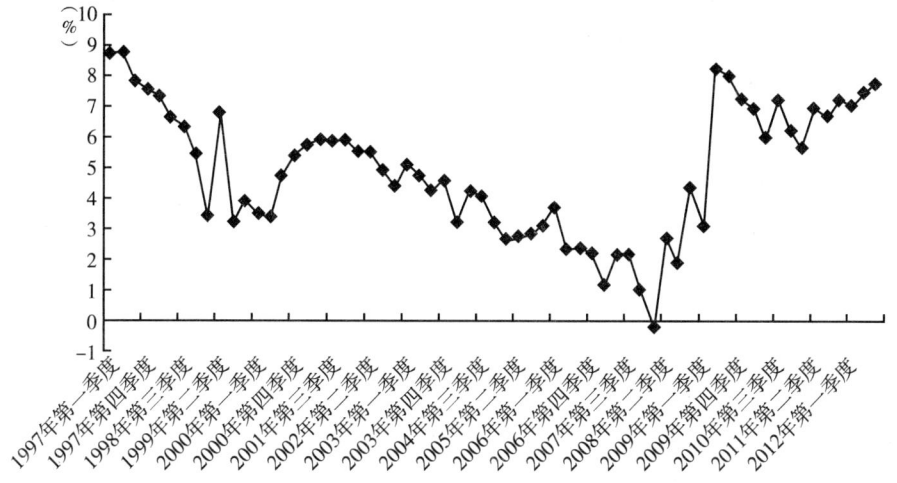

图2 英国家庭储蓄率（1997年第一季度至2012年第三季度）

资料来源：ONS，*The Economic Position of Households*，Q3 2012，14 Jan 2013，p.6，http：//www.ons.gov.uk/ons/dcp171766_295084.pdf。

联合政府为此出台了一系列措施遏制或削减过高的养老金支出，具体措施是将每人每年可以存入自己养老金账户的资金额度（免税）从25.5万英镑减少到仅5万英镑或者年收入工资数额（以低者为准）。个人可领取的养老金总额也从180万英镑减少到150万英镑。高于上限的部分须交税。据英国税务部门估算，此举可为政府节省约40亿英镑的税收收入。另外，福利改革法案还对其他福利项目进行了缩减，例如对残疾人的福利补贴和个人住户的住房福利。

2011年11月30日，英国爆发32年来最大规模的公共部门大罢工，抗议政府的养老金改革计划。工会方面估计全英范围内有超过200万人参与此次24小时罢工行动，举行了超过1000场游行示威。此次罢工由全英教师工会、

---

① 但到2009年第二季度后便逐步恢复到7.6%的历史平均水平。
② BBC News，"Pensioners'Relying on the State'，Says ONS"，2 July 2010，http：//www.bbc.co.uk/news/10487278.

公共和商业服务工会等 20 多个工会联合组织，参与者包括教师、政府工作人员、警察、边检人员、法院人员、机场工作人员、环卫工人等。工会组织在伦敦、曼彻斯特、伯明翰等十余座城市举行抗议示威活动，全英各地学校、医院、政府机构、入境边检等公共部门的服务受到严重影响。

英国政府此前提出的公共部门养老金改革计划，其内容包括将员工退休年龄延长，并增加员工工作期间的养老金缴纳额度，降低退休后养老金支付水平等。对改革计划表示反对的工会与政府已举行多次谈判，但双方未能达成一致。政府方面预计此次罢工造成至少 5 亿英镑的经济损失。

虽然联合政府的福利改革方案引起了利益相关阶层的抗议和反对，民众中的多数还是支持政府缩减开支、对不必要的福利进行改革的举措。福利改革法案最终在 2012 年 3 月获得议会上下两院的批准。

二 国家医疗服务体系（NHS）改革

国家医疗服务体系建立于 1948 年，以其全面覆盖所有公民的高质量免费国家医疗服务著称于世，是英国人最引以为傲的国家福利制度的核心部分。国家医疗服务体系的三大宗旨是：覆盖所有公民的医疗需要，治疗时免费以及基于病人的医疗需要而非支付能力。半个多世纪以来，由于受到大多数人的拥护，历届政府的更迭都没有撼动国家医疗服务体系的这三条基本原则。

然而，由于人均寿命的延长和老龄化的加剧，英国的国家医疗服务体系费用越来越高，服务质量也呈下降趋势。布莱尔曾在其第二任期内针对这些问题进行过有限的改革，主要是采取内部市场化的竞争手段以达到提高质量、降低成本的目的，例如吸纳私营公司资金建设新医院以及将某些医疗服务项目转包给私人公司等。在金融危机的严峻形势下，卡梅伦的联合政府面对更加沉重的财政负担。数据表明，联合政府上台前，英国的医疗服务费用支出已从 1997 年工党执政时占 GDP 不到 7% 急剧上升到近 10%（见图 3）。据英国广播公司报道，尽管政府对医疗服务的投入每年增加数 10 亿英镑，但医疗服务的质量却不升反降。在当前的体系下，病人平均需等待 15 天到 9 个月时间才能得到医院的正式治疗，越来越多的患者因等不及而选择到国外就医。

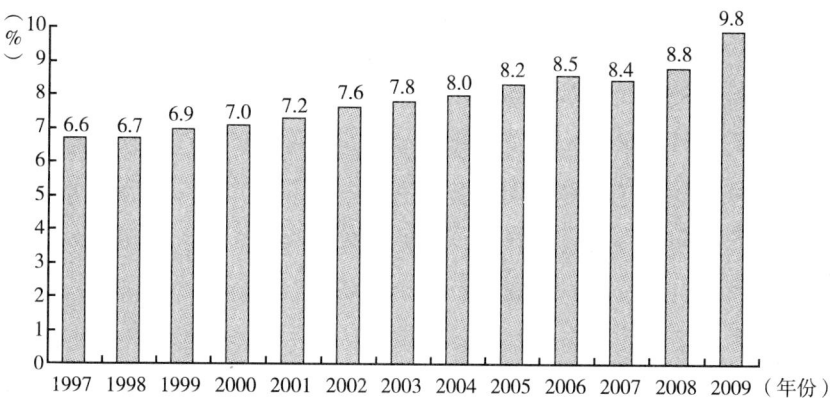

图 3　英国医疗费用占 GDP 百分比（1997～2009）

资料来源：ONS, *Expenditure on Healthcare in the UK*, May 2011, p.3, http://www.ons.gov.uk/ons/rel/psa/public-service-productivity/expenditure-on-healthcare-in-the-uk/expenditure-on-healthcare-in-the-uk-report.pdf。

联合政府就医疗服务改革问题于2010年发表了题为《公平与优质：解放国家医疗服务体系》的白皮书，宣称将患者与公众放在第一位，提高医疗服务的成效，强调医生的自主权和责任，精简管理机构以提升效率。以此为蓝图，联合政府于2011年出台了《医疗与社会保健服务法案》[①]，计划对国民医疗服务体系进行改革，将医疗支出在本届政府任期（2011～2015）内削减40亿英镑。改革法案的要点是：

1. 英格兰地区建立新的全科医生组织，并由其全权负责所辖病人的医疗保健，同时享有对相应医疗预算的管理权。（医生自主权扩大）

2. 建立一个全新独立的医疗保健监管组织，负责调查投诉并审查地方医疗保健服务提供者的表现，旨在提升国家医疗服务体系对患者和公众的责任感。（加强政府与公众对医疗服务的监管）

3. 成立全新的"公共卫生英格兰"组织，旨在改善公共卫生，缩小富人区与穷人区间在公共卫生方面的不平等。（消除公共卫生方面的差距）

4. 到2013年，废除总数约为150个的初级医疗保健单位和10个地区医疗

---

① Legislation.gov.uk, *Health and Social Care Act 2012*, 29 Mar 2012, http://www.legislation.gov.uk/ukpga/2012/7/pdfs/ukpga_20120007_en.pdf.

管理机构（代之以"国家医疗授权董事会"National Commissioning Board），以达到精简官僚管理机构并减少国家医疗服务体系45%管理费用的目的（精简机构，减少开支）。

法案出台后，在医生、医院、公众甚至联合政府内部引发了广泛且持续的争论和批评，利益相关人员甚至上街游行示威。争论集中在两个方面：一是全科医生的权力太大，而他们是否胜任医疗与预算两方面的任务，很令公众担心；二是私营部门医疗服务介入带来的竞争是否会破坏国家医疗服务的公平原则。有些医院担心全科医生的医疗水平问题，而代表医生和护士的工会则担心将医疗服务转包给私营公司会危及自己的饭碗。对此，政府不得不暂停推进医改立法。在花费两个月时间听取各方意见后，政府对法案进行了修改，做出一些妥协，并在2012年3月通过。

三 教育制度改革

（一）中等教育制度改革

在英国现代教育史上，有几个里程碑式的改革，例如《1944年教育法》使中学教育成为面向大众的免费教育体系，20世纪60年代工党政府将三种不同的学校改造成以综合中学为主的相对公平的教育体系，1988年保守党政府教育法规定全国统一课程设置。也许下一个载入英国教育体制改革史册的是英国联合政府教育大臣迈克尔·戈夫。上任以来，戈夫以更高的教育质量、更公平的教育机会和更多的学校与教师自主权为原则对英国现有教育体制进行了大刀阔斧的革新。

2010年11月24日，英国政府发表了题为《教学的重要性》白皮书，对整个教育体系进行了检讨。在白皮书的前言中，戈夫表达了他对教育改革的观点和计划，强调"提高教师素质"、"给予学校更大自主权"、"更新课程设置"、"使学校对所在社区负责"、"加强和细化评估数据"和"鼓励学校之间的专业合作"。[1]

为提升教师的素质，戈夫召集优秀教师、中学校长和其他专家组成了独立

---

[1] Department for Education White Papers, *The Importance of Teaching*. London：the Stationery Office, 2012.

评估小组，研讨制定了新的教师标准并于2012年9月1日施行。新的教师标准也是教师培训人员、中学校长和教育部督察员评估教师教学效果的主要依据。改革还以"教学绩效"薪酬制（performance-related pay 简称PRP）取代了国家级别薪酬制。在对学校的评估排名时，参加普通中学毕业考试（GCSE）五科考试（英语、数学、科学、外语以及任何一科人文课程）的人数所占权重更大（排名与国家拨款挂钩）（见图4）。

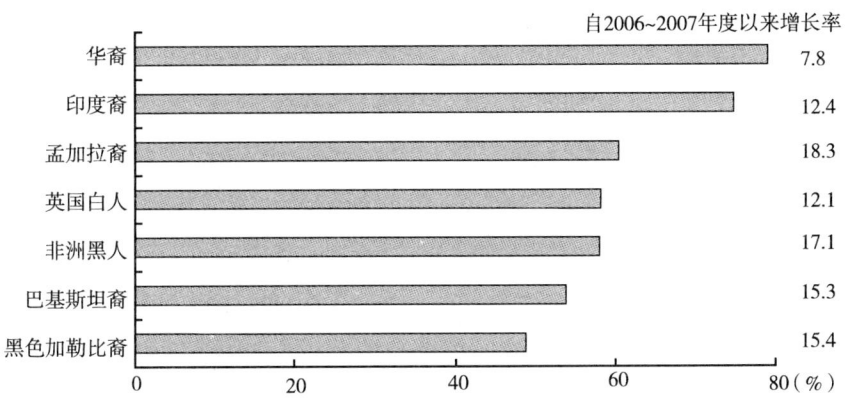

图4　2010~2011年度英格兰普通中学毕业统考各族裔英语、数学等五科通过率%，以及分别比2006~2007年度增加的百分率

资料来源：Department of Education（UK），"Immigrants：Hello, World",*The Economist*, 30 Jun 2012, http：//www.economist.com/node/21557524。

戈夫对英国中等教育所做的最大改革是将英国的中学逐步改造成拥有很大自主权的"学院"，并使新成立的学校成为类似性质的"自由校"。学院拥有的自主权包括不受地方政府的控制，自主为教职工制定薪金和工作标准，自主制定课程设置以及自主制定学期长度和其他假日。而所谓"自由校"是由学生家长、教师、慈善机构、宗教机构和志愿者团体建立并由中央政府资助的综合性中学，与正式学院（由现存中学改造而成，称为converted academy）区别不大，可以称作资助性学院。所谓学院制早在工党执政时期就进行了一些尝试，效果不错（原因是试点学校原本就基础较好），也可以减少管理成本并赋予学校更多的自主权。所以这也成为戈夫促使学校提高教学效果使之从官僚束缚中解放出来的一个支点。

由于在议会仓促通过的"学院法"给予教育大臣很大权限，戈夫极力推动的"学院"和"自由校"改革进展迅速。2010~2011学年之前英国仅有

203所学院,到该学年结束时(2011年7月31日),学院的总数达到803所。到2011~2012学年期间,学院的总数翻了一番,达到1877所,超过中学总数的50%。① 戈夫的目标是让更多的优秀中学转换成学院,并让所有新建立的学校成为自由校。他还计划将这一做法扩展到初等教育。总之,戈夫任内,英国中等教育将成为以学院和自由校为主的教育体系。

对于英国中学的"学院"改造运动的批评和争议来自三个方面。第一,英国教育部关于"学院"制提高了学生水平、缩小了优等生与差生的差距,并创造了"世界一流"教育体制的说法属一面之辞,缺乏充分根据,需要长期实践的证明,因为已改造完成的学院通常是较好的中学。第二,新颁布的教师标准和教学绩效薪酬制在招收、奖励或惩罚教师方面赋予校长太多的权力(教师的自主权更小了),而且容易产生专权现象。这种制度虽然可以使教学效果良好的教师受益(究竟有多大比例也是个值得探讨的问题),但会加剧多数教师之间、教师与校长之间的矛盾和紧张,其长期效果有待观察。第三,地方政府对中等教育的监管职能被废除、学院与自由校直接由中央政府拨款的做法赋予教育部和教育大臣太大的权力和职责。由于缺少中间的管理层(地方政府教育部门),管理负担会使教育部不堪重负。

(二)高等教育学费改革

在全球金融危机和英国经济衰退的背景下,英国的失业率居高不下,在8%上下徘徊。政府公共部门的裁员和紧缩更使大学毕业生的就业雪上加霜。以威尔士和英格兰东北部地区为例,每四个大学毕业生中就有一个在公共部门(许多在高校和国家医疗服务系统)就业。据高等教育职业服务系统估算,英国的公共部门每年招收的大学毕业生有39000人。公共部门的紧缩将使大学毕业生的失业率超过20%,甚至会达到25%。而大学毕业生历史上的最高失业率是1983年的13.5%。②

---

① Department for Education publications, *Academies Annual Report 2010/11*, London: the Stationery Office, 2012.
② Martin Shankleman, "Graduates 'Face Record Unemployment'", 1 July 2010, http://www.bbc.co.uk/news/10480805.

在这一背景下，新上台的联合政府决定上调大学学费上限，从大约3000英镑上调至9000英镑。让大学生雪上加霜的法案在2010年年底引发了大规模的示威游行。英国的大学在1997年之前是不收学费的免费教育。布莱尔领导的新工党在1997年上台后开始规定大学收费，费用从1000~3000英镑不等。2004年出台的《教育法案》规定大学学费的上限为3000英镑。考虑到通货膨胀的因素，这一上限在2009~2010学年调整到3225英镑。大学教育收费的改革引发了持续的争论。赞同者认为大学经费不足会使英国领先的高等教育落后于人，而反对者力挺教育公平的原则。在这一背景下，2009年11月工党政府委托上院议员约翰·布朗勋爵负责就此事进行调查并出具评估报告。鉴于面临大选，执政党与在野党达成共识，即"布朗评估报告"延至大选后公布。2010年10月12日，题为《确保高等教育的可持续未来》的"布朗评估报告"发表。

评估报告提出建议所依据的六大原则：
- 对高等教育的投资应加大
- 学生应有更多的选择
- 使每个具有潜质的人从高等教育获益
- 在开始工作之前每个人都不必支付教育费用
- 个人在偿付教育贷款时分期还款的数额应合理并支付得起
- 半工半读学生在教育费用上应与全日制学生一视同仁

评估报告的四大建议：
- 取消大学学费每年3290英镑的上限
- 将大学生毕业工作后开始偿还教育贷款的起始点从年收入15000英镑提高到年收入21000英镑
- 年收入超过21000英镑者还贷额不应超过收入的9%
- 半工半读学生享受同等学费贷款待遇

联合政府在对布朗评估做了适当调整后提交议会讨论，主要是设定了每年9000英镑的上限以及确定教育贷款2.2%~3%的利息。在大学生的示威抗议声中，英国议会于2010年12月9日以微弱多数（323比302）通过提高大学学费的议案，上院则以较大多数（283比215）通过此案。

四 骚乱、犯罪与族群关系

（一）骚乱过程

2011年8月6~10日，包括伦敦在内的英国多个城市发生大规模骚乱，造成5人死亡、16名平民和186名警察受伤。这次骚乱无论在英国国内还是国际社会都引起了很大反响，凸显出英国社会的不稳定，促使人们思考骚乱的成因、特点及今后如何防止类似事件发生的问题。

骚乱的起因是2011年8月4日伦敦郊区托特纳姆的警察因怀疑一名叫马克·达根的29岁黑人男青年持有手枪并计划攻击警察而开枪将其射杀。这导致公众抗议警察滥杀无辜，尤其是在贫困加剧和种族关系紧张的情况下，托特纳姆的抗议活动导致抗议者与警方的冲突，很快演变成整个伦敦的骚乱，并引发了席卷多个城市（包括伯明翰、布里斯托尔、利物浦和曼彻斯特）的大规模骚乱，出现打砸抢烧杀等暴力犯罪行为。

英国首相卡梅伦提前终止在意大利的休假，紧急回国与内阁及反对党领导人磋商采取应对措施。警方取消了所有休假，调集警察应对骚乱。英国议会也于8月11日紧急开会，就治安形势进行辩论。在主要骚乱平息后的8月15日，3100名参与骚乱者被捕，其中1000多人被起诉。据统计，伦敦与骚乱有关的犯罪达3443起，造成的财产损失高达2亿英镑。

（二）骚乱特点

这次骚乱的一个新特点就是来势迅速凶猛，并快速蔓延至其他城市，一个重要原因是现代科技通讯手段提供了迅速而实时的联络。例如，打砸抢者利用黑莓手机组织其活动，并在社交媒体网站上就达根之死煽动警民矛盾和种族仇恨。而推特网的方便快捷更使骚乱的信息迅速传遍全国。而1985年托特纳姆发生骚乱时，市民必须跑到僻静处利用公用电话将信息传递出去。手机的作用则是个双刃剑。一方面骚乱者利用它快速联络，另一方面警方与电信公司合作很容易找出策划和煽动骚乱的始作俑者。

另外，此次骚乱也凸显出英国的种族矛盾和严重的青少年犯罪问题。根据英国司法部 2012 年发表的报告，骚乱主要参与者以白人男性和黑人男性为主（被起诉的白人参与者占 41%，黑人参与者占 39%，亚裔仅占 6%，其他族裔占 12%），而且以青少年为主（10~17 岁占 26%，18~20 岁占 27%，而 40 岁以上者仅占 5%）（英国社会对移民态度调查见图 5）。

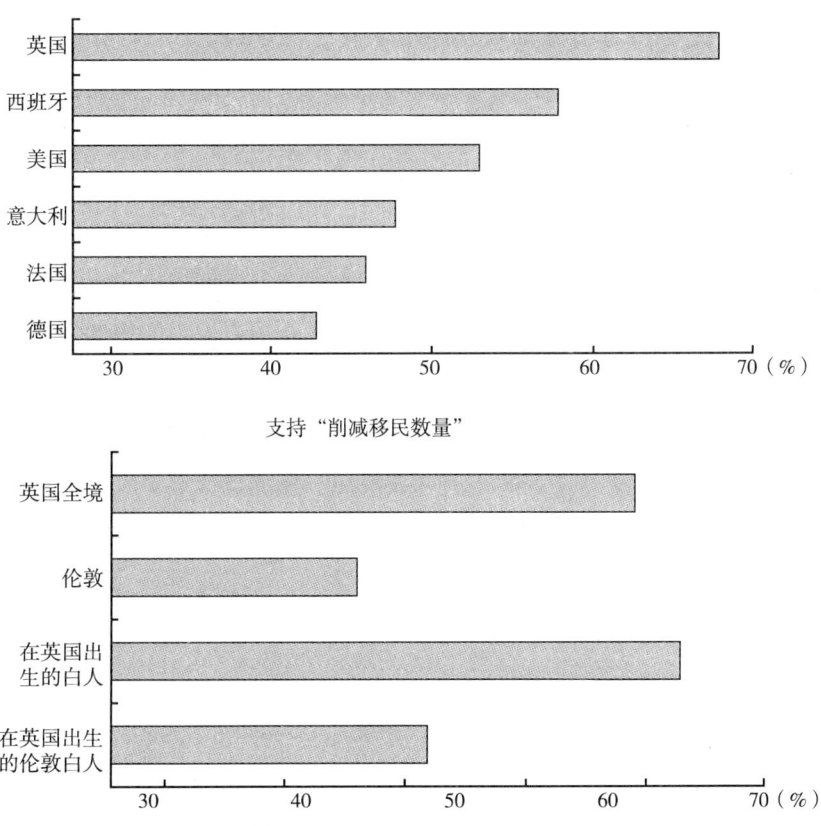

图 5　英国国民对移民的态度国际比较以及全国与伦敦情况的比较

资料来源：Transatlantic Trends, Ipsos - MORI for the Migration Observatory, Oxford; in "London's future: Global or bust", The Economist, 30 Jun 2012, http://www.economist.com/node/21557523。

（三）骚乱的深层原因

骚乱引发了英国社会关于骚乱起因和发生的土壤的激烈辩论。打砸抢烧杀骚乱者行为背后的复杂原因被归结为种族主义、阶级分化、经济衰退、警民关系以及其他文化因素,如社交媒体、犯罪心理、流氓行为、道德解体和青年帮派。

1. 糟糕的警民关系

许多人认为托特纳姆黑人青年达根被枪杀凸显出黑人社区紧张的种族关系和糟糕的警民关系,也是引发最初骚乱的主要原因。伦敦大学古斯·约翰教授认为警察在该社区"随意搜查"的执勤方式(尤其是对黑人青年)造成了黑人社区对警察的愤恨。《卫报》对骚乱的调查结论是许多骚乱参与者说他们当时觉得是在参与公开的反警骚乱,认为警方的执法方式是导致骚乱的最重要原因,而且警察射杀达根导致的公愤被一再提及。

2. 青年的贫困与被剥夺

骚乱者们认为被主流社会排除在外是他们参与骚乱的原因之一。既然通过正常的渠道不能实现自己的人生目标,参与骚乱正可以发泄心中的愤懑并引起政府和社会的关注。包括《独立报》在内的不同媒体均认为社会对少数族裔和青少年的排斥与剥夺以及贫困和贫富分化是造成骚乱的主要原因。(见图6)《金融时报》2011年9月发表的一项调查发现,骚乱与青年中居高不下的失业率和社会对他们的剥夺之间存在很大的联系。托特纳姆的失业率是伦敦地区最高的,在全英也高居第8位。

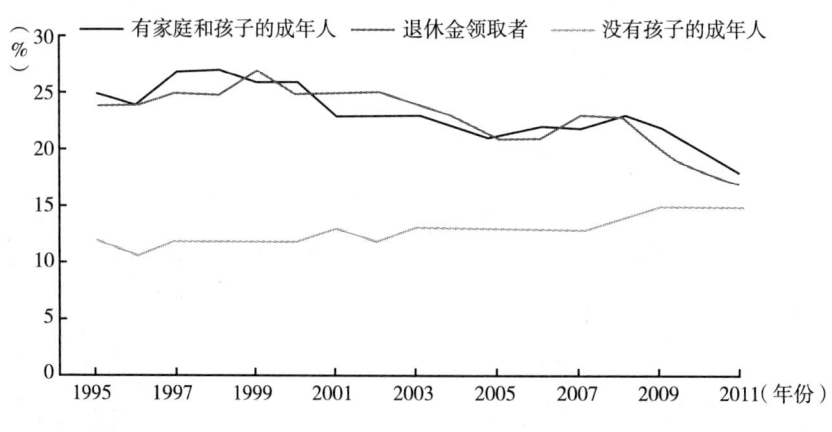

图6 青年贫困人数(下线)呈上升趋势(1995~2011)

资料来源:ONS; "Measuring poverty: The End of the Line", *The Economist*, 17 Nov 2012, http://www.economist.com/news/britain/21566691 - government - sets - out - redefine - what - it - means - be - poor - end - line。

3. 家庭解体

《每日电讯报》的评论将青少年的骚乱与他们生活中缺乏男性榜样联系起来，发现被逮捕和起诉的绝大多数青少年犯罪者具有一个共同特点，就是家庭中父亲的缺失（英国非婚生子女比例见图7）。而英国在整个欧洲中是家庭不健全比例最高的国家。

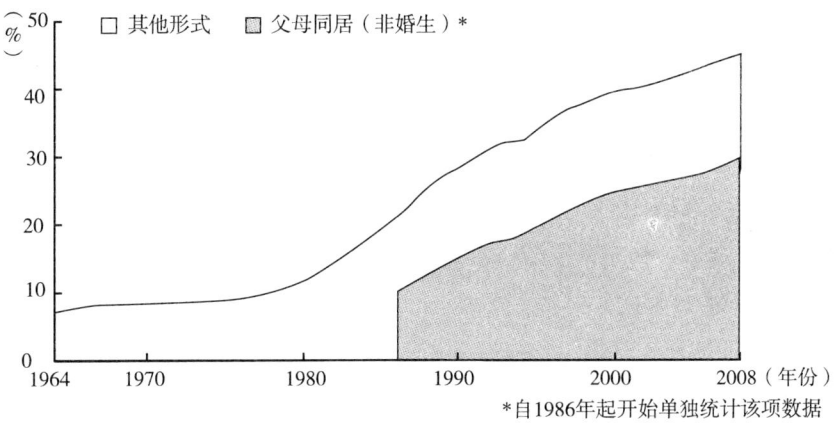

*自1986年起开始单独统计该项数据

图7 英国非婚生子女人数呈大幅上升趋势（现约为总出生率的30%）

资料来源：ONS；"A Briefing on the British Election：Who would live in a place like this？"，*The Economist*，7 Apr 2010，http：//www.economist.com/node/15841491。

4. 政府的紧缩政策和削减福利

有人也将联合政府的削减开支政策视为引起骚乱的原因之一。2012年伦敦市长选举中，工党候选人肯·利文斯通认为经济停滞和保守党政府的紧缩政策不可避免地造成社会分化，而在经济不能好转的形势下紧缩政策还将继续下去。支持这一观点的人引用苏格兰的反例加以证明。苏格兰的青年没有参与骚乱的部分原因是苏格兰的大学生不用缴纳巨额学费。而在英格兰和威尔士，学费被保守党从3000英镑提高到9000英镑。

5. 青少年的帮派文化与人性的机会主义

在BBC"新闻之夜"节目的新闻评述中，历史学家大卫·斯达基将骚乱的起因归结于黑人青少年的帮派文化。这种文化已影响了整个英国的青少年。这一说法也遭到反对和批评。BBC收到了近700份投诉，批评斯达基的观点。

也有人指出,打砸抢者并没有清晰的政治意图,只是秉承机会主义的态度,随大流率性而为而已。

6. 上层社会的道德示范

《每日电讯报》专栏作者彼德·奥鹏指出,道德的败坏在社会上层与社会下层同样糟糕,可谓"上梁不正下梁歪"。国会议员的费用丑闻、银行家的巨额奖金丑闻以及报业大亨的电话窃听丑闻都给社会做出了极坏的表率。下层社会发生骚乱和打砸抢也就不足为奇了。

7. 司法惩罚制度的失败

英国司法大臣、大法官肯尼斯·克拉克在《卫报》上撰文,将骚乱称为"罪犯阶层令人发指行为的集中爆发"。他引用统计数据说明骚乱中被起诉的成年人中有近3/4有犯罪前科。这凸显出英国的司法惩戒制度未能改造多数罪犯并防止其重犯(英格兰与威尔士在押罪犯人数增长趋势见图8)。他主张采取激进的新措施以加强惩戒并减少重新犯罪。

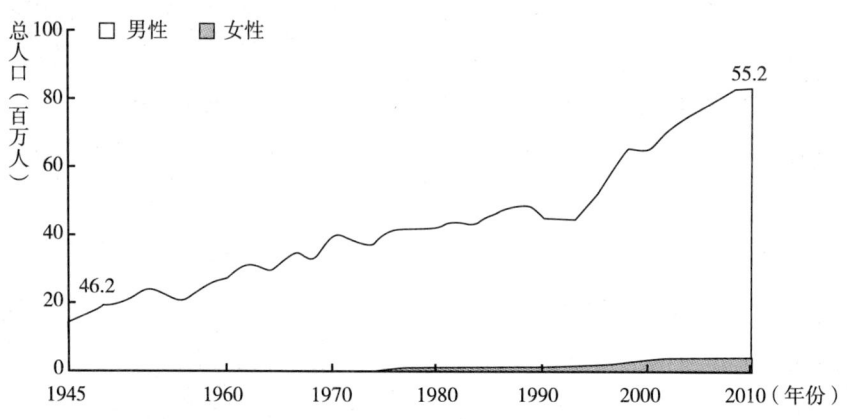

图8 英格兰与威尔士监狱人口比例

资料来源:HM Prison Service; Home Office;"A Briefing on the British Election: How to catch them, and where to put them", *The Economist*, 7 Apr 2010, http://www.economist.com/node/15841505。

面对日益恶化的治安形势,在预算紧缩的形势下,联合政府计划将许多警务工作转包给私营公司,包括刑事案件审理的准备工作。另一个计划是将地方的治安专员改为民选,以加强警民之间的联系。到2012年11月,伦敦之外的

41个英格兰与威尔士治安辖区将通过民选产生负责治安的专员。这些改革的成效尚待时间检验。

五　君主立宪制度的现状与前景

（一）君主制的现状

英国的君主制度已延续了一千多年，只是在英国资产阶级革命中克伦威尔执政时期短暂中止过。这总体上反映了英国国民的保守性。各种民意调查的数据表明，多数人仍然支持保留和延续君主制。根据英国权威民意调查机构益普索·莫里公司的调查数据，君主制的支持率在2000年为80%，查尔斯王子与卡米拉结婚的支持率2005年为65%。2009年BBC资助独立传媒与市场调查公司（ICM）的民意调查表明，即使现女王去世，仍有76%的人支持君主制延续下去。虽然2009年《卫报》和《观察家报》所做的调查显示支持废除君主制的比例曾高达54%，但绝大多数的民意调查表明多数英国国民支持君主制的延续。2012年5月，女王登基60周年（钻禧）庆祝活动前夕，《卫报》与独立传媒和市场调查公司的民意调查表明对君主制的支持率接近七成，只有22%的人支持英国实行共和制；而主张女王退位或去世后应将王位直接传给长孙威廉王子的人数（48%）高于主张女王将王位传予长子查尔斯王子的人数（39%）九个百分点。（见图9）

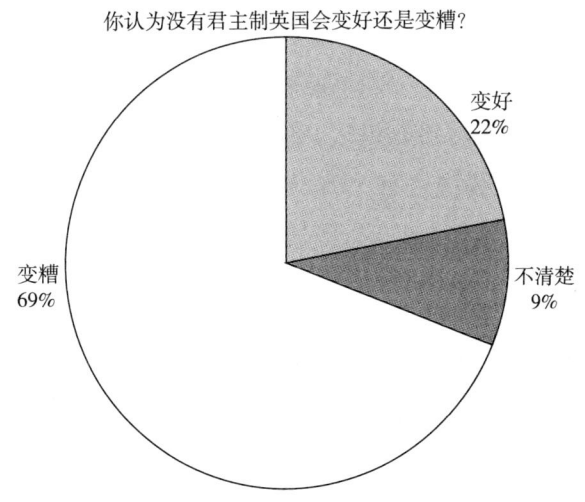

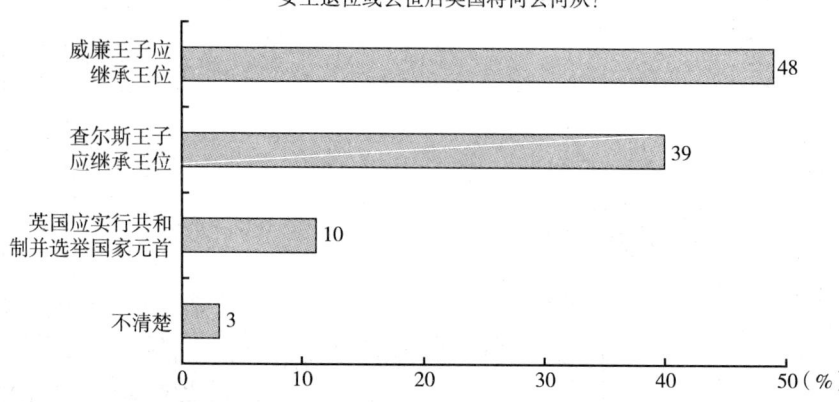

图9 2012年5月君主制去留与继承人人选民意调查

资料来源：Guardian/ICM Jubilee Question Photograph Graphic；Guardian.co.uk，"Queen Enjoys Record Support in Guardian/ICM poll"，24 May 2012，http：//www.guardian.co.uk/uk/2012/may/24/queen-diamond-jubilee--record-support。

据英国旅游局网站（Visit Britain）2010年7月底公布的统计数字，英国王室每年从海外游客身上净赚至少5亿英镑。"王室文化"如同巨大的磁石，吸引着来自世界各地的游客。2009年，英国"文化与遗产"领域，包括剧院、画廊、酒吧、英超、城堡、古建等，总计吸引海外游客消费46亿英镑，并提供10万个就业机会。而这些景点中，1/8与王室有关。2009年来英国旅游的海外游客总计3000万，其中580万参观过城堡，500万参观过历史古建筑，640万去过宗教场所，比如大教堂。

到英国旅游，也是许多中国人的梦想。自2005年英国成为中国公民旅游目的地之后，中国游客纷至沓来。英国旅游局公布的一份调查报告显示，可能去英国的中国游客中，有70%表示，一定要去看女王的寓所白金汉宫。在最赞成"我一直就想去白金汉宫"说法的前五个国家中，中国也是其一。

在金融危机和经济衰退的背景下，2011年威廉王子与凯特王妃的婚礼以及2012年女王登基60周年庆祝活动给大多数英国国民沉闷的生活带来了看点和乐趣，也成为吸引海外游客的一个因素。但也有一部分人认为，这些奢侈的活动在经济低迷时期不合时宜或者与己无关。

（二）威廉王子与凯特王妃的婚礼

现女王长孙、剑桥公爵威廉王子与凯特王妃的婚礼于2011年4月29日在伦敦威斯敏斯特大教堂举行。威廉王子是威尔士亲王查尔斯王子的长子，也是继其之后的英国王位第二顺序继承人。约有1900名嘉宾出席了威廉王子的婚礼。婚礼后，王子夫妇驱车回到白金汉宫，沿途吸引了无数人驻足观看。按照惯例，威廉王子夫妇在白金汉宫的阳台上露面、亲吻并向观众致意。

威廉王子的婚礼吸引了媒体极大的关注和众多报道，也引起了许多街谈巷议，人们尤其喜欢将这次婚礼与1981年其父母查尔斯王子与戴安娜王妃的世纪婚礼相比，这给经济危机下沉闷的英国带来一些亮色。婚礼被定为公共假期以使公众观赏或举行庆祝活动。据统计，全英举行的街头庆祝活动多达5500场（伦敦有850场），其中包括首相卡梅伦在首相官邸唐宁街为慈善工作者和伦敦儿童举办的慈善庆祝活动，而王子夫妇从威斯敏斯特大教堂驱车回到白金汉宫的路上，观看的群众人数超过了100万。另外，全球有上亿观众通过电视和网络实时观看了婚礼的过程。

尽管威廉王子婚礼的巨额费用主要由王室和凯特王妃的家庭承担，英国财政部只负责提供安全保障和交通费用，总额超过2000万英镑的奢华婚礼在经济低迷、失业率居高不下、福利大幅削减的形势下还是招致了一些批评。英国旅游局官方网站估算婚礼可能会引起国际游客来英国旅游的兴趣，可以在几年内多带来400万游客，产生20亿英镑的旅游收入。但也有人提出，1981年7月查尔斯王子婚礼期间和1986年7月安德鲁王子婚礼期间，来英旅游的人数比其他年份同期月份不升反降（估计与游客刻意避开旅游高峰和酒店难订有一定关系）。

（三）女王登基60周年（钻禧）庆祝活动

2012年2月6日是英国女王伊丽莎白二世登基60周年纪念日。由于全球有12个主权国家（均为英国前殖民地）奉英国君主为国家元首，这些国家分别举行了庆祝活动，英国王室也派出查尔斯王子、爱德华王子、威廉王子和哈里王子等出访上述国家，女王因年事已高（生于1926年，1952年26岁时登基),只在英国各地进行了巡游。在英国历史上,只有维多利亚女王在位时间超过现女王伊丽莎白二世,庆祝过登基60周年。维多利亚女王生于1819年,1837年登基,1901年去世,在位63年零7个月。女王在登基60周年纪念日发表讲话,强调家庭、友谊、友善和团结等传统价值观,并表示继续全心全意服务于英国国民。

六 总结与展望

联合政府执政两年来采取了大规模的紧缩政策,具体内容包括压缩公共部门及其开支,削减福利,提高大学收费,将部分国家医疗服务转包给私营公司等。这些改革在经济低迷、失业率居高不下的形势下,对许多利益相关阶层不利,而遭致了强烈的抗议和反对。例如,国家医疗服务系统、大学生、退休人员均举行了大规模的示威游行,抗议这些紧缩和改革措施。总体来说,这些改革成败参半,例如福利削减和教育改革(主要是中学改革)较为成功,而国家医疗服务系统的改革和治安改革则比较失败。2011年8月,全英甚至爆发了全国性的暴力骚乱,凸显出经济低迷时期的治安失措和种族关系的紧张。

本来联合政府在2010年5月大选时的支持率就不高,经过两年半逆势而上的改革,支持率更是持续下降。联合政府执政两周年之际的民意调查表明,2/3的选民不满意卡梅伦的表现,更有多达3/4的人不满意副首相克莱格的表现(公众对三大政党领导人满意度见图10)。公众普遍认为,联合政府尤其是保守党的改革政策存在严重脱离现实的问题。

联合政府面临进退维谷的选择:它可以继续进行新一轮的激进改革,并在改革过程中振兴各自的政党,但其有限的可用政治资源很可能使其捉襟见肘;要么和缓地进行修补式的改良,但却有可能失去改革的使命感和契机。考虑到联合政府内部的分歧和矛盾,卡梅伦政府很有可能最终选择第二种方案,采取渐进式改革,例如,为劳动力市场松绑,继续收缩公共部门的养老金支出,整合警察部门建立新机构,打击有组织犯罪以及加强边界安全措施防止非法移民和恐怖分子流入。

联合政府在过去的两年半时间里,对一些重要社会领域进行了大刀阔斧的

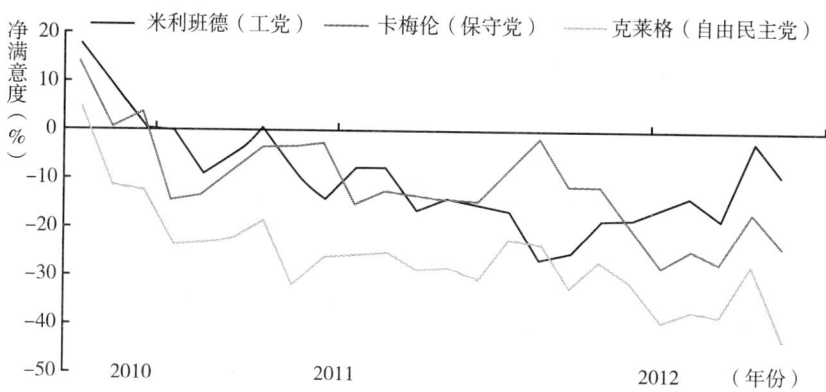

图10 英国三大政党领导人卡梅伦、克莱格和米利班德公众满意度比较

资料来源：Ipsos-MORI；"The Liberal Democrats：Nick of Time"，*The Economist*，29 Sep 2012，http://www.economist.com/node/21563740。

改革，力度不可谓不大。但一切改革总是要寻找到一条正确的道路，而且需要充足的时间使选民逐渐接受。卡梅伦的前任、工党首相布莱尔以改革者的形象被载入史册，但即使是执政十年的布莱尔也用了两个任期的时间才对英国的政治机构进行了改革并将一些竞争机制引入国家医疗服务体系。布莱尔政府对福利制度和教育制度的改革却修修补补，十分有限。联合政府在经济形势严峻的一个任期内试图进行全面改革将是更加困难的。

An Evaluation on the Development of British Society

Abstract：Facing the aftermath of the global financial crisis and economic stagnation, the Coalition government adopted a general social policy of austerity and reform aimed at cutting public expenditure, changing the public's reliance on state welfare and boosting the British economy. Some of the measures have proved successful, such as the welfare cut and the measures to reduce deficit, and the radical reform of the secondary education system and raising the university tuition to 9000 pounds. Some have met with strong resistance and suffered failure or unclear result, such as restructuring the NHS, simplifying and unifying the welfare claim system. An important event was the nationwide riots in August 2011 that caused huge casualty and property loss. The whole society debated on the root causes of the riots, blaming it on high unemployment rate, youth deprivation, bad policing policy, the gangster culture and strained race relations. The past two years also witnessed two happy events – Prince William's wedding (2011) and the Queen's Diamond Jubilee of Accession to the throne (2012) – which brought pleasant atmosphere to the atmosphere mood of the public's general mood.

Key Words: Coalition; Welfare Reform; NHS Reform; Education Reform; Riots; Royal Family

英国联合政府的外交政策

曲 兵*

摘　要：

　　英国政要认为，当前世界最引人注目的变化是出现"网络化的世界"以及权力重心向东方转移。基于对变化中的世界政治格局的认识，加之促进本国经济复苏的需要，英国政府提出要推行"特色鲜明"的外交政策，具体做法包括：更加重视发展与美国等传统盟友之外国家的关系，强调英国与亚洲、海湾及拉美地区新兴国家的双边关系，不遗余力推行"商业外交"，大力倡导英国的价值观，积极介入国际热点议题，增加在国际事务中的发言权。虽面临预算削减等困难，但英国政府重新配置外交资源，加强在全球的外交存在。同时，改革决策机制，使外交部重新成为外交决策的核心部门。

关键词：

　　英国外交　网络化世界　与新兴国家关系　商业外交　外交决策机制

　　2010年5月，联合政府上台之际，英国国内外形势已发生深刻变化：英国经济持续低迷、债务负担沉重，同时，金融危机改变了大国力量对比，国际格局处于调整变化中。基于对变化中的世界格局的认识，加上促进经济复苏的迫切需要，外交大臣威廉·黑格等提出推行"特色鲜明"的外交政策。本文拟从观念认知、具体政策及决策机制等方面进行阐述，总结当前英国外交的"变"与"不变"，并对英国外交政策的调整做出评论。

---

* 曲兵，中国现代国际关系研究院欧洲研究所助理研究员。

一 观念

联合政府领导人对国际格局的变化有着自己的观察和理解。首相戴维·卡梅伦、外交大臣威廉·黑格等通过一系列演讲，阐述了其对世界发展趋势的新认识。

（一）"网络化的世界"

当今世界的最显著特征是"网络化"。世界不再按照地理或意识形态划分成不同的集团，而是变得更加复杂。国家、企业、公民社会及个人之间的联系纵横交织，形成一张网。[1] 相比过去各国之间僵硬的关系，现在的国际关系更接近于社交网站"脸谱"。[2] "网络化的世界"特点有：第一，各国之间的联盟、经济和政治联系处于动态变化中："今天，影响力日益取决于不同国家结成的一个个网络；在这些网络中，忠诚、联盟和联系（包括非正式的联系）都处于变化中，成为决策和施加影响力的重要渠道。"[3] 第二，国家间关系不再由首相或外交部长垄断，个人、企业、压力团体和公民社会都成为国际关系的一部分。第三，"网络化的世界"在变得更多边的同时，也变得更加双边。气候变化、自由贸易、核不扩散、减贫和金融监管等国际议题需在多边层面推动，但多边也需要有效的双边外交的支撑。归根结底，所有外交政策都是双边的。[4] 第四，网络空间不断进化，为外交政策增添额外的不确定性。互联网、卫星电视和手机等新的数字方式为全世界数亿人带来希望和机遇，同时也为恐怖分子和一些国家提供了联络和发动攻击的新工具。[5]

---

[1] William Hague, "Britain and Australia: Making the Most of Global Opportunity", speech at New South Wales, Australia, 17 Jan 2013.
[2] William Hague, "The Commonwealth in a Networked World", speech at Lowy Institute for International Policy, Sydney, 19 Jan 2011.
[3] William Hague, "Britain's Foreign Policy in a Networked World", speech at FCO, London, 1 Jul 2010.
[4] William Hague, "The Commonwealth in a Networked World", 19 Jan 2011.
[5] William Hague, "Securing Our Future", speech at FCO, London, 16 Nov 2011.

(二)世界权力重心从西方转向东方

权力扩散,国际决策圈扩大。在21世纪的世界格局中,经济实力和政治影响力从冷战后占主导地位的少数国家转向一系列大大小小的国家,① 并分散到许多国家集团中,如二十国集团(G20)、东盟、"金砖国家"、上合组织、非洲联盟等。国际决策圈扩大意味着"为了使自身利益得到充分表达,英国需要去理解和影响更多的国家和权力中心",② 这是英国外交面临的重大挑战之一。

西方国家经济实力下降削弱其实现外交政策目标的能力。过去,西方会对"人权状况不佳"的国家进行经济制裁。现在,此类经济武器的效力正在减弱,未来可能没有多少国家会惧怕它。预计到21世纪中叶,欧洲经济只能占到世界总产出的10%,届时欧洲的制裁措施将难有成效。③ 就英国而言,其经济的颓势会导致国际政治地位的下降。黑格指出,"如果无法成功地使我们的经济具有全球竞争力并推动可持续增长,那不管我们签署了什么条约,构建了什么结构,发布了什么宣言,最终我们都会(在全球事务中)无足轻重。"④

新兴大国在国际事务中起着举足轻重的作用。"很多年来,全球经济治理的面孔就是八国集团领导人一年一度开会时的全家福……整个世界秩序是由北美和欧洲代表的,它反映的是冷战和后冷战时代的权力和财富格局。但现在一切都变了,全球金融危机加速了世界秩序重新配置的进程。"⑤ 突出表现是巴西、中国、印度、土耳其和印度尼西亚等新兴大国的国际影响力增强,他们的

---

① William Hague, speech at the Lord Mayor's Banquet, London, 4 May 2011.
② William Hague, "Securing Our Future", 16 Nov 2011.
③ William Hague, "The Future of British Foreign Policy with a Conservative Government", speech at the International Institute of Strategic Studies, London, 21 Jul 2009; William Hague, "The Foreign Policy Framework of a New Conservative Government", speech at the Royal United Services Institute, London, 10 Mar 2010.
④ William Hague, "Europe at a Crossroads: What Kind of Europe Do We Want?", speech at Korber Foundation Conference, Berlin, 23 Oct 2012.
⑤ Jeremy Brown, "Navigating the New World Order: The UK and the Emerging Powers", speech at Chatham House, London, 20 Jul 2011.

意见对于解决英国关切的全球经济"再平衡"、核不扩散、贸易自由化、气候变化和能源安全等问题至关重要。但新兴大国并不总是同意英国处理国际问题的方式。在黑格看来,"他们中的一些国家既不完全认可民主与人权理念,也出于自身原因反对在外交中采用干涉主义"。①

(三)英国的机遇和优势

通过发挥自身优势,英国可以在"网络化的世界"中胜出。一是全球化及新兴市场的出现,为英国发展提供了前所未有的机遇。只是英国尚未充分利用这些机遇,如英国对爱尔兰的出口超过对俄罗斯、中国和印度的出口总额,英国对丹麦的出口大于对整个拉美地区的出口。② 二是英国与欧美之外许多国家都有历史渊源,拥有欧盟、英联邦、北约、八国集团等现成的伙伴网络。如英联邦拥有20亿人口,横跨六大洲,提供了英国与其他"网络"(APEC、非洲联盟、加勒比共同体、77国集团等)之间现成的联系。③ 英国虽是个岛国,但从经济和政治上看,它是全球网络中至关重要的一环。④ 三是价值观帮助提升英国的影响力。"一个国家不能仅靠军事和经济力量来决定其在世界上的地位,价值观是英国国际影响力的重要组成部分。"⑤ 四是金融、制药、卫生、创意产业和高端制造业等优势产业是英国用来加强双边关系的资本。如果英国能成功利用"网络化的世界"带来的机遇,最大程度利用其"国家资产","得到的回报不仅是经济的增长,还会增强其塑造国际体系以及更有效应对21世纪各种挑战的能力"。⑥

---

① William Hague, "The Future of British Foreign Policy with a Conservative Government", 21 July 2009.
② William Hague, "International Security in a Networked World", speech at Georgetown University, Washington, DC, 17 November 2010.
③ William Hague, Speech at the London Mayor's Banquet, London, 4 May 2011.
④ H M Government, A Strong Britain in an Age of Uncertainty: The National Security Strategy, Cm 7953, October 2010.
⑤ William Hague, "Britain's Values in a Networked World", Lincoln's Inn, London, 15 September 2010.
⑥ William Hague, "Britain's Prosperity in a Networked World", Tokyo, Japan, 15 July 2010.

二 政策

为了适应"网络化的世界",英国需要充分利用所有的"网络"关系,执行积极、灵活、"特色鲜明"的外交政策。① 从联合政府两年多的外交实践看,所谓"特色鲜明"体现在以下六个方面。

(一)务实看待英美"特殊关系"

如何处理与美国的关系是历届英国政府最优先考虑的议题。布莱尔时期过分追随美国,使英国陷入伊拉克战争泥淖,引发民众强烈不满。布朗任首相时与美国拉开距离,提出英美关系是一种"基于共同目标的伙伴关系"。② 联合政府上台前,议会下院外交事务委员会发表评估报告《全球安全:英美关系》,建议英国在两国利益和观念有分歧的问题上少一点言听计从,多一点说"不"的勇气。③ 为向选民展示自主性,保守党在竞选纲领中提出要同美国发展"牢固而不盲从的关系"。保守党—自由民主党组成的联合政府延续了这一基调,务实看待与处理英美关系:一方面,承认双方关系不对等,④ 全球治理理念有分歧,英美不会在每件事情上都意见一致,2010年英美因墨西哥湾漏油事件有所龃龉,就反映了英美在国家利益上的竞争;⑤ 另一方面,认为"美国是英国实现国际目标的最大单一伙伴,英美关系是英国最重要的双边关系"。实际上,英国对美国外交并没有削弱。外交大臣黑格上任后第三天就访问美国,与美国国务卿希拉里就双方共同关心的国际问题表达立场。两国政要

---

① 2010年3月,时任影子内阁外交大臣的黑格在皇家三军研究所(RUSI)阐述保守党外交政策框架时表示,英国需要执行"特色鲜明"的外交政策。在此后的一系列外交政策演讲中,黑格多次阐述了"特色鲜明"的外交政策。
② 叶建军:《调整与定位:英国对英美"特殊关系"的反思》,《现代国际关系》2010年第8期,第29~36页。
③ House of Commons Foreign Affairs Committee, *Global Security: UK - US Relations*, Six Report of Session 2009 - 10, HC114, 28 Mar 2010, p.77.
④ 2010年7月20日,卡梅伦在《华尔街日报》上撰文说,英美关系虽然特殊,但不对等,英国只是个"小伙伴"。
⑤ 章玉贵:《BP漏油事件处理隐含国家利益之争》,2010年8月9日《文汇报》。

实现良性互动：卡梅伦2010年7月、2012年3月访美，奥巴马2011年5月访英。特别是2012年访美期间，卡梅伦受到美方高规格接待：奥巴马在白宫南草坪举行有6000人参加的盛大欢迎仪式，卡梅伦受邀搭乘空军一号前往俄亥俄州观看篮球赛，双方对阿富汗、叙利亚、伊朗等议题的立场高度一致，充分展示了双方关系的特殊性。应该说，"特殊关系"得以维系，是因为两国在诸多领域，特别是安全领域互有需求，需要相互借重。① 在当前国际形势下，英美都有走近的动力：英国在削减国防开支时，需要美国在安全上给予更多支撑，而英国在欧洲受到被边缘化的压力，英美加强互动，可为英国应对欧盟未来新变化增加筹码；美国全球战略呈现一定收缩态势，希望英国能在全球重大外交和安全问题上分担责任。

但"特殊关系"面临的新挑战是，由于美国战略重心转向亚太，英国产生失落感和紧迫感，担心被美国疏远和抛弃。2012年3月，英国议会国家安全战略委员会发表报告称，英国需要深刻反思当前美国政策调整对英国的意义。如果美国的注意力日益转向东方，卷入与英国无直接利害的冲突，英国要决定是否继续参与美国的军事行动。② 其核心问题是，英国是否要与一个"移情别恋"的盟友建立主要的防御和安全关系。

（二）反对欧洲一体化深入发展

在欧洲事务中，英国主要关注单一市场建设和共同安全与防务政策。卡梅伦任首相后将首访国家定为法国和德国，表明英国有意加强与法、德合作，在欧洲发挥主导作用。但随着欧债危机久拖不决及欧盟特别是欧元区加速一体化，英欧间矛盾、摩擦增多，甚至表现为激烈对抗。2011年12月的欧盟峰会上，卡梅伦寻求对伦敦金融城的特别保护措施，③ 未果后对法德主推的"财政契约"投了否决票。这主要是因为欧盟进一步一体化触动了英国"国家

---

① 叶建军：《调整与定位：英国对英美"特殊关系"的反思》。
② Joint Committee on the National Security Strategy, *First Review of the National Security Strategy 2010*, First Report of Session 2010–12, HL Paper 265, HC 1384, 8 March 2012, p.21.
③ 英国担心欧盟出台的一系列金融监管措施会令很多业务从伦敦转移到欧洲大陆，导致伦敦金融城丧失欧洲金融业门户的地位。

主权"的敏感神经,英国也面临"被边缘化"的境地:在债务危机倒逼情势下,欧元区内部将协商制定金融法规,在欧盟层面推行,并竭力阻止英国推翻这些法规。而且随着一体化的加深,欧元区的"统一战线"或将超越金融法规层面。①黑格说,欧元区作为单一市场机构中的小集团,在其他国家开会前就做出(影响整体的)决策,这种方式英国永远不会接受。②为了顺应国内日益高涨的疑欧情绪,卡梅伦提出"新的解决方案",主张建立较为松散的英欧关系,让英国可以从布鲁塞尔收回部分权力,同时保留公平进入单一市场的权力。总体上看,难以退出而又可能滑向边缘,是英国在欧盟内的现实困境。③英国在中短期内退出欧盟的可能性有限,但英欧之间面临新的博弈。

(三)外交重心向新兴国家倾斜

鉴于新兴国家日益增长的政治和经济影响力,英国外交重心明显向这些国家倾斜,在外交、商业、教育、医疗、发展援助和防务等方面与新兴大国开展全方位合作。

首先是加强双边合作,通过"商业外交"从新兴市场"掘金"。自担任首相以来,卡梅伦已经率团访问了土耳其(2010年7月)、印度(2010年7月)、中国(2010年11月)、南非(2011年7月)、俄罗斯(2011年9月)、印度尼西亚(2012年4月)和巴西(2012年9月)等新兴大国。每次出访,卡梅伦都率领由内阁成员和商界领袖组成的庞大出访团,他直言不讳地称,"我很骄傲地带着满飞机的商人去访问这个星球上最有活力的市场"。④ 2012年,空客公司获得了印尼鹰航航空公司3.26亿英镑的飞机大单,这些飞机的引擎都是由英国罗尔斯—罗伊斯公司生产。

同时,英国也非常看重新兴国家在国际事务中的影响力,加强与之在全球

---

① 马丁·沃尔夫:《英国不必急着与欧盟告别》,《金融时报》中文网,2012年11月15日,http://www.ftchinese.com/story/001047502。
② William Hague, "Europe at a Crossroads: What Kind of Europe do we Want?", 23 October 2012.
③ 杨芳:《欧债危机以来英国对欧政策评析》,《现代国际关系》2013年第2期,第46~51页。
④ David Cameron, "Foreign Policy in the National Interest", speech at Lord Mayor's Banquet, London, 14 November 2011.

治理领域的对话与合作。时任发展大臣安德鲁·米歇尔说,"如果说英国与新兴大国关系发生了变化的话,那就是双方将要一起致力于发展中国家的减贫工作"。在对非援助问题上,英国已开始与中国加强合作。① 中国与英国签署了一项为期四年的联合项目协议,旨在提高非洲农业产量。据肯尼亚《东非人报》报道,联合项目中,英国国际发展部投资1590万美元,中国专家提供农业技术。②

(四)全力推行"商业外交"

在国内经济萎靡不振的现实压力下,解决经济问题成为联合政府压倒一切的首要任务。"商业外交"是指通过外交推动出口和吸引投资,促进英国的经济复苏、增长和增加就业。除了关注新兴市场外,英国还加强与传统盟友如美国、澳大利亚、加拿大、日本等国的经贸往来。卡梅伦说,"要把英国经济和世界上增长最快地区的经济连接起来,把商业利益置于英国外交政策的中心位置"。③ 他要求驻外大使发挥"经济大使"的作用,并任命一些企业家和社会名流出任"商业大使",任命一些资深议员担任"贸易特使"。外交大臣黑格发布外交部《商业章程》,明确指出推进商业利益是外交政策的核心,英国外交部将充分利用外交系统的资源优势,全力以赴在海外推介英国企业,并加强与重要贸易伙伴国的双边关系,为英国企业争取更大商业利益创造条件。④ 财政大臣乔治·奥斯本称"全世界都要成为我们的市场",提出英国要在2020年实现出口翻番并达到1万亿英镑的战略目标。

"军火外交"成为英国"商业外交"重要一环。卡梅伦认为,英国有强大的防务产业,创造了30万个就业岗位。为了支持国内的就业,英国应该冲在这个市场的最前沿。⑤ 英国防务产业的主要"客户"位于海湾和东亚国家,如沙特、印度、印尼、越南和马来西亚等。2012年5月,英国航太系统公司

---

① Andrew Mitchell, "Emerging Powers and International Development", speech at Chatham House, London, 16 February 2011.
② 苑基荣:《中国多途径助力非洲粮食安全》,《人民日报》2012年12月24日。
③ David Cameron, Speech at Lord Mayor's Banquet, London, 15 November 2010.
④ 王涛:《英国:贸易投资新战略力促中小企业发展》,《经济日报》2011年7月9日。
⑤ David Cameron, Speech at the Lord Mayor's Banquet, London, 12 November 2012.

(BAE)与沙特签订了价值19亿英镑的鹰式高级教练机合同；2012年12月，航太系统公司与阿曼签订价值25亿英镑大单，向其出售12架"台风"战斗机和8架鹰式教练机。英国还积极向印度推销"台风"战斗机，向巴西、土耳其、印度、澳大利亚等国推销最新型的T26全球战斗舰。

"奥运外交"也卓有成效。2012年2月，英国在全球推出"GREAT Britain"商业推广活动，旨在借奥运东风，推广英国商业、教育和旅游等优势产业。伦敦奥运会期间，英国政府将伦敦繁华地段的兰卡斯特大厦作为英国的"商业大使馆"，向参加奥运会的各国商界人士推广英国企业，吸引3000多位商业领袖，达成价值10亿英镑的协议。

（五）推广英国的价值观

黑格认为，"人权等价值观是我们国家DNA的一部分，将深深交织在我们外交决策程序的各个阶段"。英国寻求加强与新兴经济体之间的经济和政治联系，同时也关注这些国家的人权问题。① 卡梅伦认为，英国不必在"政治"和"贸易"之间做出选择，二者可以兼得。② 他还认为，除了自由、民主、人权等内容外，英国价值观还包括在国际减贫中的突出作用。

"以身作则"，坚持"最高标准"。联合政府成立后即着手调查英国是否卷入"9·11"之后发生的虐囚事件，并于2010年7月6日发布了《情报与军事人员羁押和问询海外被羁押者综合指南》，确保情报和军事人员的行为遵守英国法律并履行英国承担的国际义务。③ 2011年12月，外交大臣黑格公布新的"海外安全与司法援助"（OSJA）指令，目的是确保英国有关部门能始终以"尊重人权"的方式开展海外行动。

将英联邦打造成捍卫"人权"和"民主"的共同体。2011年10月，卡梅伦在澳大利亚举行的英联邦首脑会议上称，如果某些成员国不改革禁止同性恋的法律，英国将对其暂停"总体预算支持"项目下的双边援助。英国此前

---

① William Hague, "Britain's Values in a Networked World", 15 September 2010.
② David Cameron, Speech at the Lord Mayor's Banquet, 14 November 2011.
③ 联合国人权理事会：《国家报告：大不列颠及北爱尔兰联合王国》，A/HRC/WG. 6/13/GBR/1，http://www.upr-info.org/IMG/pdf/a_hrc_wg.16_13_gbr_1_c.pdf。

已对马拉维实施了这一惩罚,乌干达和加纳也遭到警告。英国认为,振兴英联邦的重点之一是推广英联邦的价值观,因此支持"英联邦名人小组"制定《英联邦宪章》(阐述英联邦的核心价值)的建议。

支持阿拉伯世界的"民主化进程"。在中东北非发生政治动荡地区,都能看到卡梅伦活跃的身影。2011年2月21日,卡梅伦突访埃及,这是穆巴拉克下台后西方领导人首次访问埃及。卡梅伦步行穿过开罗的解放广场,会见了10多天前的"倒穆"人士。"阿拉伯之春"发生后,英国立即宣布通过"阿拉伯伙伴关系倡议"投入500万英镑支持西亚北非地区的社会发展及"民主转型",四年内投资总额将达1.1亿英镑。[①]仅在2011~2012年度,英国外交部的"阿拉伯伙伴关系基金"就向该地区10个国家投入了1000万英镑。

推动缅甸"民主转型"。在过去的几十年中,英国比其他欧盟国家更强烈地要求对缅甸军政府实施严格制裁,但在缅甸出现改革迹象后,英国率先推动欧盟解除对缅制裁,并承诺在三年内通过非政府组织为缅甸的卫生和教育项目资助1.85亿英镑。2012年1月,黑格访问缅甸,鼓励缅甸政府继续坚持改革的道路。4月,卡梅伦在访问亚洲的行程中增加缅甸一站,是50年来西方领导人首次访缅。卡梅伦在访缅之前的演讲中表示,"当缅甸开始进行改革的时候,我们理应予以支持。我们也应向昂山素季等为了自由和民主而不断奋争的人们表达敬意"。[②]同年6月,昂山素季应邀对英国进行访问。

(六)积极介入国际事务

黑格认为,英国外交政策调整的目标是确保英国在世界上的影响力得以扩

---

① Alistair Burt, "Working for Peace and Long-Term Stability in the Middle East and North Africa", 20 March 2013, http://www.gov.uk/government/policies/working - for - peace - and - long - term - stability - in - the - middle - east - and - north - africa.
② 魏群、蒲媛:《英首相将历史性访问缅甸 拟放松对缅甸制裁》,中国新闻网,2012年4月12日,http://www.chinanews.com/gj/2012/04 - 12/3815810.shtml。

展而非削弱，在当代诸多挑战中担当"全球领袖"的角色。① 在国际事务中，英国主动设置议题、制定规则、提供对策，更多扮演了召集人、提案人和协调人的角色，"处于所有重大讨论的中心"，② 引导国际议题向有利英国的方向发展。2011年3月，利比亚国际会议在伦敦召开，全球40多个国家的外长或政府首脑与会，商讨军事干预利比亚后的战略及利比亚未来走向；2011年11月，伦敦网络空间国际会议召开，旨在推动网络空间国际规则的出台，③ 全球60个国家的700余名代表出席；2012年2月，索马里问题国际会议在伦敦召开，与会50个国家就国际社会向索马里提供人道主义援助、共同打击恐怖主义组织和海盗、进一步加强国际合作等达成7项共识；2012年3月，在韩国首尔第二届核安全峰会上，英国推动多国联署《关于核信息安全的多国声明》，31个国家承诺采取具体行动应对核恐怖主义。④ 特别值得一提的是，2011年，英国在财力和军力有限的情况下，军事介入利比亚冲突，与法国等联手推翻了卡扎菲政权，以此向世界表明英国仍是国际舞台上的积极角色。此外，英国利用《东南亚友好合作条约》（英国于2012年7月加入）、《五国防御协定》⑤ 以及与日本及澳大利亚建立的安全对话机制等，扩大在亚太地区的存在感和影响力。

三　机制

"外交"需要行之有效的决策及执行机制。为应对"网络化的世界"的风险，同时利用其带来的机遇，在财政紧缩的情况下，英国政府重新配置资源，改革决策机制，扩展外交"足迹"，加强外交官技能培训。

外交部和外交大臣在政府决策中的地位大幅提升。2010年5月12日，卡梅伦宣布成立"国家安全委员会"，在最高层面上整合外交、国防、内政和发展援

---

① William Hague, "Diplomatic Tradecraft", Speech at the British Academy, London, 17 October 2012.
② David Cameron, Speech at the Lord Mayor's Banquet, London, 15 November 2010.
③ 黑格为网络监管方面的国际合作提出了7点原则建议，他还指出，会议的成果是为后续国际会谈"设置了议程"。第二届网络空间国际会议于2012年10月在匈牙利召开。
④ FCO: Annual Report and Accounts 2011-2012, London: The Stationery Office, March 2012, HC 59.
⑤ 1971年签署，五国为英国、澳大利亚、新西兰、马来西亚和新加坡。

助等相关部门资源,协调在面对安全威胁时的跨政府部门行动。① "国家安全委员会"由首相担任主席,下设三个常设委员会,其中"新兴大国委员会"由外交大臣负责。在"国家安全委员会"处理与新兴大国关系及应对中东北非变局中,外交部都扮演了领导性角色。外交大臣黑格是位重量级人物,他曾任保守党领袖,政治经验丰富,担任影子内阁外交大臣四年多时间里出访了50多个国家,建立了广泛的人脉关系。黑格得到卡梅伦的信任和倚重,在外交决策方面获得更大发言权,堪称近年来最强势的英国外交大臣。

扩展外交"触角",增加驻新兴国家使领馆数量和规模。英国外交部认为,防止冲突、解决危机、推进英国价值观以及增进繁荣的最有效方式是坚决地扩大英国的全球足迹。② 尽管外交预算遭到削减,③ 但英国外交部通过出售部分海外资产,裁减驻欧洲国家的外交官人数,与加拿大、澳大利亚、新西兰等国开展联合外交行动,将节省下来的经费用于扩建外交网络。到2015年,英国将新设11个大使馆及8个领事馆或贸易办公室,向22个新兴国家增派300多名外交官,其中向中国增派60人,向印度增派30人。除了中国和印度,这些新兴国家和地区还包括缅甸、泰国、韩国、蒙古、马来西亚、尼日利亚、安哥拉、博茨瓦纳、智利、阿根廷、哥伦比亚、巴拿马、秘鲁、巴基斯坦、越南以及菲律宾等。为扩大在印度的外交存在,英国将在印度海德拉巴和昌迪加尔设立副高级专员公署,在其他城市新建5个贸易办公室。④ 黑格称这

---

① 布莱尔时期设有两个重要的部长级委员会,一个负责国家安全和国际关系,另一个负责国内的突发事件。然而,这两个委员会从未定期碰面,也未表现出同对方合作的意图。他的继任者布朗于2007年7月设立了国家安全委员会(National Security Committee),该委员会同样没有发挥作用。保守党在自由民主党的支持下,成立新版国家安全委员会。在2011年利比亚危机中,国家安全委员会成立专门委员会,共召集60次会议商讨对策。"The National Security Council: Defenders of the Realm", *The Economist*, 27 January 2011; William Hague, "Securing Our Future", 16 November 2011.

② *FCO: Annual Report and Accounts 2011 - 2012*, London: The Stationery Office, March 2012, HC 59.

③ 2010年10月的《全面开支评估》要求将外交部2011~2015年的预算削减10%,此外还要削减BBC国际台16%的经费及英国文化委员会24%的经费。

④ 英联邦的成员国之间相互设立"高级专员公署"。See "UK's William Hague in India to Boost Relations", *BBC*, 8 November 2012, http://www.bbc.co.uk/news/world-asia-india-20248536。

是"为我们国家未来的影响力投资"。①

加强外交部自身建设。② 机构设置上，外交部内增设负责商业与经济事务的"繁荣司"，负责推动和执行与"繁荣"相关的政策，包括贸易、能源、国际金融与经济稳定等；设立"经济处"，加强对商业及经济形势的分析，确保外交政策建立在对全球经济的理解之上；增设"阿拉伯半岛处"，以执行英国2010年提出的"海湾倡议"；增设"武器出口政策处"，负责监督武器出口，关注联合国《武器贸易条约》谈判情况。资金支持上，2011年4月启动"繁荣基金"，第一年即投入1940万英镑支持14个国家或地区的248个可持续增长项目；2012年秋推出"新兴大国基金"，目标是3年内投入180万英镑，支持英国与世界上增长最快地区的联系；英国外交部"志奋领奖学金"还增加了对英联邦学生的资助。外交官技能培训上，主要依托"卓越外交"系列项目，包括2010～2011年度投入300万英镑、2011～2012年度投入350万英镑进行外语培训；③ 设立新的"专业知识资金"深化外交官对相关国家文化、历史、政治等方面知识的了解；举办"商业外交常识"讲习班，已有500多名外交官接受培训；鼓励外交部职员申请欧盟对外行动署（EEAS）及其他国际组织中的职位。

四 小结

从联合政府外交实践看，其对外政策保持了较强的延续性，如始终强调国家利益至上，具有国际视野和战略眼光，制定全球性的外交政策，注重国际规则和机制建设，外交理念上亲美疑欧，更多借助软实力，同时不放弃干预主义，推广民主、人权、开放、自由等价值观。

---

① William Hague, "Diplomatic Tradecraft", 17 October 2012.
② FCO: Annual Report and Accounts 2011 - 2012, London: The Stationery Office, HC 59; Hugo Swire, "Strengthening UK Relationships in Asia, Latin America and Africa to Support UK Prosperity and Security", http://www.gov.uk/government/policies/strengthening-uk-relationships-in-asia-latin-america-and-africa-to-support-uk-prosperity-and-security, 31 October 2012.
③ 与2010年相比，驻外使领馆中说阿拉伯语和汉语的外交官增加了40%，说西班牙语和葡萄牙语的外交官增加了20%。

在这些延续性中,也能看出英国新政府对外政策的变化性。与工党政府相比,联合政府的对外政策及政策制定和执行呈现出如下新的特点。

第一,"两党联合",但以保守党为主。保守、自民两党的对外政策理念有较大差别,① 实践过程中两党互相牵制,而又互有妥协。总体上,由于保守党在联合政府中处于强势地位,英国对外政策更多体现了保守党的意志和主张。

第二,工党政府特别是布莱尔执政时期,英国外交重心在欧洲和美国,试图在欧美间起到"桥梁"作用。联合政府则在维持对欧与对美关系的同时,"以前所未有的方式向东看",重视新兴大国的作用。

第三,布莱尔在外交决策时更依赖首相府中的高级顾问,外交部的意见得不到重视。联合政府批评这种"小圈子"决策模式,通过"国家安全委员会"整合政府资源,外交部重回外交决策的核心位置。

第四,工党时期首相戈登·布朗与外交大臣戴维·米利班德本能上是多边主义者,强调全球规则和国际机构的重要性。② 卡梅伦和黑格则认为,在"网络化的世界"中生存要依赖双边关系,因此更注重从双边层面开展工作。

第五,对外干预冲动仍在,但强调干预行动的"合法性"。2011年利比亚战争中,英国强调军事干预要得到联合国授权和阿盟的支持,并劝说法国在北约框架下发动空袭,认为满足这些条件的空袭行动才有合法性和道德权威。③

最后,与工党政府相比,联合政府高调突出价值观的作用,外交政策中的"自由主义"色彩更重。

应该说,出现上述变化,一方面是因为国内国际形势发生较大变化,而英国政要对国际格局变化和自身实力下降有较为清醒的认识,认为"不改变就

---

① 钱进:《英国卡梅伦联合政府外交政策探析》,北京:外交学院硕士论文,2011,第16~26页。
② Michael Harvey, "Perspectives on the UK's Place in the World", Europe Programme Paper 2011/01, Chatham House, Dec 2011.
③ Patrick Wintour and Nicholas Watt, "David Cameron's Libyan War: Why the PM Felt Gaddafi had to be Stopped", *The Guardian*, 2 Oct 2011.

会衰落,变化不仅不是一个可怕的选项,而是更安全的长期选择"。① 另一方面,所谓"特色鲜明"也是反思工党时期外交政策的失误之处,做出有针对性的、体现保守、自民两党理念的调整。

面对挑战,英国没有选择退缩,而是充分发挥自身优势,抓机遇促增长。通过外交努力,英国避免了自身的过快衰落,"商业外交"也取得一定收效。2012年12月,英国国家统计局数据显示,英国对巴西、印度、中国、俄罗斯和南非所谓"金砖国家"的出口由2007年的127亿英镑增长至2012年的271亿英镑。2007年英国对"金砖国家"的出口量占其总出口的3.34%,2012年则跃升至5.56%。其中,英国对印度的出口从2007年的29.5亿英镑,升至2012年的46.7亿英镑。② 但由于英国企业竞争力不足,英国仅靠外交努力显然无法承担起促进经济增长和维持国际影响力的重任。毕竟经济实力仍是一国权力的基础。

Reviewing the UK Coalition Government's Foreign Policy

Abstract: From British perspective, the defining characteristic of the new global environment is the emergence of a "networked" world and the shift of economic power away from the West towards the East. To adapt to the changing world and to revive the economy, the Coalition government asserts a "distinctive" British foreign policy, which includes paying more attention to the countries beyond America and Europe, emphasising the importance of bilateral relations with emerging markets in Asia, the Gulf and Latin America, making an all-out effort to promote the commercial diplomacy, upholding of British values, and trying to play a more active role in the global arena. The UK government relocates its limited resources to enhance its diplomatic presence in the world in the context of austerity. Meanwhile,

---

① Jeremy Brown, "Navigating the New World Order: The UK and the Emerging Powers", 20 Jul 2011.
② Philip Aldrick, "UK Doubles Exports to BRICS since Crisis", *The Telegraph*, 18 Feb. 2013.

the government streamlines the decision-making mechanism and the FCO has become a powerful centre of foreign policy decision-making.

Key Words: British Foreign Policy; "Networked" World; Relations with Emerging Powers; Commercial Diplomacy; Foreign Policy Decision-Making Mechanism

欧债危机背景下英国防务政策的调整

倪海宁*

摘　要：

在欧债危机这一大背景下，英国为保持其"全球影响力"，防务政策正表现出几个较鲜明的调整趋势：军队建设更加注重"减量增质"；在坚持"英美特殊关系"和"政府间主义"合作原则的基点上，加大对欧洲防务一体化的参与力度，落实英法双边防务合作则是重点；各类海外军事行动的规模和范围都将"缩水"，且愈发侧重与盟友开展联合行动。

关键词：

调整　英国　防务政策　欧债危机

防务政策是英国对外战略的重要组成部分。正值欧债危机肇始之际，2010年10月19日，卡梅伦政府公布了《战略防务与安全评估报告》（SDSR）（下文简称《评估》）。[①] 这份防务政策的指导性文件，对未来5~10年英国武装力量的使命、规模和结构等问题作出了规划。本文将根据《评估》文本内容及英军近两年来的防务实践动向，客观地归纳与评估欧债危机背景下英国防务政策的调整特点和趋势。

---

* 倪海宁，解放军外国语学院指挥系讲师，军事学博士。本文为2012年度国家社会科学基金军事学项目阶段性研究成果，项目编号为12GJ003-012。

① "Securing Britain in an Age of Uncertainty: The Strategic Defence and Security Review", Presented to Parliament by the Prime Minister by Command of Her Majesty, October 2010, http://www.mod.uk/Defence Internet/Defence News/Defence Policy And Business/Strategic Defence And Security Review Published.htm.

一 建军思路更加注重"减量增质"

《评估》最令世人瞩目之处是它确定了英国自冷战结束以来最大规模的裁军行动的基调。英军在多个方面均呈大幅压缩之势：

一是军费。英国准备于 2015 年前削减 7.5% 的国防预算，计 530 亿美元。①

二是部队员额。至 2015 年，42000 个国防部及军队的职位将被裁减。其中，海、空、陆三军种分别减少 5000、5000 和 7000 人，减为 30000、33000 和 95000 人（2020 年进一步降至 29000、31500 和 94000 人）；文职人员减少 25000 人，减为 60000 人。另据《卫报》报道，根据它获得的国防部秘密文件《国防改革——意向评估》，英军同期还将裁减近 700 名中高级军官及资深文职官员，裁撤幅度之大亦属首例。②

三是装备。海军方面，"皇家方舟"号（"无敌"级）航母立即退役，将在"海洋"号直升机母舰与"卓越"号航母（"无敌"级）中选择 1 艘退役；③ 在建的 2 艘"伊丽莎白女王"级（简称"伊"级）新航母将暂不配备舰载机，且 2 号舰"威尔士亲王"号建成后即与 1 艘登陆指挥舰一并被置于"延期战备"状态；④ 退役 1 艘"海湾"级两栖支援舰和 4 艘护卫舰；水面主战舰艇到 2020 年将由 23 艘减至 19 艘（6 艘驱逐舰及 13 艘护卫舰）。空军方面，关闭若干基地；"猎迷"MR2 反潜巡逻机和"鹞"式垂直起降（STOVL）战机全部退役；逐步精减"狂风"战斗机；2013 年退役"三星"和 VC-10 运输/空中加油机，2022 年（比原计划提前 10 年）裁撤 C-130J "大力神"战术运输机；阿富汗作战结束后将淘汰"哨兵"对地监视飞机。陆军则将削减 1 个可部署旅、35% 的重型火炮和 40% 的

---

① "Annual Defence Report 2010", *Jane's Defence Weekly*, 15 Dec 2010, p. 29.
② "Annual Defence Report 2010", p. 30.
③ 英军共装备有 3 艘"无敌"级航母，首舰"无敌"号已于 2011 年 6 月拆解。
④ "延期战备"状态，指现役装备被暂时封存待命。英军舰船从此状态至完全恢复作战能力约需 18 个月。See *Britain 2001*, The Official Yearbook of the United Kingdom, London：The Stationary Office, 2000, p. 87.

"挑战者2"主战坦克。① 核力量也将减少开支和数量,建设成本在未来5年和10年将分别节省7.5亿和32亿英镑;可用核弹头的数量从最多160枚减到120枚,并推迟替换计划;核武器总库存量从不超过225枚减至180枚以下;4艘"前卫"级战略核潜艇将延长使用寿命,每艘的导弹发射系统从12套减为8套、所携核弹头由48枚减至40枚,延后其替代潜艇的建造计划。

《评估》公布伊始即遭到英国各界的众多强烈批评,认为这是"自毁长城"的愚蠢之举。有媒体认为,在欧洲这一波裁军浪潮中,英国"在欧盟三大国中裁军规划最详尽,显示的决心最坚定",②"将成为联合国安理会'五常'中核力量规模最小的国家,核弹头储备量甚至可能少于以色列"。③ 军方人士更纷纷惊呼:英军舰艇数量"将创下自亨利八世创建皇家海军以来的最低纪录";空军战机将萎缩至不足200架、倒退至一战水平,"如此数目已不足以再打一场2003年规模的伊拉克战争,更遑论1991年规模的海湾战争了"。④

表面看来,英军实力似乎遭到很大削弱,但简单的数据类比并不能反映实际情况的全貌。鉴于装备是战斗力生成的重要因素,《评估》又反映出问题的另一侧面——英军正紧抓"加快武器装备更新"这一强军的最有效途径。具体表现在以下三个方面。

(一)海军仍是军备建设首要重点

这是英国巩固传统海上强国地位的基石,更是其保持"全球影响力"的现实需要;联合国安理会常任理事国、核大国、英联邦龙头、北约和欧盟主要

---

① 英国是世界上最早研制出坦克的国家,却又成了全球首个关闭本国主战坦克生产线的国家(2009年5月)。"挑战者2"仍有250辆在服役,却遭遇"无以为继"的尴尬。"European Defence Cuts Alarm US Authorities", *Jane's Intelligence Weekly*, 10 Nov 2010, p. 13.
② Gareth Jennings, "Airpower Takes Biggest Hit UK Spending Review", *Jane's Defence Weekly*, 27 Oct 2010, p. 18.
③ James Blitz and Daniel Dombey, "Uncertain Destination of Atlantic Journey", *Financial Times*, 16 Nov 2010.
④ 转引自晨枫《"英法联军"再现?》,载《世界军事》2011年第2期,第39页。

成员、美国最重要的战略盟友,这些地位均必须有海军的支撑。①皇家海军着力打造的3大项目——"伊"级航母、45型驱逐舰(又称"果敢"级)和"机敏"级攻击型核潜艇都得以保留。这些能担负前沿存在、由海制陆和联合作战等多样化任务的新型作战平台,将使英海军仍旧充当美国之外唯一保有"全球到达能力"的海上力量。

1. "伊"级航母将成为未来的舰队核心。它的可部署和持续作战能力较20世纪80年代服役的"无敌"级轻型航母有了质的飞跃。其标准排水量达6.5万吨(在全球仅次于美国的11艘核动力航母),为"无敌"级的3倍,是皇家海军有史以来最大的战舰;战机搭载量最多可达约50架(40架美制F-35"联合攻击战斗机"、4架预警机及6架直升机),为"无敌"级的2倍多。F-35能打击700海里外的海陆目标,其时速、作战半径和舰队防空能力是"无敌"级上的"鹞"式垂直起降飞机所无法比拟的。正如《评估》所说,这支海基航空力量将赋予皇家海军不依赖本国海外基地或盟国提供的前沿基地的独立作战能力,能对国际危机和突发事件迅速作出反应,为英国外交提供更多灵活地选择,甚至对地区强国发挥威慑作用。

2. 45型驱逐舰将充任航母编队护航及对陆攻击的中坚力量。该型舰订购6艘、现在役3艘,正逐步替换老式的42型驱逐舰。它堪称一款革命性的全能型战舰:既可用48枚"紫苑"舰空导弹和"桑普森"相控阵雷达为舰队提供"区域防空"能力;又可从近海垂直发射"战斧"巡航导弹(射程超过2000公里)纵深打击陆上目标;还装备有反潜、巡逻能力较强的"灰背隼"和"支奴干"直升机。它还采用了自动化管控、全电推进系统和隐身等大量前沿技术。②

3. 7艘"机敏"级则将担任未来水下舰队的骨干。它们将一对一地替换下英海军目前的水下常规打击主力——"特拉法尔加"级攻击核潜艇。

---

① 《评估》的相关规定即反映了这一点。皇家海军的主要任务被界定为:保持海基核威慑能力;保卫英国本土及南大西洋海外领土;保证英国在全球热点地区持续存在常规威慑和遏制能力;确保由水面舰艇和潜艇部队提供的强大干预能力;从海上通过特种舰艇为陆军提供直升机和登陆支援能力;指挥英国和盟国的特混舰队等。

② 转引自邹宇《英国皇家海军回归"全球舰队":2010舰队》,载《国际展望》2004年第18期,第16页。

"机敏"级以安静和探测性能强大著称。其安装的喷水推进装置使之成为世界上首型不用螺旋桨推进的潜艇,据称声音比一条小鲸鱼还小、反侦察能力极强;装备的高度集成主/被动搜索、攻击拖曳阵声纳系统,甚至可在英吉利海峡发现进出美国纽约港的客轮的动向。核反应堆动力系统理论上可保证其25年内无需添加或更换燃料,活动范围也几乎是无限制的。其装备的6具533毫米鱼雷发射管可携36枚武器(含鱼/水雷和反舰/巡航导弹),火力超过"特拉法尔加"级50%。"机敏"级将担负多重任务:在远洋为航母和携带核弹的"前卫"级战略核潜艇护航;单艇或组成攻击群,以"战斧"导弹直接支援陆上行动;充当由海制陆的先锋,输送并配合特种部队发动突袭。[1]

此外,以两艘"不列颠"级船坞登陆舰和剩余的3艘"海湾"级两栖支援舰为代表的一批两栖作战舰只及海上补给/加油船队和6艘用于战略运输的滚装船,仍可满足英军两栖登陆和全球快速远程投送的需要。

(二)空军将重点加强空中打击、远程运输和情报获取能力

皇家空军一直以"敏捷、高适应性、具备强大战斗力"为建设目标。到2020年,其战斗机部队将由"台风"(与德、意、西班牙联合研制)和F-35"联合攻击战斗机"(与美国联合研制)这两种世界最先进的三代半战机组成。它们能在高威胁空域环境下,执行防空、精确对地攻击和情报获取、监视、目标定位及侦察等多重任务,其携带的"风暴之影"空射巡航导弹可精确攻击中远距离的地面目标。[2] 一支由7架C-17、22架A400M大型军用运输机和至少14架改装型"空中客车"A330未来战略运输/空中加油机组成的现代化战略/战术运输机队伍,则将负责部署、支援和撤运世界各地的英军,为英军飞机提供空中加油,使之获得最大航程和续航时间;它们的性能均比计划裁撤

---

[1] Colin S. Gray, "Maritime Strategy and British National Security", Paper presented at The RUSI Future Maritime Operations Conference, London, 3-4 June 2009, p. 4.

[2] 鉴于F-35难以及时成军,英空军正着力提升"台风"的战斗力。自首批"台风"2008年6月形成作战能力以来,截至2011年1月,"台风"机队已达到10万飞行小时的里程碑。Annegret Bendiek & Ronja Kempin, "Europe's Foreign and Security Policy Adrift: Strengthen the Role of EU 3", *SWP Comments 39*, December 2011.

的同类飞机先进。空军的战略监视与情报平台,不仅包括新型"联合铆钉"电子侦察机,还有多种无人机。

(三)陆军的可部署性、机动力和精确打击力将大为提高

担纲主力的将是5个由侦察、坦克、装甲、机械化轻步兵和后勤部队组成的新型"多任务旅"(每旅约6500人)和16个具备轻型、短期干预作战能力的空中突击旅。它们将列装各类更便于空运的新式中型装甲车,一支规模适当、结构平衡的作战直升机群,可精确打击70公里开外目标的多管火箭发射系统和能盘旋于战场上空数小时、可随时攻击移动目标的巡飞弹药;数量趋减的重炮则将配备打击效率为以往炮弹10倍的精确制导炮弹。对特种部队的投入将加大。

此外,英军的核威慑"后盾"依然坚牢。4艘"前卫"级战略核潜艇(最大导弹和弹头搭载量分别为16枚和128枚)及其装备的美制"三叉戟Ⅱ"D-5型核导弹系统(射程达7400公里,可携多个分导弹头,单个核弹头爆炸当量为10万吨TNT)足以服役到2024~2031年。英国的核毁灭能力虽已降至最小限度,其威慑力无疑仍是可靠、持续和有效的。[①]

英军还在积极调整编制体制和海外部署。根据《评估》,2020年的英军将由三部分构成:一是"部署部队",涵盖作战部队和对国家安全极为重要的常备部队(如负责本土防空的战机、驻南大西洋的海军及核威慑力量)。二是可对危机作出快速反应的"高战备部队",由大致相等的陆海空精锐兵力组成,能参与多国联合行动和使英国对危机单独作出反应(如实施人质救援行动或反恐作战)。三是"较低战备部队",包括结束海外任务后刚返回的和随时准备进入"高战备状态"的部队,主要用于支援大规模持久性行动(包括英军选择参与的多国联合行动),并具有更大灵活性。英军还将改革网络战能力,成立"国防网络作战大队";将保持"永久性联合

---

① See Rebecca Johnson, "Worse than Irrelevant? British Nuclear Weapons in the 21st Century", *Acronym Institute for Disarmament Diplomacy*, 2006, p. 20; Sean Flynn, "To Rethink Nuclear Strategy in UK", 19 Mar 2006, http://www.nce.co.uk/edf-advised-to-rethink-nuclear-strategy-in-uk/1097301.

作战基地网",① 使之继续为军队能够"全球部署"并"应对多变的战略环境"发挥重要作用,但计划在 2020 年前分批全数撤回 2 万名驻德英军。

可见,英军的规模虽将缩小不少,但质量也会有很大提高。上述建军举措调整的背后,有着下述深层次动因。

1. 从被动的一面说,这是英军纾缓军费危机的无奈之举。尽管《评估》称,英国防预算的 GDP 占比仍会达到北约规定的 2% 的标准,降幅亦远小于政府其他部门;但英军的确面临着来自几个方面的严重军费压力。

(1) 近年紧随美国的军事行动造成的巨大预算缺口。有评论认为:"美国的军费是英国的 10 倍,而英军不仅在军事行动、还要在装备上向美军看齐,结果必然是军费严重超支。"②《评估》也承认,"2006~2009 年间,英军按中等规模部署到伊拉克和阿富汗,超出了原定计划"。

(2) 现实战事与长远建军规划之间的矛盾,致使各军种间的经费争夺近乎白热化。陆军是近年来打仗最多的军种,却仅获得 2003~2018 年间 10% 的装备预算,故很不希望把钱都花在海空军的"高技术虚拟象征"上。海空军则抱怨,追随美国卷入中东和中亚战事,致使军事任务和装备体系越发以陆地为中心,一些花费不菲的项目资金紧张(如 45 型驱逐舰和新航母)。③《评估》也声称,英军"战线过长、部署过频且计划不周,所用装备不当,部队编制欠妥";"皇家海军陷入了战舰渐少、成本却渐高的怪圈。陆军在德国部署了大量坦克,却不得不在伊拉克和阿富汗开着'路虎'汽车面对致命的简易爆炸装置。战略运输机的老化和不可靠则妨碍了皇家空军的海外支援行动。"

(3) 在国际金融危机和欧债危机双重冲击下,鉴于占国家财政支出大头的社会福利费用事关民生、难以削减,英国只有同其他欧盟国家一样,用较低的军事开支来换取维持高生活标准,因为"财政稳定一直被英国视为国家安全的基石"。④《评估》前言也明言,"英国的国家安全建立在经济安全基础之

---

① 主要分布在直布罗陀、塞浦路斯英属基地区、南大西洋(马尔维纳斯群岛、阿森松岛、南乔治亚岛和南桑德韦奇群岛)、迪戈加西亚岛。
② Veronica M. Kitchen, "NATO's Out-of-Area Norm from Suez to Afghanistan", *Journal of Transatlantic Studies*, Vol. 8, No. 2, June 2010, p. 107.
③ Gareth Jennings, "Airpower Takes Biggest Hit UK Spending Review", p. 19.
④ "Step by Step to Disaster", *The Economist*, 19 Nov 2011, p. 52.

上,削减国防预算对于重振英国经济、保卫国家安全至关重要"。

因此,《评估》已将自身定位为"重新平衡国防计划和资源的开端"。而强制提前退役不合时宜的装备,合理调整编制与部署,对节约开支、提高部队实际战斗力意义重大。例如,"鹞"式和"狂风"战机已服役30年,保养维护越发困难,确是应甩的包袱;而在北约和欧盟双东扩、俄罗斯现实威胁已大减的形势下,大量英军驻扎德国已不具任何作战意义,只会增加财政负担。

2. 从主动的一面说,这也是英国顺应国际形势变化而进行军事转型的需要。冷战结束、特别是进入21世纪后,随着英国面临的主要威胁来源从大规模军事进攻转向具有突发和多发特点的非传统安全领域,加之美国引领下的全球新军事变革浪潮的兴起,转型已成为英军发展的主旋律。[①] 英国认为,已无须维持较大规模的常规军力与核威慑力量,军队应逐步顺应危机管理、快速反应和海外联合作战的内在要求。具体而言,海军从准备远洋海战转为近海作战和兵力投送;空军注重夺取制空权和战区防空,发展远程奔袭和精确打击能力;陆军则着眼于攻击力、机动性和快速部署到位。信息与网络战能力和无人化平台则是面向未来战争的重点建设对象。[②] 英军近年来一直强调"小、但更好"的改革总目标,不仅裁汰了大量老旧装备,还稳步推进了联合作战能力和信息化建设。[③]

《评估》沿袭了上述形势判断,认为"目前无任何国家有计划和能力威胁英国的独立与完整",但"全球化趋势增大了非政府组织和失败国家卷入冲突的可能性,非对称战术越发普遍"。《评估》中的军力调整思路也与上述转型构想基本一致。除上文所述外,它还集中界定了英军需优先应对的四大"安全风险"(恐怖主义、海外不稳定和冲突、网络安全、民事紧急情况)、履行的七项"军事任务"(保卫英国及其海外领土、提供战略情报、提供核威慑能力、危机时刻支援地方应急机构、通过战略性力量投送和远征干预行动捍卫国家利益、在军事上支持英国的影响力、为维稳提供保障)和应具备的特点(高质量的训练和装

---

① 参见丛鹏主编《大国安全观比较》,北京:时事出版社,2004,第146页。
② State Council Information Office, *White Paper on National Defense 2008*, Chapter Ⅶ, 2008.
③ 盛欣主编《世界军事形势分析(2009)》,北京:国防大学出版社,2009,第134页;王波等:《不列颠的"老"谋与"深"算》,载《世界军事》2012年第4期,第31页。

备、严格界定优先发展方向、平衡、高效、后援充分、灵活性与高度适应性、远征能力、联合能力)。《评估》还特别强调,有限的国防预算应发挥最大效益,要用最少的装备取得最好的效果,而海外基地网则使英军具备了广阔的战略外延空间和后勤支援网点。有评论称,大幅裁减中高级军官,有助于英军削减指挥层级、缩短信息流程,更适应信息化战争"实时化决策"的要求。①

因此,应当肯定和正视卡梅伦政府在厉行节约资源的条件下保持军事竞争力的合理性。注重创新、强调"少而精"(乃至宁可牺牲数量也要保证抢占军事技术制高点)的务实建军思想,以往是、今后仍将是英国防务政策的一大核心指导理念。

二 适度加大参与欧洲防务一体化的力度

作为北约和欧盟的重要成员国,英国对北约和欧洲防务一体化的立场是其防务政策的重要组成部分。《评估》明确列举了对英国未来安全至关重要的五个国际防务关系。它们依次是:英美特殊关系、与盟友/伙伴的新型双边合作关系、联合国、作为英国防务"基石"的北约、欧盟。尽管这一次序表明,英国延续了同美国和北约的关系重于对欧盟关系的"大西洋主义"传统,但事实证明,英国正主动加大对欧洲防务联合的投入。《评估》出台不久,2010年11月2日,卡梅伦即与法国总统萨科齐在伦敦签署了为期50年、涵盖广泛的《防务合作条约》。根据协议,英法军队将在40多个领域联手,重点包括:2015年前实现核试验设备共享,英国的"三叉戟"核导弹送往法国维护;共用两国航母编队、协调其战略巡航任务;共用英国的A330加油机和法国的海上巡逻机,共同维护、训练A400M运输机;合作研发新导弹和无人机;协力反恐和应对网络战;共同组建约5000人的联合特遣部队(包括特种部队和海军陆战队),用于参加北约、欧盟、联合国或双边的民事/军事行动,并于

---

① See Tomas Valasek, "Surviving Austerity: The Case for a New Approach to EU Military Collaboration", 22 Apr 2011, http://www.cer.org.uk/sites/default/files/publications/attachments/pdf/2011/rp_981-141.pdf.

2011年春起定期举行联合演习。①

鉴于英法两国在欧盟中军事实力最强（防务预算与军事研发预算分别占欧盟的45%和70%，且均为核国家），德国的军事影响力则深受国防军改革和历史因素制约，故欧洲防务联合的走向在很大程度上取决于英法的立场协调和共同领导。舆论普遍认为，英法防务关系趋于密切，有利于推动欧洲防务一体化，增强欧盟在国际安全事务中的作用。②

英国在欧洲防务联合问题上态度较以往更积极，是出于多方面的利益考量。

1. 降低缩减军费的负面影响。借助盟友之力，可一定程度地填补英军因大幅裁减而在某些军备领域的缺失。

2. 弥补欧债危机导致的英国在欧盟内影响力的下滑，乃至彰显英国在欧洲防务合作中的领导角色。欧债危机虽为欧盟造成空前困境，更对欧洲一体化产生了巨大"倒逼"效应。英国因而陷入尴尬处境：非欧元区国家的身份使之无法像法德那样从根本上决定欧洲经济的整合进度；既加入又"自外于"欧盟的传统政策正越发难以为继。③ 较强的军力，已是英国对欧盟事务"发力"的最重要杠杆和资本。仅以对远征能力至关重要的海上力量为例，欧盟联合海军目前的旗舰是欧洲唯一的核动力航母——法国的"戴高乐"号，但英法拥有欧盟内最强的海军力量且基本旗鼓相当，加之英国将建成两艘"伊"级航母，英国将有希望从法国手中夺回（至少是平分）欧盟海军的领导权。

3. 保持英国在美欧关系中的特殊作用。英国的特殊权重，在于其可充当美欧两大西方政治板块间的"桥梁"——既借助"英美特殊关系"增加英国

---

① "France–UK Summit-Joint Press Conference Given by Nicolas Sarkozy, President of the Republic, and David Cameron, Prime Minister of the United Kingdom of Great Britain and Northern Ireland", London, 2 Nov 2010, http://www.ambafrance–uk.org/France–UK–summit–Declaration–on.html; "UK and France Isolated in Action", *Financial Times*, April 15, p. 4.

② 如美国《纽约时报》评论说，从防务协议内容看，英法军事合作的深度、广度已远超北约成立60多年来的合作框架，也让二战末期英美联合研发核武器的"曼哈顿工程"相形见绌。法国国际关系研究所安全研究中心主任艾蒂安·迪朗则称，此次英法准备推动的防务合作将是"深层次且史无前例的"；其意义之重大，绝不亚于为欧盟共同安全与防务政策启动铺平道路的1998年英法《圣马洛宣言》。"Britain and the EU: The Government's Unnoticed Europe Crisis", http://www.economist.com/blogs/bagehot/2011/03/britain_and_eu.

③ 丁原洪：《变化中的欧盟》，载《和平与发展》2012年第2期，第21页。

在欧洲的分量，又凭借英国与欧洲的联系辅助美国介入欧洲。① 因此，拓展对欧洲安全事务的参与，有助于展现英国对巩固跨大西洋联盟的价值。

英国的这一政策调整动向可谓恰逢其时，故能迅速取得突破。

1. 适应了欧盟现实和未来的防务需要。在欧盟各国普遍饱受金融与欧债危机双重冲击、财政拮据、军费纷纷缩水之时，英国的合作诉求颇能收取"同气相求"之效，特别是在同样已无法独力实现战略雄心的法国；②而实力对比的均衡性（大致相等的人口、经济实力、外交影响力、军力及全球作战的历史）则是英法保持基本稳定的外交与防务关系的基础。③

2. 与美国和北约的战略调整方向相契合。近两年来，美国加速"战略东移"，对欧洲及其近邻地区的关注度下降，不断敦促欧洲盟国分担更多防务责任；但美国又不得不正视欧洲盟国军费短缺的现实，不再像以往那样强求它们在防务领域多投入，而是推动北约出台所谓"灵巧防卫"构想，敦促各盟国整合资源、分工协作，集中有限的资金建设本国擅长的军事领域，同时通过彼此加强合作实现军备共享与互补。④ 此外，鉴于独立性一贯较强的法国已回归北约军事一体化组织，美国对欧洲脱离北约战略轨道的担忧程度已大大下降。

---

① 唐永胜：《回归欧洲与充当"国际角色"》，载《欧洲研究》2003 年第 5 期，第 122 页。

② 英国《卫报》2010 年 11 月 2 日报道即称，英法展开全面军事合作并非基于"友爱"，而是形势所逼，是摆脱军费窘困的权宜之计——法国也准备在未来 3 年削减 360 亿欧元的军费预算。欧盟各国对此表示欢迎，是因为它们都已认识到，各自为政的军力发展既难以为继，也难应付未来的多元化威胁；效仿英法建立统一的欧洲防务，符合各国的共同利益——借助欧盟"平台"提高自身的国际影响力。伦敦智库"欧洲改革中心"的防务专家汤姆斯·瓦拉塞克也称，法英都面临军费紧缩压力，如不想降低军事能力和"欧洲超级大国"的地位，就只有合作；两国携手才能凑齐"形成有效而稳定的海上存在"的最低航母量——3 艘（一艘在海上战备巡逻，一艘在航渡或训练，一艘在港内休整、维修）。See "Britain and the EU: The Government's Unnoticed Europe Crisis".

③ "Britain and France: The Impossible, Indispensable Relationship", *The Economist*, 1 Dec 2011, http://www.economist.com/blogs/bagehot/2011/12/britain-and-france. 转引自赵怀普《英国否决欧盟修约与英欧关系的新动向》，载《外交评论》2012 年第 3 期，第 107 页。

④ 美国早在 2010 年初即授意北约秘书长拉斯穆森提出"灵巧防卫"概念，北约已在 2012 年芝加哥峰会上将其确定为未来 10 年的军备发展指导思想。See Anders Fogh Rasmussen, "NATO After Libya: The Atlantic Alliance in Austere Times", *Foreign Affairs*, July/August 2011, http://www.nato.int/cps/en/SID-EC19C8AA-C16BD266/natolive/71679.htm. 杨泽斐：《欧洲大幅削减防务开支，北约峰会成果难期待》，载 2012 年 5 月 21 日《中国社会科学报》，第 2 版。

因此，美国和北约官方均对英法防务合作表示欢迎，认为"在经济危机背景下，北约盟国间寻求更为紧密的防务关系意义重大"，"能使防务开支产生更大收益，是保持成员国防务能力的有效途径"。①

然而，英国对欧洲防务合作的参与是有限度的。

1. 不会突破"首重对美协调"的底线。冷战爆发至今，在维护英美"跨大西洋特殊伙伴关系"问题上，历届英国政府一直保持着惊人的一致。这不仅由国际体系结构、政治、文化、经济、历史惯性等多维因素所决定；仅从防务本身着眼，英美在此方面的特殊关系亦可谓深厚，②且绵延至今而未尝稍减。③这既抬高了英国在西方世界的地位，又使英国难以摆脱对美国的依赖。因此，维护美国主导下的北约在欧洲安全结构中的中心地位，符合英国的利益。英国仍坚决反对削弱乃至代替北约作用的企图。一个近期明显例证是，2011年7月，欧盟共同外交与安全政策高级代表阿什顿在欧盟例行外长会议上提交了一份旨在组建常设性"欧盟军事总部"（以规划、协调与指挥欧盟独立开展的军事行动）的报告，却因英国"反对进行与北约相重复的建设"而被搁置。④

2. 不会放弃"政府间主义"这一固有合作原则。对于欧盟内部将涉及国

---

① David Brunnstrom, "Anglo-French Defense Deal Could Hurt Brussels Goal", 3 Nov 2010, http：//uk.reuters.com/article/2010/11/03/uk-europe-defence-idUKTRE6A251S20101103.
② 张顺洪先生认为，军事合作是英美"国际战略伙伴关系"的核心，主要表现在：共同组建和参加军事组织；共享军事基地；武器技术交流；暗中或公开地相互支持和共同采取军事行动。赵怀普先生也指出，英国与美国的密切军事合作是他国不可比拟的，尤其是在核武器研制、情报和对外战争领域。张顺洪：《论战后英美国际战略伙伴关系》，载《世界历史》1998年第6期，第36页；赵怀普：《美英特殊关系与国际秩序》，载《美国研究》2004年第4期，第6页。
③ 现仅举数个近期的典型例证：英海军是美制"战斧"巡航导弹的唯一海外用户。英空军虽不是美制"阿帕奇"武装直升机的首个海外用户，但目前装备数量最多（67架），还引进了该机的生产线。英国还是美国F-35战机研发计划目前唯一的"一级合作伙伴"，且"伊"级航母将搭载F-35的舰载型。在至关重要的核力量方面，英国目前仅有海基核力量，但战略核潜艇上装备的是美制"三叉戟"洲际导弹，且由美国掌握发射权；英国研发"机敏"级遇挫时，美国甚至专门派技术队伍相助。夏立平：《论英国核政策》，载《国际观察》2009年第6期，第40~42页；黄晋一：《现代版"亚瑟之剑"》，载《世界军事》2012年第4期，第49页。
④ 王莉：《欧洲防务：我的地盘我做主》，载《世界知识》2011年第17期，第18页。

家主权敏感部分的防务合作向"超国家"属性方向推进的努力,英国一向持怀疑和抵触立场,未来亦会如此。这不仅有英国素来极珍视国家主权的历史根源,更有现实诱因——欧洲防务联合的依托——"共同安全与防务政策"机制迄今仍难脱政府间合作性质的窠臼;在欧债危机引发成员国更强调各自利益的大背景下,就更加困难。有台湾学者即指出,卡梅伦政府拒绝支持德、法与波兰关于设立欧盟常设军事总部的联合提案,却同意与法国加强双边防务合作,显示英国不是缺乏对防务合作的兴趣,而是缺乏在欧盟内进行超国家性质合作的意愿。①

在可预见的未来,在对欧防务合作方面,英国会将重点放在落实英法双边协议上。英国上述的一些"保留"以及防务问题的敏感和复杂性,共同导致了许多亟待破解的具体难题。

1. 联合部队在两国利益协调之际的控制权归属。在英法达成防务协议后的新闻发布会上即有记者问,英国是否同意"伊"级航母为法国利益而战?卡梅伦对此完全回避。萨科齐则含糊其辞地表示,英法在许多问题上有共同利益,一方面临严重危机时,另一方显然不应袖手旁观。②

2. 装备"互通性"问题。英法要在联合作战所需的指挥、部署、训练和技术支援等层面实现高度统一,是不能绕过这一难关的。例如,尽管《评估》特别强调,"伊"级航母将安装弹射器和拦阻装置,以接纳美、法的舰载机,但又承认,此类改装至少要在2020年前后才有望完成。

3. 语言沟通障碍。尽管协议规定,联合特遣部队将由一名会说英语的法国人指挥,但其战术反应能力确实深受语言问题制约。曾在波黑多次与法军共同行动的英军上校蒂姆·科林斯即称,他所在的部队与法国外籍军团因交流异常困难,致使联合抓捕的战犯嫌疑人总能漏网。③

因此,英法要真正履约,仅凭政治共识(遑论两国在伊拉克战争这样重大国际问题上常有龃龉)和积极表态远远不够,弥合分歧尚需假以时日。

---

① 张亚中:《欧盟的全球政治角色:目标与限制》,载《欧洲研究》2012年第3期,第36页。
② "France – UK Summit-Joint Press Conference Given by Nicolas Sarkozy, President of the Republic, and David Cameron, Prime Minister of the United Kingdom of Great Britain and Northern Ireland".
③ 马震:《英法签防务合作协议》,国际在线,2010年11月3日。

三 海外军事行动更为谨慎和注重联合作战

检验军力的最佳方法就是实战。《评估》将英军的作战行动分为三类：一是"常备任务"，即对英国的安全或维护英国在世界各地利益至关重要的长久性作战任务。这与《评估》将"保卫英国及其海外领土"列为英军七项"军事任务"之首和皇家海军"主要任务"之一是吻合的。英国近年将马岛（英称"福克兰群岛"）问题"军事化"之举可归入此类（尽管未开战），因为马岛不仅资源丰富、地缘意义重要，更关乎争议主权、领土完整、民众情绪和国际威望。二是"干预行动"，是一种短期、高影响力的军事行动（如2000年出兵塞拉利昂）。英国假手联合国决议、以"人道主义干预"为名参与的利比亚战争应纳入此范畴。三是"维稳行动"，是一种长期的、主要在陆上实施的军事行动，旨在维持局势稳定和解决冲突、支援重建和发展，通常与他国联合开展（如在阿富汗的联合军事行动）。

因此，逐一考察英军在上述三类作战行动的典型案例中的表现，有助于客观归纳英国海外军事行动的特点。

（一）马岛军事对峙

2010年2月，英国和阿根廷为马岛归属再起争端。英阿舰船甚至一度出现对峙。风波至今仍未完全平息，但战争爆发的可能性始终极小。究其根源，则在于双方均无力打一场1982年那样较大规模的局部战争。由于经济低迷，更兼民选政府和社会对有干政传统的军方倍加警惕，阿根廷军费有限（GDP占比为南美最低）、军力不断下降。阿海军已沦落得仅具近海防御能力；阿空军主力仅为二代战机（西方标准），和英军相差了一代半。2010年3月，阿国防部长即承认，马岛如再起战事，阿军至多撑2小时。① 相较更乏善可陈的阿军，英军却也已不复当年。早在2005年，时任海军大臣威斯特就断言，英

---

① 立羽等：《全息扫描阿根廷》（专题），载《世界军事》2012年第2期，第14~20页。

国已不能组建马岛战争时期规模的特遣舰队了。① 2010年局势趋紧后,英国仅派出1艘驱逐舰"约克"号(1985年服役,是当时现役5艘42型舰中最新的)前往威慑;由于缺乏航母、尤其是舰载对空战机,英国只得"以岛为(母)舰",在马岛常驻4架"台风"战机和1架空中加油机。而有评论认为,"没有航母编队和强大的民船后勤保障力量,英军根本无法进行一场1982年那样的战争"。② 换言之,阿军如仍保有1982年的作战水平,事态对英国而言将堪忧。马岛未"再战",仅表明英军不如阿军孱弱而已。

(二)利比亚战争

英国决然参战,直至在利实现政权更迭,确有多重利益考量。首先,希望通过与法国联手重振雄风,"以'全球性大国'形象主导欧盟的安全事务、置身于欧洲的战略前沿,重新主导中东、非洲事务"。其次,秉承为美国分担责任的传统,配合美国战略东移,凸显英国作为"美国最重要的欧洲盟友"的权重。再次,英国对利石油的依赖度虽较低,但当前主要倚仗的北海油田在日益减产,故亟须未雨绸缪,以备战后瓜分利的丰富资源和市场。最后,布莱尔政府遣返洛克比空难嫌犯,英多名高官与利当局关系密切,都饱受国内诟病;以履行"保护的责任"为名、武力推动中东民主变革,利于使民众对政府恢复信任。③因此,英国偕同法国先通过外交捭阖争取到多方面、特别是联合国和阿盟的默认乃至支持,继而充当了对利军事打击的积极发起者、坚定推动者和北约接手指挥后的"骨干参与力量"。④

尽管对利空袭作为名义上的"禁飞行动",对武器的精确性(避免伤及平民和反对派武装)和有效性(遏制卡扎菲部队)均要求较高,但英军的实战

---

① Matthew Evangelista and Vittorio Emanuele Parsi, eds., *Partners or Rivals? European-American Relations After Iraq*, Milano: Vitae Pensiero, 2005, p. 97.
② Richard Youngs, "European Foreign Policy and Economic Crisis: What Impact and how to Respond?", 22 Nov 2011, FRIDE working paper.
③ "The France and Britain are Leading the Intervention in Libya", *The Economist*, 26 Mar 2011, p. 48; Job Done, "It is Time to Get out of Afghanistan; The Training must Go on, but we Should Follow the US and Withdraw Combat Troops this Year", *The Times*, 22 Apr 2011.
④ 〔美〕杰米·基腾:《北约在盖茨发表演讲后处于十字路口》,转引自2011年6月20日《参考资料》,第19页。

表现颇佳。英军的 10 多架"狂风"和"台风"战机开战首日即完成了马岛战争以来的最长距离（4800 公里）远程奔袭。英国防部公开资料显示，自 2011 年 3 月战事爆发至 10 月底北约宣布战争结束，英军战机总计出动 3010 架次，累计飞行 1.795 万小时；英军先后共发射约 1470 枚精确制导武器（包括潜射型"战斧"巡航导弹、空射"风暴之影"巡航导弹和双模寻的"硫黄石"反装甲导弹等），占投弹总量的比重高达 85%，与 2003 年伊拉克战争大规模战事阶段基本持平，远超科索沃战争的 25%。除直接实施打击外，英军还运用提供武器装备、战术上紧密配合、派遣军事顾问（含特工）和各类专家担负培训和指导任务以及利用广播、传单、网络等实行宣传和心理战等手段，间接而有效地支持了利反对派。① 由于在对利打击联军中地位重要，英国战争支出也较大（据英国防部统计，共计约 27 亿美元，法、美分别为 40 亿、20 亿美元）。②

然而，如愿推翻卡扎菲，并不能掩盖英国（乃至欧洲各国）在军事领域的众多不足。一是仍难摆脱对美国及北约的依赖。美国驻北约大使和时任美防长盖茨均强调，美军提供了至关重要的物质支持，包括联合作战不可或缺的统一指挥与控制系统、情报支援、卫星定位、加油机、远程预警机和巡航导弹等多个方面。③北约仍是欧洲国家此次和今后实施重大军事干预的首选机制。二是军事实力和潜力有限。美国在此战中退居幕后操控，导致冲在一线的英法不断暴露问题。英法所用兵力的全军占比远高于美国，但开战不过一周，英军高官即声称，英国"海空兵力动员已近最大限度，将无剩余军力应对可能出现的新危机"，法国"同样显得力不从心"。④英法主导的空中打击只能维持在每天近百架次的水平，与冷战后美国策动的数次战争（每天几百甚至千余架次）不可同日而语。⑤ 英法等欧洲多国都曾遭遇议员们指责军费开支超过预算，会

---

① 吴弦：《欧盟国家利比亚军事干预解析》，载《欧洲研究》2012 年第 2 期，第 120 页。
② 本段相关数据分别转引自黄晋一《现代版"亚瑟之剑"》，第 49 页；鲁翔宇：《利比亚战争"红利"兑现难》，载《世界军事》2012 年第 2 期，第 52 页；徐勇凌：《利比亚上演"克里琴科打击"》，载《世界军事》2011 年第 21 期，第 36 页。
③ "Robert Gates's Parting Shot Exposes Europe's Military Failings", *The Economist*, 18 Jun 2011, p.50.
④ "Obama to Europe: Bon Courage", *Financial Times*, 24 Mar 2011, p.11.
⑤ 军事科学院外国军事研究部译：《科索沃战争》（上），北京：军事科学出版社，2000，第 36 页；李辉光等译：《伊拉克战争》，北京：军事科学出版社，2005，第 44 页。

欧债危机背景下英国防务政策的调整

使已深陷困境的经济"更为糟糕"的情况。空袭至第 11 周,盖茨即抱怨"欧洲国家正普遍出现军火短缺,又在要求美国弥补不足",并多次对北约作为军事同盟的前景深表担忧。① 鉴于战事胶着 7 个多月,北约内甚至不乏以"灾难性成功"来形容战争结局的声音。②

(三)阿富汗战事

迄今尚未终结的阿富汗战争是北约首次走出欧洲防区进行的大规模海外军事干预,对北约战略转型和国际形象意义甚大,故深受美国重视。③ 英国也给予了极大支持。2001 年战争爆发后,英军即积极配合美国的军事打击。大规模战事结束后,英军又进驻喀布尔及阿北部、东部部分地区执行维稳任务,在阿长期部署有近万名军人。布莱尔、布朗、卡梅伦三位首相不仅都反复强调英国坚决与美国在阿并肩作战、保持驻阿兵力第二大国的地位,还协助美国游说更多国家向阿增兵。《评估》也声称,阿富汗任务仍是英"国防工作的重点","还将投入更多资源来满足战争需求"。但随着美国和北约决意于 2014 年底前向阿当局移交全部防务,英国已独力难支。《评估》表示,英军未来 10 年用于履行阿富汗义务的资金缺口约为 380 亿英镑,高于一年的国防预算额;到 2015 年,英国将大幅削减驻阿兵力、不再担负作战任务,转向协助阿军的训练和能力建设等方面。

《评估》本身也较详尽地规划了英国的海外军事行动。它一面宣称,英国"将随时准备用军队捍卫国家利益","未来的军队规模虽会比现在小,但仍将保持远程到达能力和实施从高强度干预作战到持久维稳行动的广泛作战能力";但又指出,"只有在时机适当和英国的国家利益危在旦夕,战略目标明确,政治、经济和人员代价能获得相应回报并具备可靠的退出战略和符合国际法的情况下,才会果断动用军队"。它还确定,英国未来部署海外的部队将不

---

① 〔美〕杰米·基腾:《北约在盖茨发表演讲后处于十字路口》;〔德〕卡斯滕·福尔克里:《利比亚战争暴露了北约的弱点》,德国《明镜》周刊 2011 年 6 月 14 日,转引自《参考资料》2011 年 6 月 20 日,第 19~21 页。
② Jeffrey White, "Implications of Military Intervention in Syria", 28 Oct 2011, Policy Watch, http://www.washingtoninstitute.org/templateC05.php?CID=3415.
③ Veronica M. Kitchen, "NATO's Out-of-Area Norm from Suez to Afghanistan", p. 107.

超过30000人（含海空支援部队）；应能同时实施一次旅级规模（6500人）的"长期（半年以上）维稳行动"、一次"短期复杂干预行动"（出动约2000人）和一次"短期简单干预行动"（约1000人）。《评估》一再强调，英国"如在海外实施重大作战，很可能要与他国联合行动"；"谋求建立更密切的盟友合作关系将是未来英国防务战略的核心原则"；"如英国能与他国在一定军力领域或执行某些任务时彼此提供支援，就应以法律契约的形式确定相互的承诺"。

综合上述军事行动实况和《评估》表述可见，英国固然仍秉持干涉主义及"人权高于主权"等观念，其海外军事行动却正呈现决策愈加谨慎、规模愈显局促及对联合行动越发侧重之势。美国官方的反应也从侧面对此作了印证。美国担心，若无长期作为美军最重要盟友的英国的积极追随，英美乃至欧美军事合作将不可避免地受到负面影响：英国裁军和淡出国际争端的"示范效应"，会在同样面临财政困难的北约欧洲盟国中显现，使欧美军力和动武意愿的差距均持续拉大，从而进一步弱化北约的军事功能，乃至令美国的军事战略发生重大修改。① 盖茨即曾明言："我们的盟友军事能力越削弱，希望美国填补这个沟壑的人就会越多。"英国防务专家安迪·史密斯也认为："美国人的警觉是有根据的。"②

当前制约英军开展海外军事行动的主要因素，在未来仍将存在。一是能力。尽管英国正秉承"以质代量"理念，但新武备从面世到形成战斗力均需时日，且数量趋减，新旧装备交替"断档"和军力"空心化"问题切实存在。③ 军购萎缩又动摇着国防工业的根基，影响着英军的潜力。④ 二是意愿。

---

① Jolyon Howorth, "The EU as a Global Actor: Grand Strategy for a Global Grand Bargain?", *Journal of Common Market Studies*, Vol. 48, No. 3, 2010.
② Nicoletta Pirozzi and Natalino Ronzitti, "The European Union and the Reform of the UN Security Council: Toward a New Regionalism?", IAI Working Papers, 11/12 May 2011, p. 2.
③ 例如，由于"鹞"式舰载战机在2010年12月全部退役，而接替的美制F-35战机最早也要2020年才交付，其间，英海军将暂时处于"有舰无机"的窘境，首度失去航母打击能力。尽管英国防部人士宣称这种"能力缺陷"只会持续几年；但不少海军人士坚持称，需花费至少16年（即至2036年）才能完全重建海军航空兵。前海军大臣乔纳森·班德则针对武备数量下降问题，发出了"一艘舰艇如何同时在两个地方出现"的疑问。雾岛：《再战马岛，英国老矣！》，载《世界军事》2010年第5期，第13页。
④ 军购缩水导致英国军工业界正逐步失去跟踪和赶超先进技术的能力。例如，由于造船工业萎缩严重，45型驱逐舰和"伊"级航母只得采用分段建造，以便让各地都有点活干，但效率就谈不上了。晨枫：《"英法联军"再现？》，第39页。

始作俑于布莱尔时期的紧随美国的海外干涉政策，特别是绕开联合国发动伊拉克战争，使英国付出了惨重代价，相继深陷伊拉克和阿富汗战事，本土遭恐怖袭击的风险也日益上升，因而，在英国国内极不得人心；政府已不得不正视与反思驻阿英军"部署在最危险的地区，承担主要作战任务，伤亡人数最多，并按照'谁行动谁出资'的原则担负较多战争开支"引发的不断增多的抱怨之声。①

四 简短的结论

在欧债危机背景下，英国并未放弃追求"全球性大国"地位的传统战略目标，而是突出了务实建设与运用军事力量和注重借助外力的新思路。正如《评估》所说，英国"仍是世界第四大军事强国"，"仍然要履行全球义务，并在全球范围内抱有雄心"，但"需采取更明智、更有战略眼光及更具协调性的方式促进国家利益和保卫国家安全"。相应地，英国防务政策正呈现如下调整脉络。

（一）大力改造军事力量，使之成为英国推行外交政策的得力工具

尽管大规模裁军有削弱军力之嫌，但简单视之为英国应对财政紧张的无奈选择，显然有失偏颇；英国将继续因应主要挑战的变化和自身利益的需要，走紧随世界潮流的精兵之路，将更灵活高效地进行力量投送和实现"全球存在"作为军队建设及武器研发的大方向。

（二）通过推动欧洲共同防务建设，更好地借重美国和欧盟两大战略支撑点

英国顺应欧洲国家亟须彼此强化合作和美国力图使欧洲更多分担防务责任的国际形势变化，以政府间协作模式的英法双边防务联合为抓手，积极谋求扩

---

① James Blitz and Daniel Dombey, "Uncertain Destination of Atlantic Journey".

大对欧盟事务的影响力,并以此为依托,巩固英美特殊关系,进而确保它在西方联盟中的独特地位。

(三)海外军事行动将更为审慎和注重多边合作

为保障和获取广泛的海外利益,英国防务延续了"面向全球"的特性,除保卫本土及海外领地外,将继续在危机处理、国际维和及实施"人道主义干预"等方面发挥作用。不过,鉴于此前一味追随美国实施军事干涉的经验教训,英国将正视国际与国内公众舆论、盟友立场及国际法的演进等因素,更有选择性地参与北约或联合国框架下的联合军事行动。

总之,英国防务政策的调整,不失为英国立足现实国情、积极应对欧债危机和国际安全形势变化的明智之举。尽管早已进入"后帝国时期"的英国"不可能成为军事意义上的超级大国",乃至"无力完全独力确保自身安全",①但它仍将努力在防务领域"使世界感受到英国的影响和听到英国的声音",继续充当"美国最坚定、最具实力的盟友"以及"北约和欧盟的中坚力量"。②

Adjustments in British Defence Policy in the Context of Eurozone Crisis

Abstract: Due to the European sovereign debt crisis, as a so-called "global actor", Britain has to adjust its defence policy with some special features. Firstly, Britain's armed force tends to reduce its quantity, while improving its quality. Secondly, although Britain still sticks to Anglo-American Special Relationship and intergovernmentalism, it has to involve into European defence integration more

---

① 陈晓律等:《当代英国——需要新支点的夕阳帝国》,贵州人民出版社,2000,第431页。
② UK Parliament Joint Committee on the National Security Strategy, "First Review of the National Security Strategy 2010", http://www.publications.parliament.uk/pa/jt201012/jtselect/jtnatsec/265/26505.htm#a5.

deeply, especially paying more attention to implement its defence cooperation agreement with France. Thirdly, both scale and scope of Britain's overseas military operations will shrink; therefore, Britain may incline to depend more upon joint actions with its allies.

Key Words: Adjustment; Britain; Defence Policy; European Sovereign Debt Crisis

专题报告篇

Special Reports

宪法改革与英国地区自治的新发展

王展鹏*

摘　要：

　　与1997年新工党执政后推出一系列宪法改革措施相比，英国战后首届联合政府面对内忧外患以及联合执政伙伴的掣肘，在宪法改革方面迈出的步伐要谨慎得多。相关讨论主要集中在英国议会改革、地方权力下放和有关欧盟的立法等领域。在固定任期议会、欧盟立法和地方权力下放方面通过了相关法律，但在改革简单多数选举制和上院改革等问题上则未能取得突破。2010年大选中各主要政党提出的向人民下放权力的新政治进展有限。此外，围绕苏格兰独立公决引发的争论对英国宪法体制和联合王国的未来产生了深刻影响。

关键词：

　　联合政府　议会改革　宪法改革　地区自治　苏格兰公决

---

* 王展鹏，北京外国语大学英语学院英国研究中心教授。

英国 2010 年大选在时隔 36 年后再次产生无多数议会。这一新变化对英国宪法制度将带来怎样的变革成为政治家和学术界关注的课题。保守党—自由民主党联合政府在宪法改革方面采取了一些重要步骤，但大多尚未完成立法过程。另外，苏格兰独立公决也对英国政府长期以来实行的权力下放政策和英国作为统一的多民族国家的未来提出了挑战。

一 2010 年大选中的宪法改革问题

2010 年大选前，在经济危机和 2009 年议员"报销门"等丑闻冲击下，民众对主流政党的不信任增加，20 世纪 70 年代以来，英国第三党政治的发展是否将撼动保守党和工党对英国政治的长期垄断受到广泛关注。自由民主党在选前第一次电视辩论后，支持率曾达到 30%左右，反超工党，但大选举结果表明，选民希望变革英国政治的期望并未变为现实。

鉴于 1997 年以来新工党在推动英国由议会至尊的中央集权宪法制度向分权制衡的准联邦制转型方面取得的成功，2010 年大选后新政府能否完成这一转型，特别是议会改革能否取得突破成为各主要政党争论的一个焦点问题。2010 年大选中，在改革选举制度、上议院改革、议会任期、成文宪法、人权法案等问题上三个主要政党间共识和分歧并存。下表列出了各党承诺如当选将在宪法改革领域开展的主要工作（见表1）。

表 1 2010 年英国大选中主要政党的宪法改革主张

政党	主要政策主张
保守党	主张下院选举维持现行的简单多数制 加强议会对掌握在政府手中的王室特权(royal prerogative)的民主监督 精简下院议员人数(从 650 人减为 585 人，减少 10%) 如议员行为不当，选区选民可取消其资格，并进行补选 改造议会上院，上议院议员主要通过选举产生 制定英国主权法案，限制欧盟权力 以英国的《权利法案》取代主要针对《欧洲人权公约》的《人权法》

续表

政党	主要政策主张
自由民主党	下院选举实行"大选区比例代表制"(单一可转移投票制) 固定下院任期,议员人数减少150人,减至500名 如议员行为不当,选区选民可取消其资格,并进行补选 改造议会上院,减少上议院议员人数,完全通过选举产生 制定成文宪法 维护现行的《人权法》
工党	2011年就下院和上院改革举行全民公决,主张在下院选举中实行"排序复选制" 上院改革分阶段实现全部议员通过选举产生 固定下院任期 如议员行为不当而下院未采取行动,选区选民可取消其资格 设立所有党派参加的委员会,讨论制定成文宪法 不得废止《人权法》

2010年大选后的一个现实的宪法问题是如何应对无多数议会的局面。在欧债危机爆发,英国经济面临二次探底的情况下,英国各主要政党很快否决了重新大选的选项,积极寻求成立相对稳定的联合政府。自由民主党尽管在下院仅获57席,表现明显不及预期,但仍成为左右政局走势的重要力量,最终与保守党组成联合政府。从理论上讲,联合政府有利于形成多党政治参与的格局,增加民众表达意愿的渠道和机会,但其带来的一些问题也很快显现出来。

首先,自由民主党出于尊重民众选择、政党竞争和联合政府稳定等方面的考虑舍弃政见相近的工党,转而选择保守党组成联合政府,给联合执政后推动宪法改革埋下了隐患。其次,在大选后5天内仓促组成的联合政府,对宪法改革方案缺乏充分的讨论和酝酿,导致选举后政府决策更加依赖两党协商的方式。再次,政见分歧巨大的保守党和自由民主党为实现组阁目标达成的妥协基础并不牢固,往往需要依靠党内纪律维持共识,在一些关键问题上本党议员倒戈的概率大大增加。[1]

在此背景下,联合政策在推进前任工党政府已开启的宪法改革方面迈出的步伐有限。截至2012年底,除限制欧盟权力的《欧洲联盟法2012》和《固定

---

[1] Vernon Bogdanor, *The Coalition and the Constitution*, Oxford: Hart Publishing, 2011, pp. 128-130.

任期议会法》得以通过外,其他改革提案(如上议院改革、下院议员选举制度改革),或因党派分歧而搁浅,或举步维艰进展甚微。此外,联合政府还启动了以英国自身的《权利法案》取代目前基于欧洲人权公约的《人权法》的讨论,并于2011年8月5日和2012年7月11日分别发表了两份咨询报告,向英国各界征求意见。

二 议会改革新进展

联合政府执政后,在自由民主党的推动下,议会改革是其宪法改革的重点,固定任期议会法、下院选举制度改革、上院改革等问题相继提上了立法日程。

(一)固定任期议会

2010年5月,两党《联合政府协议》除明确规定了下次大选日期外,还承诺开启固定任期议会法的立法工作。联合政府执政后,两党在较易取得共识的固定任期议会问题上实现了突破。5月16日首相卡梅伦表示支持放弃原有的首相"随意"解散议会下院的制度,以一项固定5年任期、需得到55%议员支持才可提前解散下院的新规则取而代之。《议会固定任期法》也是自由民主党加入联合政府的条件之一,旨在保护自身利益,防止保守党在民意支持有利时随意解散议会。

2011年9月15日英国议会通过了《2011年议会固定任期法》。根据该法律,英国放弃了此前首相在5年任期内征得女王同意即可解散议会提前举行大选的宪法惯例,明确规定大选时间为任期第五年5月的第一个星期四。同时,该法律规定,只有在以下情况下才可提前举行大选:(1)下院议员2/3以上多数批准;(2)议会通过对政府的不信任案,14天内本届议会无法组成新政府。这一改革提高了提前举行大选的门槛,增强了民众对政府完成任期的信心,在一定程度上对保持本届联合政府的稳定起到了积极作用。同时,这一安排也加大了自由民主党在本届议会任期问题上的影响力。一旦自由民主党撤回对政府的支持,联合政府将难以为继。但也有批评者认为,由于提前解散议会的门槛并不高,这一改革的影响是有限的,对于下院多数党而言,即便不能取得 2/3 多数的支持，完全可以通过自我提出不信任案的方式达到提前大选的目的。①

（二）下院选举制度改革

长期以来，英国在下院选举中一直实行"简单多数制"这一"赢者通吃"的选举办法。是否应通过引入比例代表制增强选举公平性的争论从未平息。在同一选区多个政党派出候选人参选的情况下，以简单多数决定议员人选的方法使保守党和工党两大政党明显获益，而包括自由民主党在内的中小政党则处于不利地位。这一制度也因大选中长期存在的各党选民支持率和实际议席明显背离的现象而广受诟病。以 2005 年大选为例，工党仅以 35.2% 的选民支持率，获得高达 55% 的下院议席。在历史上，保守党和工党多次以 40% 左右的选民支持率获得议会半数以上甚至 60% 的席位，而自由党和后来的自由民主党在 20 世纪 80 年代的大选中选民支持率一般在 20% 上下，但仅获 23% 的议席。近两届大选中，自由民主党的选民支持率分别为 22% 和 23%，而最终获得的席位数分别占议员总数的 9.6% 和 8.8%。（见表 2）

表 2　近三届大选英国三大主要政党获下院议席数和选民票百分比的比较

年份	政党	获议席数	该党议员占议员总数的比例(%)	选民支持率(%)
2001	工　党	403	62.38	40.7
	保守党	165	25.54	31.7
	自由民主党	51	7.89	18.3
2005	工　党	355	55.2	35.2
	保守党	198	30.7	32.4
	自由民主党	62	9.6	22.0
2010	工　党	258	39.7	29.0
	保守党	306	47.1	36.1
	自由民主党	57	8.8	23.0

工党政府执政的 13 年间在宪法体制方面进行了大刀阔斧的改革，但在选举制度改革上，虽在执政之初由罗伊·詹金斯勋爵领导的独立委员会发表过专

---

① Vernon Bogdanor, *The Coalition and the Constitution*, Oxford: Hart Publishing, 2011, pp. 119 – 121.

题讨论报告,但其后由于党派利益等考虑再未采取实质性改革步骤。保守党在选举制度问题上一直主张维持现状。而自由民主党则长期将改革选举制度,实行比例代表制,作为其最基本诉求之一。2010年大选产生无多数议会后,自由民主党将改变选举制度作为其参加联合政府的先决条件。经过讨价还价执政两党选取更接近工党主张的"排序复选法",① 而不是真正意义上的"比例代表制"作为未来选举制度改革方案。联合政府两党还决定,通过问政于民,举行全民公决,解决这一难题。

联合政府执政协议明确规定"将就选举制度改革提出全民公决法案,如获通过,将引入排序复选法的投票制度……两党将在议会两院约束本党党员投票支持就此问题举行全民公决……"。② 2010年7月5日,副首相克莱格向议会下院宣布,将在2011年5月5日地方议会选举的同时就改革选举制度举行全民公决。7月22日,联合政府向议会正式提交《议会选举制度和选区划分法案》;2011年2月16日,该法案正式获议会批准生效。最终确定于2011年5月5日举行公决。为方便普通选民投票,公决问题简化为"目前,英国使用'简单多数制'选举下院议员,你是否同意以'排序复选法'取而代之"。

然而,这一立法并未消除英国各政党在选举制度改革问题上的分歧。2011年2月18日,卡梅伦发表讲话坚持英国应维持现有选举制度。他认为,"排序复选法"复杂难懂,一些选票重复计算,并不能带来公正的选举结果。而工党内部也发出了不同声音:虽然工党领袖米利班德支持"排序复选制",但多达200名该党议员仍持相反立场,他们担心无多数议会成为英国政治的常态,自由民主党在英国政治中的地位将因此大大加强,成为左右政局的重要力量。

2011年5月5日公决的最终结果显示,42.2%的选民(约1928万)参加了投票,支持改变选举办法的选民仅占32.1%,而反对者高达67.9%。投票

---

① 排序复选法(alternative vote,AV)是指投票时选民在选票上给候选人排序,计票时逐轮淘汰得票最低的候选人,即先按选票的第一选择点票,得票超过50%的候选人胜出。如无人得票超过50%,则淘汰最后一位候选人,再将其得票按选票上的第二选择分配给前面的候选人。如仍无人得票超过50%,则淘汰倒数第二位候选人,再把其得票按照选票上的候选人排序分配给未被淘汰的候选人。这个过程一直继续下去,直至有人得票超过50%。

② Cabinet Office,*The Coalition*:*Our Programme for Government*,London:HM Government,2010,p. 27.

结果公布后,卡梅伦首相认为,这一结果清楚地体现了民意;而副首相、自由民主党领导人克莱格则承认这对该党是一个沉重打击。

尽管改革简单多数选举制度的辩论在英国已持续一百多年,近年来关于这一制度的批评声不绝于耳,但引入"排序复选法"的改革建议还是遭到英国大多数选民的反对,其原因是多方面的。首先,得益于英国近三百年来稳定发展的独特经历,民众对自身政治体制及其具体安排的态度一直是理性而谨慎的,在现行制度运行不存在较大问题的情况下,一般不愿匆忙做出改变。在这一公决引发的辩论中,主张维持"简单多数制"的选民最主要的论据是现行"简单多数"制已沿用百年,简单易行且有利于产生稳定的政府。其次,在这一重大宪法问题上英国主要政党之间并未形成广泛的共识。就选举制度举行全民公决是保守党在两党联合执政后向自由民主党做出的为数不多的妥协之一。但保守党的立场只是同意举行公决,并不鼓励其支持者在公决中投票支持改变"简单多数制"。工党历史上在改革选举制度问题上一直摇摆不定:一方面批评"简单多数制"有失公平;另一方面,由于该党在历次选举中大多从这一制度中受益,并不愿做出实质性变革,放弃既得利益。最后,当前英国的经济困境也加重了选民对变革所带来的不确定性的担忧。对大多数英国人而言,当前国家面临的最紧迫问题是如何削减赤字、实现经济复苏,而不是各政党之间的党派之争。应对危机需要稳定、高效的政府,而现行"简单多数制"最有利于产生稳定的多数党政府,对保持政府的稳定至关重要。此外,自由民主党参加联合政府以来,在教育、社会、税收等政策上向保守党妥协过多,使民众对其作为英国政治中第三势力存在的价值提出了疑问。这些错综复杂的历史传统、党派利益和经济危机的压力使联合政府改革选举制度的努力搁浅。

(三)上议院改革

在英国议会政治中,由于上议院承担的实际职能有限,改革较易取得共识,在新工党执政时期,上议院改革成为英国宪法改革中最为活跃的领域之一。然而,在1999年《上议院法》取消大多数世袭议员席位和2005年《宪法改革法》实现以司法权和立法权分离为目标的机构改革后,上议院改革已无法回避上议院议员是否需经过选民投票选举产生这一根本性问题,操作的难度加大。

如前文所述，在 2010 年大选中，保守党、工党和自由民主党都主张通过全部或部分民选上议院议员推进议会改革，只是在改革的力度、时机上有所分歧（见表1）。在《联合执政协议》中，两党承诺联合政府将任命由三大党代表组成的专门委员会就上院议员选举方法提出建议。早在 1999 年，工党就曾委托韦翰勋爵领导专门委员会向议会提交过专门报告。该委员会报告认为，上议院的优势在于其成员来自社会各阶层，而非由职业政治家组成，具有丰富的阅历和专业知识，可对民选下院的立法起到平衡折冲、优势互补的作用，因而，并不主张引入上院议员完全民选或大部分民选的体制。其后，英国各种政治力量围绕上院是否民选或在多大程度上民选，提出过 20%、40%、60%、80% 或 100% 议员由选民投票选出的各种不同方案。包括保守党在内的三个主要政党也都希望通过借助改革上院这一"过时"机构，表明自己支持增强英国议会民主合法性的立场，占据道德制高点，支持选举上院的议员人数不断增加，在 2003 年下院就上院改革不同方案讨论时，拟支持上院议员 100% 选举产生的下院议员尚不足 50%，到 2007 年已提升至 60% 以上。

联合政府执政后，自由民主党希望将上院改革作为实现大选承诺的突破口，在有关改革立法方面最为积极。2011 年 5 月 17 日，联合政府提出了上院改革方案，其核心内容是 2015 年后上院将由 300 名议员组成，其中 80% 由选民选举产生，20% 沿用任命制，同时保留英国国教会主教的上院议员席位。2012 年 7 月 9 日，副首相克莱格代表联合政府将该法案提交议会下院。然而，在议会辩论阶段，一向支持选举产生上院议员的工党以法案的一些具体内容需进一步完善为由拒绝给予支持。保守党最初虽动用党纪约束本党议员，但仍有多名议员坚持反对意见。2012 年 7 月 10 日，在决定是否就该法案进行二读表决的问题上，91 名保守党议员公开倒戈，另有 19 人弃权。在法案通过无望的情况下，克莱格于 8 月 6 日宣布政府撤回法案，放弃二读表决的努力，并指责保守党"破坏了两党联盟契约"。但卡梅伦首相并不接受这一指责，认为问题在于该法案还不成熟，在一些关键问题上含糊其辞。

尽管如前文所述，英国主要政党在通过民选的方式改造上议院问题上存有广泛共识，但对这一有着七百多年历史的政治机构进行根本变革时，实际操作上的困难就显露无遗了。简单地通过选举产生上议院，首先面对的问题是如何重新界定议会两院权力划分的难题。下院至高无上的立法权是否会因上院改革发生变化是一个重大的宪法问题。从澳大利亚等国的实践看，民选两院在一些重要问题上如不能达成共识，则需要建立新的协调机制，势必增加行政成本，也难以实现决策立法贴近选民的改革初衷。尽管目前的改革方案不准备改变上院的职能，但上院一旦因民选而享有更高的民主合法性，其与下院关系的未来发展仍会存在诸多变数。其次，尽管以民选代表取代上议院世袭代表和社会名流是民主的进步，但选举产生上议院将会逐渐导致政党代表主导上院，其组成和背景与下院趋同，上院传统非政党代表阅历丰富和专业知识上的优势将打折扣。再次，下院议员选举方式等技术性问题和财政支出的增加也成为英国社会广泛争论的问题。例如，选举议员是维持"简单多数"还是引入"比例代表制"；在政府削减开支的情况下，举行新的选举意味着增加数十亿英镑的开支。也有一些议员建议，为节省开支，可从现有的民意代表（下院议员、欧洲议会议员、苏格兰、威尔士、北爱尔兰地方议会议员）中直接遴选上院代表。这些问题的具体解决方案在2012年联合政府提出的法案中并不明确，在1~2年内难以达成共识。总体来看，选举产生的上院仍将是未来英国上议院改革的基本方向，在各党大方向一致的情况下，当务之急是设计出更加具体、可行的方案，通过讨论、协商，寻求新的共识。

三 英国地区自治的发展

到2010年，英国工党在苏格兰、北爱尔兰和威尔士地区加强地方立法和自治行政机构的努力已进入第十个年头。英国地区自治进展平稳，并为民众广泛接受。同时英格兰地区各级政府的权力下放与方兴未艾的新地区主义①相契合，成为英国宪法发展的新趋势。

---

① 新地区主义是指为实现决策尽可能由受其影响的选民直接作出的目标，权力不仅要由中央政府向各级地方政府下放，而且要向普通民众下放，从而保证决策尽可能由下级政府，而非上级政府完成。

（一）苏格兰

在 2011 年苏格兰地方议会选举中，苏格兰民族党获得了历史性胜利，赢得 45.4% 选民的支持，在全部 129 个议席中占 69 席，组成了 1999 年以来苏格兰地区首个单独执政的多数党政府，成为推动苏格兰民族主义发展的重要力量。该党明确提出，在其五年的任期内，即 2016 年前，就独立问题在苏格兰举行全民公决。经过与英国政府谈判，双方于 2012 年 10 月达成协议。该协议规定，苏格兰将在 2014 年底前就独立问题举行公决。

在独立公决谈判过程中，英国议会完成了向苏格兰进一步下放权力的《2012 年苏格兰法》的立法工作。该法被称为英国有史以来最大规模的财政权力下放举动。2012 年 4 月 18 日，苏格兰议会通过了该议案，4 月 26 日获英国议会批准。该立法虽未满足苏格兰民族党获取完全财政自主权的长期诉求，但大幅增加了其征税的权力。根据苏格兰议会的意愿，该法案将苏格兰所得税税率降低 10%；取消土地交易印花税并将征收权下放给苏格兰地方政府。同时，苏格兰议会也获准在英国议会批准的情况下创设新税种。经过此轮改革，苏格兰政府自主征收的税收占其总预算的比例由目前的 15% 提高到约 35%。《苏格兰法》下放给苏格兰议会的新权力还涉及苏格兰议会选举、药品管制等事项。这一立法在英国引起广泛争议，保守党内部认为联合政府对苏格兰民族主义者让步过大；而苏格兰民族党则坚称，苏格兰需要完全的财政自主权。[①] 此外，尽管英国和苏格兰政府已就独立公决问题达成一致，但由于支持独立的选民人数一直维持在 30% 左右，近期实现独立的可能性不大，苏格兰和英国政府围绕权力下放问题的争论还将进行下去。

（二）北爱尔兰

21 世纪的第二个十年迎来了北爱尔兰和平进程继续平稳发展的新阶段。《复活节协议》的分权方案进一步得到落实，但在英国各地区民族主义发展的

---

① Arthur Aughey, "The Con-Lib Coalition Agenda for Scotland, Wales and Northern Ireland", in Simon Lee and Matt Beech eds., *The Cameron-Clegg Government*, Basingstoke: Palgrave Macmillan, 2011, p. 176.

情况下，关于北爱尔兰未来地位的讨论升温。

2010年2月，经过数月谈判，北爱尔兰两大主要政党民主统一党和新芬党终于就警务和司法权领域的分权方案达成了一致，为全面落实《复活节协议》迈出了重要一步。2011年5月，北爱尔兰地方议会选举如期进行，民主统一党和新芬党进一步巩固了其爱尔兰主要政党的地位，在总共108个议席的地方议会中分获38席和29席。2011年5月17~20日，英国女王伊丽莎白二世对爱尔兰进行为期4天的国事访问，成为英国君主一百年来对爱尔兰的首次访问，也是北爱和平进程取得进展的一个重要标志性事件。正如爱尔兰总统麦卡利斯所说，女王的来访标志着两国在北爱尔兰和平进程方面所取得的成果，是爱尔兰历史上的一个重要时刻。

与此同时，新教徒和天主教徒、主张留在英国和脱离英国的居民间的一些冲突也表明，北爱尔兰和平进程仍面临历史和现实的诸多挑战。2010年9月24日，英国内政部宣布，来自爱尔兰的恐怖主义威胁增强，决定将与爱尔兰有关的恐怖主义威胁等级从"中等"提高到"较严重"。2012年7月12日，北爱尔兰"奥兰治日"宗教游行在贝尔法斯特再次引发冲突，20名警察在冲突中受伤。2012年9月2日，亲爱尔兰的天主教徒在贝尔法斯特北部举行游行，引起被禁止在该区域游行的亲英国新教徒的不满，双方发生了暴力冲突。特别是贝尔法斯特市议会缩短悬挂英国国旗天数的法案引发了大规模骚乱。2012年12月3日，贝尔法斯特市议会通过决议，规定市议会大楼不必每天升英国国旗，只在一些特定日期升旗即可，全年升旗日累计不超过18天。这一法案引起了希望北爱继续留在英国的民众的激烈反对，示威者在贝尔法斯特市政厅附近多次举行抗议，与主张脱离英国的民众发生冲突。到2013年4月初，贝尔法斯特市因减少悬挂英国国旗天数引发的骚乱仍时有发生，累计200多人被捕。①

苏格兰独立公决的启动也对北爱尔兰民族主义发展带来了潜在影响。近年来，北爱尔兰天主教人口比例上升，新教人口下降。2011年普查数据显示，

---

① Guardian. co. uk, "Union Flag Protests: More Than 200 Arrested in Northern Ireland", 3 Apr 2013, http://www.guardian.co.uk/uk/2013/apr/03/union-flag-protests-arrested-northern-ireland.

天主教人口的比例达到45.1%，较2001年上升1.3%，而包括新教在内其他基督教派别的人口则为48.1%，比十年前下降了4.7%。天主教人口比例上升引发了关于北爱尔兰未来地位的猜测。分析家认为，鉴于天主教徒人口出生率高于新教徒，这一人口变化趋势还将继续下去，一旦信奉天主教的居民超过新教居民，北爱尔兰与爱尔兰共和国合并的可能性将大为增加。但与此同时，另一些研究认为这种看法过于悲观，随着北爱尔兰人多重身份认同的增强，越来越多的天主教徒愿意接受既是英国人又是爱尔兰人的现实，支持通过权力下放政策维持北爱尔兰在英国中地位的现状。据2010年贝尔法斯特女王大学和阿尔斯特大学所做的研究，73%的北爱尔兰人支持留在英国，信仰天主教居民中希望维持现状的比例也达到一半左右。[①] 此外，欧债危机下爱尔兰共和国严峻的经济形势也降低了北爱民族主义者脱离英国与南方实现统一的意愿。

（三）威尔士

近年来，威尔士地区也出现了从语言和文化民族主义向包含更多政治经济诉求的更广义民族主义的转变。历史上，由于威尔士经济和社会发展更加依赖英国中央政府的支持，政治民族主义在威尔士的影响力较小。在1979年的全民公决中，赞同中央政府需向该地区下放权力的威尔士人仅占20.3%，反对者高达79.4%。1997年工党政府制定大规模下放权力的法案时，威尔士国民议会获得的权力主要集中于行政领域，如将原中央政府威尔士事务大臣的权力下放给国民议会，但在经济社会事务中，威尔士地方机构的立法权明显小于北爱尔兰和苏格兰，且不具备税收立法的权力。随着权力下放的深入和威尔士人民族自主意识的增强，英国议会于2006年通过了《2006年威尔士政府法》，开启了威尔士"二次权力下放"的进程。这一法案规定，威尔士国民议会在教育、健康、住房、食品、地方政府、农、林、牧、渔、环境、文化等20个领域具有一级立法权，但同时规定，这些立法权将由威尔士议会以立法的形式

---

① Northern Ireland Life & Times, "Northern Ireland Life and Times Survey 2010: Module: Political Attitudes-NIRELND2: What Do You Think the Long-term Policy for Northern Ireland Should Be?", http://www.ark.ac.uk/nilt/2010/Political_ Attitudes/NIRELND2. html, 2010.

逐步逐个下放。此外，该法律还实现了威尔士立法和行政机构的分离。

为完成有关立法工作，威尔士国民议会决定于 2011 年 3 月 3 日就扩大议会立法权问题在威尔士举行全民公决。公决问题是，是否同意就 2006 年立法规定的 20 个领域的事项授予威尔士国民议会（无须英国议会批准的）完全立法权。该公决的选民投票率为 35.2%，其中 63.49% 的选民投赞成票，36.51% 反对。这一结果扩大了威尔士地方政府的自治权力，也为威尔士民族主义的发展开辟了空间。自 2011 年 5 月 5 日起，威尔士议会可以在上述重要领域自行推出议会法案，经立法程序成为正式法律。此外，该公决结果也表明，与十几年前相比，支持权力下放政策已在威尔士各阶层中形成广泛共识；威尔士民族主义政党威尔士党和工党在支持权力下放政策上实现了有效的合作。[①] 公决后，威尔士首席大臣卡尔文·琼斯称，"从今日起，一个古老民族开启了新时代"。

（四）英国《2011 年地方化法》

长期以来，英国以"议会至尊"为核心的宪法体制带有明显的中央集权色彩，大多数立法权集中在英国议会手中，地方政府的作用不受重视，地方选举选民关注度不高。向苏格兰、威尔士和北爱尔兰下放权力的进程也使得扩大英格兰地方政府权力的呼声日渐高涨。1997 年新工党执政后，通过地方政府立法和伦敦市长直选积极推动由中央向地方下放权力的进程。到 2010 年大选前，英国三大主要政党都支持加强地方政府职能，促进民众直接参与涉及自身利益问题的决策。

2011 年 11 月 15 日，经过一整年的议会程序，英国《地方化法》（Localism Act 2011）[②] 获得通过，联合政府改革方案的一个重要组成部分以法律形式确定下来。该法律改变了英格兰地区政府的权力分配。保守党大社会理念强调，要建设强大的社会，政府就不能掌控所有权力，也不能承担所有责任，而是应帮助民众和民选的地方代表实现其目标。《地方化法》即旨在促进权力实现由

---

① Richard Wyn Jones and Roger Scully, *Wales Says Yes: Devolution and the 2011 Welsh Referendum*, Cardiff: University of Wales Press, 2012, pp. 163 – 165.
② 有些学者还将其译为《地方主义法》。

中央向地方政府的根本性持久转移。① 该法律的主要内容包括：（1）扩大地方政府的自由度和灵活性；（2）赋予社区和个人新权力；（3）改革规划体系，使其更民主、高效；（4）通过改革确保与住房有关的决定由地方政府做出。《地方化法》还增加了社区与地方政府事务大臣的权力。

《地方化法》的另一重要举措是将直接选举市长的做法扩大到伦敦以外的多个英格兰大城市。2012年5月3日，10个英格兰城市就是否支持直选市长举行了地方公决，唐卡斯特也就是否继续直选市长举行了公决。但公决结果显示，仅有布里斯托尔的选民支持直选市长，其他9个城市都主张维持现状，唐卡斯特则支持继续坚持直选市长的做法。虽然英国政府的初衷是借助选民直接选举市长增强城市政府的领导能力，促进英格兰大城市的发展，然而，从10个城市的地方公决结果看，英格兰民众对变革持审慎态度的传统仍占上风，他们担心选举会增加财政支出但未必带来更高的行政效率。

《地方化法》给予地方政府更多的自由度和灵活性。英国的行政法传统是，地方政府的权力和责任由法律界定，地方政府只能做法律允许的事。由于经常考虑是否越权的问题，地方政府在尝试新做法时往往非常谨慎。《地方化法》规定，只要不违反其他法律，地方政府可以做任何事情，而不局限于法律允许的事。《地方化法》提出了"全面管辖权"的原则，保证地方政府创新工作满足当地民众要求，并与其他部门合作降低开支。在中央政府减少对地方政府财政支持的情况下，地方政府主动采取的创新想法实施起来难度增大，为此，《地方化法》把相关权力交给了地方社区。地方政府收入相当一部分来自市政税，以往由中央政府控制市政税的涨幅上限，改革后，如地方政府希望超过限度征税，需举行地方公决，决定能否实施。这一法律出台前，在地方政府和中央政府的关系中，地方政府总是等待法律的允许和中央政府的引导，而《地方化法》的实施赋予了地方政府更多采取自主行动的权力。

---

① Department for Communities and Local Government, *A Plain English Guide to the Localism Act*, London: Department for Communities and Local Government, November 2011, p. 4.

四 苏格兰独立公决与联合王国的未来

1707年苏格兰与英格兰通过《联合法案》合并以来，苏格兰成为英国的一部分。20世纪后苏格兰民族主义出现了复兴，特别是1997年工党政府实行权力下放政策，通过《1998年苏格兰法》在健康、教育、警务等领域赋予苏格兰议会和政府广泛的立法权力。在此过程中，苏格兰民族主义政党在地区政治、经济、社会生活中的影响力日益上升。特别是苏格兰民族党在2007年地区选举中超越工党成为苏格兰议会第一大党[1]并组建少数派政府。该党作为中左派民族主义政党，积极推行经济社会改革，同时开始寻求就苏格兰独立问题举行全民公决，分别于2007年8月和2009年11月发表了《选择苏格兰的未来》、《你的苏格兰，你的声音》白皮书，并于2010年2月在议会提出了有关举行地区全民公决的法律草案，但这一诉求由于未能得到议会其他政党的支持而搁浅。

2011年，苏格兰民族党在地区选举中取得议会多数地位后再次提出就独立问题举行公决的要求。虽然英国政府坚持苏格兰独立不符合英国和苏格兰人民利益的立场，但由于长期权力下放的影响和北爱尔兰《贝尔法斯特协定》的先例，在英国多民族国家各地区民众要求独立的问题上，英国政府近年来倾向于借助全民公决化解矛盾。面对苏格兰公决问题引发的争论，英国政府负责苏格兰事务的国务大臣于2012年1月向议会提交了题为《苏格兰的宪法未来》的磋商文件，就苏格兰公决引发的一些不确定的法律问题向各界征求意见。在这些讨论中，一个关键问题是，根据《1998年苏格兰法》，就苏格兰在联合王国中的地位问题举行全民公决并未包含在下放的权限之列，因而需要英国议会进一步下放权力才能避免公决引发的宪法争议。对此，英国政府作出了让步，拟根据《1998年苏格兰法》第30条规定，通过颁布相关法令扩大苏格兰议会权力，授权其自行立法举行公决。[2] 此外，该磋商文件还就公决问题的数量、措词、时间、投票资格、公决委员会权限等问题提出了意见。

---

[1] 苏格兰民族党在苏格兰议会129席中获47席，领先工党1席。
[2] Gov. uk, "Consultation Outcome: Scotland's Constitutional Future", http://www.gov.uk/government/consultations/scotlands - constitutional - future, 10 Jan 2012.

在英国政府与苏格兰地方政府就公决的合法性达成共识后，公决时间和提交选民的公决问题等技术性问题成为争论的焦点。鉴于2011年以来支持独立的民众数量有限，苏格兰政府希望推迟公决时间，以便通过加大宣传力度，争取更多选民的支持，有意选择2014年8月班诺克本战役胜利700周年纪念之际举行公决，甚至进一步推后公决时间。英国政府则希望利用当前民意，以尽快公决可减少不确定性为由，主张提前举行公决。经过双方讨价还价，2012年10月15日，英国首相卡梅伦和苏格兰首席大臣萨蒙德代表英国中央政府和苏格兰地方政府在爱丁堡签署协议，同意将"共同努力，确保苏格兰独立公决顺利进行"，使之在公平、透明、适当方面做到尽善尽美，充分体现并公正地检验苏格兰人民的意愿。该协议规定，苏格兰将在2014年底前就独立问题举行公决，"是否支持苏格兰独立"将作为唯一的公决问题提交选民。双方政府同意，公决应具有明确的法律基础；由苏格兰议会颁布法令，就公决的日期、投票资格、公决问题措辞、宣传、资金筹集规则等作出规定。[1] 萨蒙德将《爱丁堡协议》称为苏格兰自治进程中的重要一步。

2013年2月，苏格兰政府公布了苏格兰独立的路线图，计划到2016年完成独立进程；2013年3月，萨蒙德正式宣布独立公决将于2014年9月18日举行。在苏格兰各政党中，苏格兰民族党、绿党和一些小党支持独立；而保守党、工党和自由民主党都主张苏格兰继续留在英国。

针对选民对苏格兰独立后经济自给自足能力不足、生活水平下降的担心，苏格兰民族党政府的宣传策略是在传统民族主义的基础上加入经济民族主义的元素。该党批评联合政府削减预算赤字的努力降低了苏格兰人的福利水平；英国议会拒绝给予苏格兰自治政府完全的财政权，使苏格兰地方政府免收学费等政策难以坚持下去。

独立的支持者和反对者争论的一个焦点是北海石油问题。反对独立者提出的一个重要观点是苏格兰对英国在经济上的依赖性。一般认为，苏格兰人目前

---

[1] 《爱丁堡协定》原文参见：The Scottish Government, "Agreement Between the Scottish Government and the United Kingdom Government on the Referendum on Independence for Scotland", http://www.scotland.gov.uk/About/Government/concordats/Referendum-on-independence, 15 Oct 2012.

人均享受的公共预算比英格兰人高20%，独立后将无法再享受英国公共财政的这些红利。针对这一问题，苏格兰民族党认为北海的油气资源可以保证苏格兰经济自给自足。其依据是，2007~2012的五个财政年度，如按渔业分界线而不是人口数计算北海石油、天然气收入归属苏格兰的比例，① 其中四年苏格兰的预算收支情况都好于整个英国。2011~2012年度的《苏格兰公共支出》报告也显示，以此方法计算，苏格兰贡献了英国财政收入的9.9%，而得到的公共支出只占9.3%。② 这意味着离开英国苏格兰会更加富足。尽管如此，反对者仍认为，将苏格兰未来的经济发展寄托在北海石油上是不可靠的。首先，国际市场油气价格变化较大，一旦价格大幅下降，将对公共财政造成巨大压力。其次，北海油气田的产量在1999年已达高峰，其后开采的技术难度不断加大，成本增高。再次，如苏格兰独立，在政府开支、设立对外机构等方面的支出将大幅增加。此外，苏格兰民族党承诺独立后将要求"三叉戟"核武系统搬出位于苏格兰的皇家克莱德海军基地，这也意味着该地区将丧失接近一万个与基地相关的就业岗位。

根据英国政府发布的分析报告，苏格兰独立在国际法和对外关系层面将面临诸多难题。首先，苏格兰需思考如何处理与英国的关系，以保证目前紧密的政治、经济、社会联系不致中断；其次，独立也将使苏格兰面临是否重新加入欧盟以及是否维持英镑作为主要货币还是加入欧元区等难题。此外，独立将增加苏格兰在海外设立使领馆的成本。同时，英国政府所做的评估认为，如苏格兰最终独立，英国将维持其国际法地位不变，继承联合王国的权利和义务，维持联合国安理会常任理事国、欧盟、北约、八国集团、二十国集团成员国地位；苏格兰将作为新的国际法主体，需要重新申请加入欧盟和其他国际组织。③

---

① 按渔业分界线，95%的油田和58%的气田将属于苏格兰。
② Guardian. co. uk, "Scottish Finance Figures Spark Row over North Sea Oil and Independence", http：//www.guardian.co.uk/politics/2013/mar/06/scottish - finance - north - sea - oil, 6 Mar 2013.
③ HM Government, *Scotland Analysis*：*Devolution and the Implications of Scottish Independence*, 2013, http：//www. gov. uk/government/uploads/system/uploads/attachment_ data/file/79417/Scotland_ analysis_ Devolution_ and_ the_ implications_ of_ Scottish_ Independan．．．_ 1_ . pdf, London：HM Government, pp. 8 - 9.

苏格兰独立对英国国际地位的影响也引起各方关注。根据2011年英国人口普查结果，苏格兰人口约为530万人。如苏格兰独立，英国（按约6300万计）将丧失8%的人口。而苏格兰领土（7.9万平方公里）占英国（24.3万平方公里）的32%，独立将使英国在领土面积上从一个中等国家近乎沦为小国。倘若如此，英国能否维持其欧盟三大国的地位也成疑问，在欧盟事务中，英国在欧盟及其机构和成员国双边关系中施加影响力的能力将进一步下降。同时，也将使英国在英美特殊关系和英国与新兴大国关系中的力量不对称性更为明显，其在国际战略格局中维持大国地位的努力将更加艰难。①

根据益普索·莫里公司所做的民调结果显示，2012年以来，在确定参加公决的选民中支持脱离英国者一直仅维持在30%左右。随着《爱丁堡协议》的签订，准备投票支持独立的选民比例还出现了下降，虽然到2013年初支持者的人数有所反弹，但也仅回升至34%（见图1）。这在一定程度上反映了苏格兰人对脱离英国所带来的不确定性的担忧。

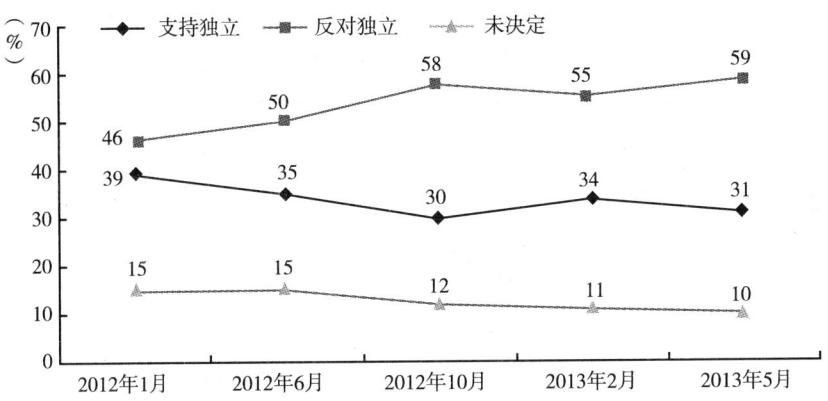

图1 2012年以来益普索·莫里公司关于苏格兰独立的民调结果走势

注：上图数据参考了2012年1月31日、2012年6月19日、2013年2月13日和2013年5月10日的民意调查结果。

资料来源：http：//www.ipsos-mori.com/Search.aspx?usterms=Scottish%20Independence。

---

① Richard G Whitman, "Scottish Independence: A Diminished Foreign Policy for the UK?", http://www.chathamhouse.org/media/comment/view/186589, 17 Oct. 2012.

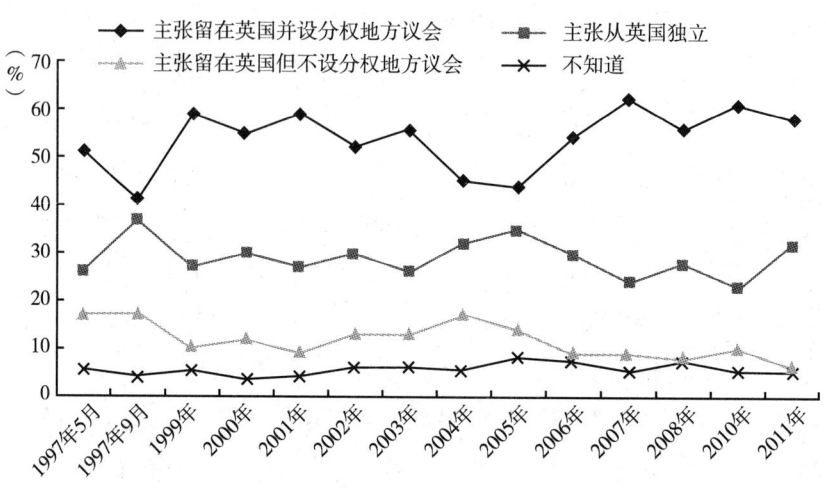

图 2　苏格兰民众在独立问题上的态度（1997～2011）

资料来源：NatCen, British Social Attitudes 29 (2012 edition), http://www.bsa-29.natcen.ac.uk/media/13421/bsa29_full_report.pdf, p.119。

历经近千年的历史恩怨和300年联合的经历，对许多苏格兰人而言，既是苏格兰人又是英国人的多重身份认同和经济上紧密的相互依赖关系已成为难以摆脱的历史宿命，是否脱离英国独立的问题更是一个难以作出的艰难的抉择。相关研究表明，在这一抉择中，涉及经济利益的功利主义考虑的影响呈上升趋势。根据英国大型舆情研究项目《英国社会态度研究报告》的结果（见表3），与1997年权力下放法案公决前夕相比，2011年大多数苏格兰人同样认为独立选项可以增强苏格兰的"民族自豪感"和"国际影响力"，但在独立可提高"医疗卫生服务水平"、"生活水平"、促进经济发展方面的认同度则大幅下降。这在一定程度上可以解释苏格兰人在独立问题上一直持谨慎态度的原因。

从目前各种民调结果看，苏格兰脱离英国独立的可能性不高。但仍有一些研究者认为，鉴于苏格兰民族党以往善于动员民众的传统和表现出很强的宣传鼓动能力，在未来一年多时间，苏格兰公决的结果仍不能说完全不存在变数，关键仍在于民族党能否在经济发展、福利、医疗、税收等方面就苏格兰脱离英国后的安排提出切实可行的方案。一旦选民支持独立，苏格兰独立进程仍将面

表3 苏格兰人1997年对权力下放和2011年对脱离英国独立的影响的看法

影响预期	1997年针对权力下放问题			2011年针对独立问题		
	变好/增强	无影响	变糟/削弱	变好/增强	无影响	变糟/削弱
国家自豪感 %	77	20	1	67	27	2
在世界/欧洲的影响力* %	60	22	11	51	27	19
医疗服务标准 %	65	28	6	37	35	19
生活水平 %	未问	未问	未问	34	34	23
经济 %	64	24	12	34	26	29
税收** %	3	20	76	10	29	53

* 1997年的问题是苏格兰在欧洲的影响力;
** 在税收问题上,回答"增加"的在表中对应"变糟"的选项;回答"降低"的在表中对应"变好"的选项。
资料来源:NatCen, "Does Scotland Want Independence?", http://bsa-29.natcen.ac.uk/read-the-report/scottish-independence/does-scotland-want-independence.aspx。

对众多的法律和技术问题,将是一个漫长的过程。如独立诉求在苏格兰地区全民公决中遭到否决,对主张独立的苏格兰民族党无疑将是重大打击,但苏格兰独立公决的合法化将会使脱离英国成为苏格兰政治的长期议题,苏格兰和英国各种力量将围绕独立与继续实行权力下放政策展开长期的博弈。

五 结语

2010年大选已过近三年时间,一些分析家所期待的第三力量崛起给英国政治带来的巨大变革并未出现,民众变革英国官僚政治、增加人民参与的要求在一定程度上导致了无多数议会出现的局面,但联合政府受经济危机的影响将注意力集中于削减赤字,加之在理念差异、决策效率上的制约,并未给英国政治带来真正变革。较之新工党时期,英国宪法改革的政策趋于保守。固定任期议会、苏格兰和威尔士进一步向地区自治机构下放权力、地方化法等改革取得了一定进展,而下院选举制度、上院改革则由于民众反对或议会主要政党无法达成共识而搁浅。鉴于英国严峻的经济形势和两党联合执政的现实,卡梅伦政府宪法改革的规模和力度相对有限,也回避了工党政府已提出的制定成文宪法、改变"议会至尊"原则等根本性问题。

苏格兰民族主义的发展和独立公决的启动也提出了工党政府权力下放的宪法改革是否助长了民族主义并最终将导致联合王国解体的命题。目前看，在苏格兰、威尔士等地区复杂的民族国家认同和经济利益考量相互交织的情况下，权力下放仍是英国解决民族问题的主要途径。

这一阶段英国宪法发展的另一趋势是全民公决在英国宪法政治中的作用增强。历史上由于"议会至尊"原则的影响，英国全民公决的数量十分有限。2011年就是否改变现行"简单多数制"的公决是1975年以来第一次全国性的全民公决。《2011年欧洲联盟法》关于公决的规定以宪法性法律的形式限制了英国议会对欧政策上的权限，也加大了未来在欧盟问题上举行全国性全民公决的机会。围绕苏格兰独立和《地方化法》实施的地区性公决也将对英国宪法的未来走势产生重要影响。

Constitutional Reforms and Developments in Devolution in the United Kingdom

Abstract: The New Labour introduced a series of constitutional reforms since taking office in 1997. In contrast, the Coalition Government, which is faced with the challenges from within and without and, particulary from its internal divide, is more cautious in major constitutional reforms. The ongoing debates focus on parliamentary reform, devolution and the EU legislation. New legislations on fixed term parliament, the European Union and devolution have been adopted; however, no breakthrough is observed in the reform of first-past-the-post (FPTP) voting system, nor in the reform of the House of Lords. There has also been limited progress on the devolution of the power from Westminster to the people, which was manifested by major parties in the 2010 General Election. In addition, the debates about the Scottish independence referendum have profoundly impacted on the British constitutional system and the future of the United Kingdom.

Key Words: Coalition Government; Parliamentary Reform; Constitutional Reform; Devolution; Scottish Referendum

卡梅伦政府执政以来的中英关系

杨 芳[*]

摘　要：

联合政府执政两年多来，在中英双边关系中，以经贸与人文交流为重点，积极构建"共同促进增长的伙伴关系"。与此同时，一些新变化、新问题的出现显示双边关系发展的稳定性不足。这既源于联合政府对华政策的调整，也是近年来欧债危机持续演绎、亚洲力量崛起与美欧战略东移的国际背景使然。有鉴于此，本文拟从总结当前中英关系的特点出发，阐释影响双边关系的内、外因素，继而分析中英关系的未来走向。

关键词：

联合政府　中英关系　经贸合作　人文交流　新型大国关系

2010年5月，英国大选产生了战后首个联合政府，开启了保守党与自由民主党联合主政英国的新时期。近三年来，英国外交在保持延续性与务实传统的同时，"经济外交"特点突出；在地区层面上，对亚洲的投入明显加大，而其中中国则是"重中之重"。可以说，在英国总体外交中，中国仍保持了十分重要的战略地位，中英两国基本延续了工党时期构建的沟通制度框架。从广度与深度而言，特别是在经贸与人文交流领域，双边关系的发展趋于加强态势。然而，2012年5月，首相卡梅伦与副首相克莱格联合会见达赖，直接导致中英政治关系陷入低潮，高层战略互动骤减。可见，这一时期的中英关系，更多地体现了卡梅伦政府上台后所提出的与中国建立"共同促进经济

---

[*] 杨芳，中国现代国际关系研究院欧洲研究所副研究员。

增长的伙伴关系"①的特点,相较工党时期中英构建的"全面战略伙伴关系",更关注可带动中英彼此增长的相关议题,而促进双边关系战略性提升的意味明显减弱。目前来看,未来中英合作仍是主流,但构建"新型大国关系"面临一定挑战。

一 中英关系在经贸合作与人文交流领域的新进展

追溯历史,中英关系颇具渊源,但对冷战后中英关系影响最大的且最近一个历史性标志年份,应该是1997年。在这一年中,有两件大事使双边关系进入到了新阶段。一是中国对香港恢复行使主权,二是新工党政府的上台。时任英国首相布莱尔决定将香港的权力交接转变成一个改善和发展中英关系的新起点。此后,英国工党政府一直对中国采取了灵活的接触政策。从1997~2010年,在工党执政的十余年间,中英关系取得了前所未有的进展,双边关系的战略定位不断提升:1998年中英两国领导人成功进行了互访,两国签署了联合声明,并宣布建立全面伙伴关系。2004年5月,布莱尔首相与温家宝总理签署了联合声明,宣布建立"全面战略伙伴关系",并承诺举行总理级年度峰会。2010年3月,中英将原有的部长级战略对话提升至副总理级。可以说,2010年5月,保守党与自由民主党联合政府上台时,中英关系正处于战略提升期,也正是英国前首相布朗所说的"历史上最好的时期"。②卡梅伦政府一上台,就强调将继续奉行积极的对华政策,致力于推进中英关系。2010年11月9日,首相卡梅伦率领财政、能源、教育及商业四位重量级内阁大臣和约50位工商界资深领袖开始了上任以来的首次访华之旅。其间,两国领导人就进一步推进中英全面战略伙伴关系达成广泛共识。卡梅伦首相进而提出,希望同中国建立"共同促进增长的伙伴关系"。自此,中英关系从"全面战略提升期"步入到"重点推进的新阶段",双边关系向纵深发展的态势趋强。

---

① Chris Giles, "Cameron Secures Trade Deals with China", http://www.ft.com/cms/s/0/e0f317ec-ebfa-11df-b50f-00144feab49a.html#axzz2VaEr6au9.
② Brown, "China–UK Relationship is 'Better than ever'", http://www.china.org.cn/english/international/239537.htm.

在这一时期的中英关系中,"经贸合作成为了最重要的领域"①,也成为双边关系最大的一个亮点。2010年,在两国总理年度峰会上,卡梅伦首相与温家宝总理将双边贸易额的目标定位为1000亿美元,同时达成了250多个中国对英投资项目意向。2011年的峰会上,两国政府共同举办基础设施投资会议,将基础设施作为双方重点投资领域。同年初,时任中国副总理李克强访英,签署了价值26亿英镑的合同。在高层互动的积极带动下,从2010年下半年到2012年底,在短短的不到两年的时间,"共同增长的伙伴"收获颇丰,主要表现在:其一,进出口贸易双向增长。中国是仅次于欧盟、美国的英国第三大贸易伙伴。2011年双边货物贸易额近600亿美元,其中,英国对华商品与服务总出口同比增长18%。2012年,英国成为欧洲主要国家中唯一对华进口和出口保持双增长的国家,中英货物贸易达631亿美元,比2011年增长7.5%。中国对英国出口463亿美元,增长4.9%;自英国进口168亿美元,增长15.5%,增幅在中国与欧盟主要贸易伙伴中位居第一位,中国保持欧盟之外英第二大贸易伙伴地位。其二,双边投资稳步上升。英国对华直接投资累计超过100亿英镑,在欧盟位居第二。2012年,捷豹陆虎公司与中国奇瑞汽车公司达成合资协议,共同投资10多亿英镑在中国生产英式汽车。英国咖啡连锁商咖世家(COSTA)则计划在2016年前实现在华分店数量翻番,增至500家。同时,英国成为中国增长最快的海外投资市场之一。2010年中国对英投资总额为3.3亿美元,同比增加71.9%。2011~2012年,中国对英投资项目达92个,创造或保障了2166个就业岗位。2012年成为中国对英投资的"丰收年":年初,中投公司宣布收购泰晤士水务公司部分股权,一举超过上一年中国对英投资总额;光明集团收购英企维他麦60%的股份,成为中国食品行业最大一笔海外收购;中石化收购加拿大塔利斯曼能源公司英国子公司49%的股份;中海油成功收购尼克森石油公司,该公司2/3以上的业务来自英国北海油田。此外,华为公司宣布斥资13亿英镑投向英国市场,在未来五年内至少为英国创造700个工作岗位。其三,人民币离岸中心建设进程加快。2012年4月,

---

① 《胡锦涛会见英国首相卡梅伦》,http://news.xinhuanet.com/world/2010-06/27/c_12267618.htm。

伦敦金融城启动伦敦人民币业务中心计划，其目标是打造一个西方的人民币业务中心，因为此前人民币离岸业务较为成熟的两个中心——香港和新加坡都在亚洲。随着中国经济的迅速发展与人民币进一步走向世界，伦敦一旦占据人民币业务先机，如英国财政大臣奥斯本所言，就可以向市场证明伦敦不仅对发达经济体具吸引力，对新兴市场同样如此。[①] 在金融危机背景下，这对稳定伦敦国际金融枢纽的地位大有裨益。2012年，伦敦市场的人民币业务增长颇为迅速，其流通性与支付量都迅速跃居海外人民币离岸中心榜首。2012年，汇丰银行、澳新银行和巴西银行等均在伦敦发行了人民币债券。当年11月，中国建设银行通过伦敦子公司发行了价值10亿人民币的人民币债券。2013年3月，中英两国央行进一步磋商，准备签署3年期货币互换协议。

经贸之外，卡梅伦政府上台以来中英关系发展的另一大亮点则在人文交流领域。如果说，前工党时期，中英关系的飞速发展，更多是基于高层的共识、互信与互动。当前中英关系的发展，则更多地体现在人文交流的机制化与深入发展。在2011年中英领导人峰会上，温家宝总理与卡梅伦首相共同启动了中英高级别人文交流机制。2012年4月，中国国务委员刘延东与英国文化大臣亨特共同主持中英高级别人文交流机制第一次会议。中英双方就教育、科技、文化、媒体、体育和青年等领域的合作进行了商讨，并签署了谅解备忘录、联合公报等15份协议及文件。在教育方面，双方加强教育伙伴关系建设，支持中英学生双向流动，开展中英大学生实习试点项目，鼓励和支持中英中小学合作，重视高校与企业界合作。在科学、创新和研究领域，深化创新合作，为两国创新型科学研究机构的成长和合作提供更有利的环境。在文化领域，鼓励两国文化机构和艺术家开展交流与合作，2012年4~11月，英国在中国成功举办了"艺述中国"文化节。中英双方还宣布一个为期三年的合作项目，联合培养中国青年文化管理人才。此外，双方还在传媒、体育等领域加强了合作。中国文化精品频繁在英国亮相，无论是在爱丁堡国际艺术节，还是在皇家阿尔伯特音乐厅，或是莎士比亚环球剧场，抑或在伦敦特拉法加广场，中国文化演

---

① "Sterling-Renminbi Swap Line Supports UK Domestic Financial Stability", https://www.gov.uk/government/news/sterling-renminbi-swap-line-supports-uk-domestic-financial-stability.

出都受到了热烈欢迎。此外，英国的"汉语热"也逐步升温，中英双方已合作在英建立了 20 所孔子学院和 63 间孔子课堂，英国 600 多所中小学开设了选修的中文课。① 而 2013 年 3 月，英国足球名人贝克汉姆访华，为中超代言，被誉为是推动中英关系的"文化大使"。

随着人文交流机制的建立，两国已经形成了年度峰会机制框架下以中英财金对话、战略对话和高级别人文交流机制为三大支柱的多渠道、多领域战略沟通机制。这无疑是促进中英关系可持续发展的重要保障与有效推动力。而卡梅伦政府上台后建立的高级别人文交流机制，不仅标志着中英战略沟通体系的进一步完善，也是这一时期中英关系"广度与深度"进一步发展的具体体现。

二 英国亚太外交与对华外交的新变化

综上所述，我们可以看出，经贸合作与人文交流是当前中英关系发展的重点与亮点，这是卡梅伦政府执政以来双边关系发展的一大特点。但与此同时，我们还可以发现，特别是与前工党政府时期相比，卡梅伦政府上台后，"中英全面战略伙伴关系"在突出"共同增长"的战略内涵的同时，还出现了一些新变化、新问题，显示双边关系发展的稳定性不足，如经贸联系热度不减，政治关系却趋冷；双边战略沟通机制虽有所发展，但总体而言，在联合政府上台后不到两年间，就止步不前。特别值得指出的是，卡梅伦政府上台后，虽强调中国是英对亚洲外交的"重中之重"，但在外交实践上，与同期其活跃的对亚洲国家及东盟等地区组织的外交，对华外交则出现了一些新问题。

首先，与经贸关系的快速发展相比，中英政治关系却步入了不稳定期。香港回归中国后，中英关系发展迅速，但并非没有分歧，双边关系能够稳步提升的一个非常重要的因素，在于双方能够低调处理分歧，相互尊重，相互理解，求同存异。联合政府上台后，在对华接触方式上，有一定变化，虽然也称中英共识大于分歧，但外交大臣黑格从上台之日起，就强调在对华问题上不能回避

---

① 驻英国大使刘晓明在英国杜伦大学的演讲：《我们需要什么样的中英关系》，http://www.fmprc.gov.cn/mfa_chn/dszlsjt_602260/ds_602262/t936677.shtml。

所谓的民主、人权问题,并一再强调双边关系的"透明化",① 无意弱化或低调处理分歧。最为典型的案例就是,2012年5月14日,罔顾中方的严重关切与强烈反对,首相卡梅伦与副首相克莱格在伦敦共同会见了达赖,成为卡梅伦政府上台后,中英双边关系由升转降的一个重要转折点。在次日的新闻记者会上,外交部发言人洪磊表示,这是对中国内政的严重干涉,伤害了中国人民感情,中方对此表示强烈不满和坚决反对,要求英方认真对待中方严正立场,以实际行动维护中英关系的发展大局。② 此后,吴邦国委员长取消了当月的访英行程。同年,卡梅伦也未曾访华。可以说,自2004年两国建立年度总理会晤机制以来,2012年是两国总理首度未能如期会晤的年份。不仅如此,此后至今,除2012年伦敦奥运会期间国务委员戴秉国赴英出席开幕式外,双边的部长级交流也处于停滞状态。

其次,联合政府执政之初,中英战略沟通机制发展良好,但随着中英政治关系转冷,该机制也陷入停滞。如前所述,工党时期,中英建立起了以年度总理会晤为首,以中英财金对话、战略对话为支柱的战略沟通机制。这一战略沟通体系的建设,不仅反映了中英"全面战略伙伴关系"的不断发展,更是一系列重要的沟通平台。可以说,正是战略上加强沟通协调,才带动了包括经贸关系在内的双边关系的发展。总理年度会晤、财金对话、战略对话领域也收获颇多。在2010、2011年,中英共成功举行两次总理年度会晤,第三、第四次中英财金对话以及第二、三届中英战略对话。中英贸易1000亿美元的目标、加大基础设施投资力度、打造伦敦人民币离岸中心以及建立人文对话机制本身,均是上述会晤的战略成果。但2012年,除上半年启动人文对话机制外,其他对话机制全面中止,缺乏双边战略沟通指引的中英关系陷入了"战略迷失"。

最后,英国虽强调中国是其亚太外交的"首要重点",但在外交实践上,其对亚洲外交日益多元。联合政府曾一再批评前工党政府忽视了日本等其他亚

---

① Ben Glaze, "William Hague Seeks 'Strong and Transparent Partnership' with China", http://www.independent.co.uk/news/uk/politics/william-hague-seeks-strong-and-transparent-partnership-with-china-7982115.html.

② http://news.xinhuanet.com/world/2012-05/16/c_123135710.htm.

洲传统盟友。如前文所述，工党时期中英战略关系不断发展，同期的英国对亚太战略更多地突出中国这个重点，可谓是"一枝独秀"。而在联合政府执政后，进一步加大了对亚洲外交的投入，但更意在"多点开花"，主要表现在重视中国，但亦着力重新经营对印度、日本、东盟等国家的关系。

2010年5月，联合政府成立后，女王发表了议会复会后的首次讲话，在谈到英国对外关系时，重点提及了印度，称英国"需要更好地认识印度崛起的全球影响力"，英国新政府把印度看作英国在区域贸易和投资、能源安全、气候变化、打击恐怖主义和国际金融体系改革等诸多领域的关键合作目标。英印两国已就如何"建设一个真诚的特殊关系"进行部长级磋商。2011年1月，外交大臣黑格访问香港，后出访澳大利亚和新西兰。这是20多年来，英国外交大臣首次到访澳、新两国。特别是在2012年，中英关系步入低谷的同时，英国对日本、东南亚等国家和地区外交却颇为频密。2012年4月，卡梅伦首相出访日本和东南亚，随后不久，黑格和外交国务大臣布朗也相继访问东盟国家。在马来西亚，卡梅伦宣布"英国对马来西亚的忽略已经成为过去，英国现在要同马来西亚开展贸易，并在重大国际事务上与马来西亚建立合作伙伴关系"。黑格和布朗接连就英国与东盟关系发表了政策演讲。2012年，商务大臣坎布尔访问印尼，正式宣布成立英国东盟商务委员会，以加强与东盟地区的商业联系。这一时期的英国对亚洲外交具有诸多历史性突破，其中，英国首相是在缅甸所谓"民选"后首个到访的西方领导人。而外交大臣访问柬埔寨则是历史上首次，黑格的越南之行，也是17年来英国外交大臣首次访问越南。2012年，访问东盟的部长级官员比过去20多年来任何时候都多。2012年7月，英国正式成为东盟对话伙伴国，与东盟签署了《东南亚友好合作条约》。与此同时，英国加速了在东盟地区外交关系网络的重建，人员增加了40多名，并重新开设了驻越南和老挝的大使馆。

除外交与商务领域的再度活跃外，英国还加强了与这些国家的战略对话。2012年4月，卡梅伦访日，两国发表"引领世界繁荣与安全的战略伙伴关系"的联合声明，确认两国分别为各自在亚洲和欧洲的最重要伙伴，其重要标志包括联合研发武器和建立防务大臣定期会晤机制等。2011年，英国与越南在伦敦首次举行战略对话，并于2012年7月在河内举行第二届英越战略对话，主要议题为"全球与地区安全以及打击有组织犯罪和恐怖主义"。在对华外交进入低潮期的同时,英国对其他亚洲国家的外交则正进入"恢复性增长"的活跃期。

三 影响英国对华外交的主要因素

如前所述,卡梅伦政府上台以来,中英关系发生新变化,无疑与联合政府自身对华政策调整密切相关,同时,我们也应看到,中英关系的演变是在欧债危机愈演愈烈以及美国全球战略重心东移的大背景下发生的,这些内外因素都对当前中英关系的发展产生了一定影响。

首先,就英国自身而言,英国外交在保持延续性与务实传统的同时,迫于扭转国内经济困境所需,外交重在"拼经济"。卡梅伦首相、外交大臣黑格等大举开展"经济外交",在美欧市场均陷入持续危机和增长乏力的情况下,为扩大出口和投资,加大了对新兴市场国家与中东富国的关注程度,而作为最大新兴市场国家的中国,无疑是其争取市场与投资的重中之重。

"经济外交"的凸现既是保守党务实外交的固有传统,更是形势所迫。可以说,从上台之日起,联合政府最大的执政压力,就在于经济。在国际金融危机的严重打击下,2010年卡梅伦政府上台时,英国的财政赤字已创下自二战结束以来的最高纪录,为国内生产总值的11.4%,国债达GDP的62%以上。而联合政府上台后,大幅紧缩举措效果有限,增长乏力,经济数度探底。2010年第四季度为负增长,2011年第四季度及2012年第一季度连续负增长。与此同时,失业人口总数上升至252万人。更为严峻的是,青年人就业形势恶化,16~24岁的年轻人失业率上升至21.2%,达到99.3万。2012年秋,财政大臣奥斯本宣布未能实现减赤预算目标,紧缩政策将延长到2015年。在大幅削减福利与严峻的经济形势下,社会不满情绪上升,罢工、游行乃至暴力冲突事件接连不断,相继爆发了2010年冬季游行冲击查尔斯王储车辆、2011年3月200万人"世纪大游行"、2011年夏季的"伦敦骚乱"等系列社会事件。多重经济与社会压力下,首相卡梅伦等英国领导人一再强调要"尽快摆脱经济困境",并认为,"英国经济中,创造就业和促进增长都极大地依赖贸易与投资的扩大"。为此,英国政府将目光投向了"有着世界上最多新兴国家和增长最快速经济体"的地区,提出"21 世纪要加强在拉丁美洲、非洲、海湾地区和亚太地区的投入,密切英国与新兴国家的经济和政治联系"。并为此确定了 29 个首选国家,把加强与这些国家之间的经济与政治联系放在了外交政策的最优先地位。其中,中国是"重中之重"。①

英国议会下院贸易委员会 2011 年发表报告指出,中国现在是世界第二大经济体,"英国政府在增加英国出口的战略中将其作为一个关键市场的决策是正确的。"该报告认为,"中国最新的五年计划给英国提供了一个机会之窗,在广度和深度上使对华贸易关系都更上一层楼"。中国政府于 2011 年 3 月 5 日批准了第十二个五年计划,增加内需成为中国经济结构调整与平衡增长的重要组成部分。该计划还包括将环保和能源储备作为投资优先项目,并向信息技术、清洁能源、环境保护和科技研发等增长性部门投资 6000 亿美元。这些都被英国认为是争取中国市场的新商机,认为在"专业服务、银行和信息技术"等英国占据竞争力的行业能够达到中国未来的需求,特别是在绿色技术方面更是如此。在英国贸工部 2011 年推出的贸易白皮书中,英国政府强调中国是世界上最大的出口商和第三大进口商,并预计中国在未来五年会继续迅速发展。英国商务部和一些经济学家的研究报告也突出强调了中国对于全球贸易的重要性,预计未来两年企业投资的三大目的国将是中国(20%)、越南(19%)和印度(18%)。② 可以说,由于自身的需要以及对中国经济发展前景与战略的预判,在这一时期的对华关系中,经贸成为了英国最为迫切的现实利益需求,由此而成为最大亮点。

影响本届英国政府对华外交的另外一个重要因素来自保守党与自由民主党联合政府本身。也就是说,作为战后首届联合政府,其内外政策势必从不同程度体现两党执政的特点,且由于执政两党分属中右与中左阵营,政策的形成更

---

① William Hague, "For the First Time in Decades our Diplomatic Reach will be Extended not Reduced", 11 May 2011, http://www.fco.gov.uk/en/news/latest-news/?view=PressS&id=594693382.
② House of Commons Business, Innovation and Skills Committee, "Trade and Investment: China Eighth Report of Session 2010 – 12", http://www.publications.parliament.uk/pa/cm201012/cmselect/cmbis/1421/1421.pdf.

为复杂，也容易出现自相矛盾或冒险之举。例如，在欧洲问题上，卡梅伦首相高调推出了将以全民公决的方式决定未来是否留在欧盟的冒险之举。其主要原因之一就在于国内"亲欧"与"疑欧"两派分歧日增，矛盾较为尖锐，用全民公决的方式，则可避免在欧洲问题上产生联合政府内部的分裂。当然，与欧洲问题不同的是，在对华问题上，英国三大主流政党——保守党、自由民主党与工党之间，并无根本分歧，都赞同同中国发展关系。但在对华接触的方法与战略重视程度上，则并非完全一致。自由民主党本身就颇为重视所谓的人权、民主问题，而保守党内，外交大臣黑格等保守党高层主张价值观外交的呼声也日渐高涨。鉴此，本届政府在推动所谓的缅甸民主化，支持中东北非"后阿拉伯之春"时期的"民主转型"等方面投入颇大，不遗余力，在对华关系上，亦更注重所谓的"价值观"议题。英国《星期日泰晤士报》认为，首相卡梅伦、财政大臣奥斯本与外交大臣黑格以及副首相克莱格之间，在对华政策上，存在分歧。克莱格和黑格立场一致，认为英国必须对中国强硬，在所谓人权、涉藏等问题上应坚守所谓"原则"。而卡梅伦和奥斯本则关注贸易问题，担心双边关系恶化，极力避免两国关系紧张升级。[①] 可以说，这种联合政府内部对华认知上的分歧、偏差与局限性，在一定程度上影响了中英关系的稳定。

作为一个传统的外交大国，英国具有全球视野，所谓"拼经济"也好，"讲人权"也罢，都不是孤立存在的，是建立在其整体的全球战略预判之上，中英关系也势必受世界权力格局变化的影响，大环境对中英关系发展的影响主要体现在两个方面：其一，美国战略东移，从客观上促使英国加大对亚太外交投入。美国2012年1月出台的新"防务战略指针"称，英国是全球安全的提供者而非消费者，是美国可仰赖的最坚定盟友。奥巴马总统曾表示，"在地缘政治快速变化的当今时代，英美特殊关系比以往更加重要"。而对英国而言，作为美国最为重要的战略盟友，"英美特殊关系"仍然是英国最为重要的同盟关系。近年来，美国全球战略东移，无疑会对英国政府的亚太战略选择产生一

---

① Isabel Oakeshott and Jack Grimston, "Cabinet Split over Bullying by Beijing", *The Sunday Times*, 17 Feb 2013.

定影响。2012年3月,英国议会"国家安全战略委员会"报告就认为,英国政府应调整外交战略,对美国全球战略东移予以回应。其二,国际权力格局的分散化,使联合政府上台后,形成了多元外交思想,并不断演绎、细化。这是卡梅伦政府外交政策的一大特点。外交大臣黑格上台后,提出了要在"网络化的世界"保持英国影响力的观点。强调英国不仅倚重传统的"英美特殊关系",再平衡英欧关系,恢复和发展英俄关系,而且要着力发展与中国等新兴大国的关系。这是因为,联合政府上台之初,就已经对全球力量格局的变化形成了新的认识,黑格在外交政策演讲中就表示,在较长时期内,"受世界经济力量变化影响,南方和东方国家对国际政治影响力将加大"。在权力分散的多极世界中,英国由于经济实力的衰落,在国际事务中的影响力下降,须实施"有特色"的外交政策,以维持并扩大英全球影响力。而其中的关键就是要顺应国际经济力量与影响力"东移南迁"带来的变化,调整自己的外交重心,构建与新兴大国的关系。这些关系对打造新型国际关系和推动英国的贸易与投资都至关重要。① 在黑格看来,发展同亚洲的关系,不是一种选择,而是一种必须。② 在对华问题上,更是如此。而与此同时,为在实力下滑背景下,保持相对宽泛的外交影响空间,英国在对包括中国在内的整体亚太外交的处理上,多元外交思想进一步演绎为"以小博大"。不无"经营小国,影响大国"之意。黑格就曾宣称,过去常常会出现忽略较小国家而青睐大国的倾向。但在网络化的世界中,显著的特征之一就是小国以新的方式影响世界事务发展的能力。③ 如在发展东盟关系上,他就曾作过比较,表示东盟人口总和大于欧洲和美国之和,GDP总量可挤入世界十大经济体,经济规模比印度还大,对英进口则多于中国。英国政府认为,这些国家还拥有重要的地缘政治影响力,对周边大国均有影响,因此,其应成为英国的重要伙伴。④

---

① William Hague, "Bound Together". http://www.oxfordbusinessgroup.com/news/bound-together-william-hague-uk-secretary-state-foreign-and-commonwealth-affairs-uk-as-0.
② Jeremy Browne, "The UK and South East Asia", 3 Jul 2012. http://www.gov.uk/government/speeches/the-uk-and-south-east-asia.
③ William Hague, "Britain in Asia, the Second IISS Fullerton Lecture", 26 Apr 2012. http://www.fco.gov.uk/en/news/latest-news/?view=Speech&id=758382282.
④ William Hague, "Britain in Asia, the Second IISS Fullerton Lecture", 26 Apr 2012.

四 中英关系的未来走向

从中英关系发展的特点、变化以及原因的分析可以看出,卡梅伦政府上台以来,中英关系的发展既保持了历史的延续性,又具备新的现实特点,未来一段时期,中英关系也将沿着这一轨迹继续发展。

总体而言,合作与发展仍将是中英关系的主流。如前文所述,"共同促进增长的伙伴"概念的提出,具有很强的现实意义,并将继续影响本届联合政府任内的中英关系。在美国经济复苏乏力,欧债危机持续发酵,新兴经济体增长面临挑战的全球经济氛围中,实现经济增长是各国共同的紧迫任务,对中英来说皆是如此。虽然近年来中英在经贸及财金领域合作迅速发展,但无论是与德、法等欧洲其他国家相比,还是从中英两国自身实力来看,两国经贸合作的规模仍偏小,未来仍颇具发展空间。当前,英国政府和企业已经高度关注中国城镇化进程加快以及医疗、养老等社会保障体系改革中的商机。例如,2012年6月,英中共同启动"加强中国养老服务人员队伍建设"项目。[1] 2013年3月,英国前卫生大臣克拉克宣布,将率领一个代表团访华,开启"英国医疗保健"项目,拓展与中国医疗卫生行业的商业合作。初期将重点集中在推销英国的医疗设备及专业知识和技能。[2]

共同促进增长的同时,中英都主张反对贸易保护主义在全球回潮,"共同推动世界经济、金融治理改革,共同维护自由、开放的贸易秩序"[3]。除经济上互为所需之外,作为联合国安理会常任理事国、二十国集团(G20)等国际组织的重要成员,中英在国际舞台上的对话与合作势所难免,在维护世界和平、促进全球繁荣方面有着共同利益,肩负着重要责任。因此,中英关系超越

---

[1] 《英中举办"加强中国养老服务人员队伍建设"研讨会》,http://www.gov.uk/government/world-location-news/uk-china-workshop-on-strengthening-elderly-care-workforce-in-china.zh。

[2] 《英国抢滩中国医疗市场 将在华启动"英国医疗保健"计划》,http://gb.cri.cn/27824/2013/03/16/3245s4054847.htm。

[3] 《驻英国大使刘晓明在英国杜伦大学的演讲:"我们需要什么样的中英关系"》,http://www.fmprc.gov.cn/mfa_chn/dszlsjt_602260/ds_602262/t936677.shtml。

双边层面，具有全球意义。① 鉴此，无论是从最为现实的经济利益出发，还是着眼更为广泛的战略需求，保持广泛合作仍是发展中英关系的最佳选择。

其次，1997年以来双边关系发展的轨迹表明，战略互动对中英关系的引导和加速作用明显。亦如英国议会下院报告所言，"好的政治关系是良好商业关系的重要基础"。2011年7月，英国议会下院贸工委员会历经数月调查质询发表对华报告称，"2010年卡梅伦首相率领贸易代表团访华取得了政治和经济上的成功。然而，这次访问不应当看作是一次性事件。坚持年度访问机制符合英国的经济利益"。报告还认为，"中国经济的发展速度表明中国给英国贸易提供的这个机会之窗不会持续太久"。进而向英国政府建议，"继续借助一系列的部长级官员访华，包括年度峰会、财金对话和联合经贸委员会等，向中国政府提出一些英国企业所面临的困难。并鼓励中国加大对英投资，包括主权债务投资"。"在出现问题时，英国商务部应帮助英国企业与中国地方政府沟通。"②

可以说，贸工委员会的报告更多是站在英国工商界的角度，提出了自己对英国政府和中英关系的预期，但也真实地反映了中英关系发展的现实基础。2012年5月，中国驻英国大使刘晓明在杜伦大学发表演讲，提出了构建"中英新型大国关系"的四大原则：一是政治上的相互尊重；二是经济上互利共赢；三是文化上的互知互鉴；四是国际上互助合作。③ 这既可以理解为发展中英关系的原则，也可以视为未来中英关系发展的四大愿景。从中可以看出，政治上的相互尊重与理解仍是基础所在。在全球化的时代，相互依存成为国家间关系的关键词之一，国家间关系的发展更多成为一种双向需求，而非一种封闭式的单向选择。然而，中英作为两个全球性大国，这种相互依存的质量与程度，不能也无法单纯用经济成果来衡量，而仍取决于相互认知与尊重的提升以及着眼长远的战略推动力。

---

① 驻英国大使刘晓明在英国杜伦大学的演讲：《我们需要什么样的中英关系》。
② House of Commons Business, Innovation and Skills Committee, "Trade and Investment: China Eighth Report of Session 2010 – 12". http://www.publications.parliament.uk/pa/cm201012/cmselect/cmbis/1421/1421.pdf.
③ 驻英国大使刘晓明在英国杜伦大学的演讲：《我们需要什么样的中英关系》。

最后，人文交流对推动双边关系持续发展的作用有待进一步发掘。作为卡梅伦政府执政以来中英关系发展的一大亮点，人文交流的增加，无疑将会增加中英民众、地方等各个层次的了解。文化领域上，从历史上看，中、英分别是东、西方文明的代表国家之一，这使得两国在文化领域沟通的空间广大。而当代英国与当代中国在现代文明中的各自发展，相互发现，也会起到一个认识自然加深、相互了解增强的作用。而人员交流的增多，也将使中英关系的发展走向深入。可以说，由于特殊的历史渊源，英国一直是西欧国家中对华了解较为深入的国家。但这种深入过去主要限于政府与官方层面，未来英国加大对华外交人员的投入以及人才的培养，有望进一步提升英国政府对华政策的战略性。同时，两国青年及文化、教育和体育等各方面人才的交流会促进整个社会层面的相互了解。除文化与人文的交流外，本届英国政府还颇为重视对中国地方各省市的工作，尤其拓展在除北京、上海等之外的经济发达省市的外交网络与企业市场。这些均表明，未来中英联系的渠道将更加多元，并将进一步丰富中英关系总体内涵。

An Analysis of the China-UK Relations since 2010

Abstract：After the 2010 general election, the Conservative Party and Liberal Democratic Party joined the first coalition government in Britain since WWII, and China-UK relations entered a new stage. In the past two years, some contradictory phenomena can be seen in the bilateral relationship – on the one hand it tends to be broader and deeper; on the other hand it seems not as good as before. This paper attempts to offer some analysis of the China-UK relations after the British coalition government came to office, exploring their underlying causes and prospects.

Key Words：Coalition Government; China-UK Relations; Business and Trade Cooperation; People-to-People Exchanges; New Great Power Relationship

英国与欧洲联盟的关系

王展鹏*

摘 要:

国际金融危机和欧洲主权债务危机背景下,特别是2010年保守党主导的联合政府执政后,英国与欧盟的关系发生了深刻变化。本文对2010到2013年初英欧在安全与防务、预算、欧盟经济治理和英国在欧盟中地位的辩论等层面的互动进行了梳理,并对卡梅伦政府就英国欧盟成员国地位举行全民公决的背景下英欧关系的走势做了预测。作者认为这一阶段英欧关系的发展是国际体系力量格局、欧盟地区一体化和英国国内政治经济变化相互作用的结果,对英国力量演变和欧盟地区一体化的发展都将产生深远影响。

关键词:

欧债危机　英欧关系　全民公决　欧盟经济治理

英国既是一个欧盟大国,又是欧洲怀疑主义传统最强烈的国家之一。《欧洲晴雨表》民调结果显示,2012年英国人依然支持欧盟的比例只有27%,而欧盟27国同期的支持率为46%。[①] 自1973年加入欧共体以来,英国与欧盟及其成员国的政治、经济、社会联系日益紧密。但在英欧关系的历史上,无论工党还是保守党执政,其政策都受到民众强烈的欧洲怀疑主义和英国政治经济结构因素的制约。英国民众怀有昔日大英帝国情结,对欧洲一体化可能带来的主权丧失格外关注。此外,在欧盟中的长期净出资国地位和英国与欧洲大陆国家

---

* 王展鹏,北京外国语大学英语学院英国研究中心教授。
① European Commission, *Standard Eurobarometer 77*, *European Citizenship Report*, p. 9. http://ec.europa.eu/public_opinion/archives/eb/eb77/eb77_citizen_en.pdf.

在经济结构和经济周期上的差异也成为欧洲怀疑主义的重要根源。

1997年工党执政后,较为亲欧的布莱尔政府在对欧关系上推行建设性接触政策,努力发挥领导作用,英国与欧盟关系总体平稳,但由于与欧陆国家在政治传统、经济利益上的差异,英国与欧盟之间也在伊拉克战争、条约改革等问题上龃龉不断。① 2010年保守党主导的联合政府执政后,在欧债危机、欧盟经济治理深化的背景下,疑欧色彩浓重的保守党主导的英国政府与其他成员国关于一体化走向的分歧加大。与希望通过一体化深化解决危机的大多数成员国不同,英国国内出现了关于是否退出欧盟的辩论。欧洲政策逐渐上升为英国对外政策的核心问题。

一 《里斯本条约》生效前后英国对欧政策的争论

在宪法条约—《里斯本条约》进程中,布莱尔政府2004年宣布就《欧盟宪法条约》草案举行全民公决。颇具戏剧性的是,欧盟各国2005年担忧条约无法在英国公决中获得通过并开始准备应对方案之际,法、荷两国民众对《宪法条约》的支持率急剧下降,并在全民公决中相继否决了《欧盟宪法条约》草案。这一结果也使英国因全民公决引发的激烈国内辩论得以避免。英国政府在国内舆论的压力下,撤回了对本不看好的《宪法条约》的支持,在很大程度上导致了《里斯本条约》取代《宪法条约》的结果。

《里斯本条约》签署后,刚刚上任的布朗政府面临来自保守党和欧洲怀疑派的压力,他们要求工党政府信守《宪法条约》进程中做出的承诺,就《里斯本条约》举行全民公决。工党政府强调,《里斯本条约》与现行欧盟条约相比变化有限,在一些敏感问题上已给予英国"例外"地位并通过设立附加议定书确保了英国利益,因而不再需要举行公决。2008年3月,英国议会下院经过长达14天的辩论,以311票对248票否决了保守党和少数工党议员提出的就《里斯本条约》举行全民公决的动议,并顺利通过该条约。

其后,保守党继续坚持批准新条约应通过全民公决获得人民民主授权的立

---

① 李靖堃:《英国欧洲政策的特殊性:传统、理念与现实利益》,《欧洲研究》2012年第5期。

英国与欧洲联盟的关系

场,并在爱尔兰第一次公决后,以"《里斯本条约》已经死亡"为由要求暂时中止上院审议该法案的程序。尽管如此,2008 年 6 月,议会上院仍通过了《里斯本条约》,经女王批准后于 7 月 16 日完成了条约批准程序。当时,保守党宣称,如该党在 2010 年大选中获胜,届时一旦《里斯本条约》仍未生效,保守党政府将重新启动全民公决程序。随着 2009 年 10 月爱尔兰二次公决顺利批准《里斯本条约》,英国的态度再次成为决定《里斯本条约》命运的关键所在。保守党甚至寄希望于具有欧洲怀疑主义倾向的捷克总统克劳斯能够尽量拖延签署《里斯本条约》,以便在 2010 年英国大选后重新就条约内容讨价还价。保守党右翼甚至提出,该党执政后《里斯本条约》即便已生效,英国也应举行全民公决决定是否重新开启关于欧盟条约的谈判。

在《欧盟宪法条约》草案和《里斯本条约》谈判中,作为欧盟大国的英国发挥了重要作用,由于英国的不妥协立场,德、法两国提出的改革方案在得不到另一欧盟大国——英国首肯的情况下很难获得通过,因而,虽然英国所扮演的不是一体化深入发展的主动推动者角色,但因其对欧盟的激进变革方案往往采取不妥协立场而成为决定一体化走向的重要力量。法、德两国也意识到,只有得到英国的支持,有关建议成功的机会才能大大增加,因而在重大问题的决策上不断加强了与英国的磋商。

二 2010 年大选中的欧洲辩论及联合政府的欧洲政策

在 2010 年大选中英国主要政党的争论集中在如何调整国内经济社会政策应对愈演愈烈的金融危机方面。尽管如此,英国对欧盟的政策仍引起了各方的关注。联合政府执政后一方面努力在欧洲事务中发挥主导作用,但同时由于英国政治传统和经济利益的制约在对欧关系的很多问题上仍扮演了"半心半意的伙伴"和"麻烦制造者"的角色。

(一) 2010 年大选中各党及联合政府执政初期的欧洲政策

2010 年大选中,英国三个主要政党在欧洲问题上的立场存在一定差异。保守党在其竞选纲领中称:英国的最大利益在于确保欧盟成为成员国组成的联盟，而非联邦国家；因欧盟对英国政治、经济、社会生活的影响过大，该党赢得大选后将就"基本权利宪章、刑事司法、社会和就业立法"等问题与欧盟及其他成员国展开谈判，从欧盟手中收回部分权力。此外，保守党还提出将采取措施防止工党政府未经全民公决接受《里斯本条约》的做法重演。工党在其竞选纲领中强调英国在欧洲发挥领导作用的重要性，并提出只有存在一个强大的欧洲，英国才能更强大；英国需要引领欧洲的变革。而最亲欧的自由民主党则认为英国与欧洲国家的合作是英国未来强大、安全和发挥影响力的最佳方式；从长远看，加入欧元区符合英国的利益，但英国加入的条件是经济条件适当并需通过公决获得英国人民的支持。英国三个主要政党都提出欧盟应提高自身经济竞争力，在对欧盟预算制度进行根本改革问题上的立场也基本一致。同时，一个值得注意的新变化是英国独立党在选民中的影响力加大，该党利用危机中选民的疑欧情绪与保守党大力争夺右翼选民。

2010年5月，联合政府执政后，许多观察家注意到保守党和自由民主党在欧洲问题上的理念和传统大相径庭。根据皇家国际事务研究所2012年7月战略报告公布的访谈数据，近3/4的保守党人支持就欧盟地位问题举行全民公决，如举行公决，69%的保守党人选择退出欧盟；而自由民主党人仅40%支持举行公决，64%选择保持英国的成员国地位。然而，鉴于英国面对应对金融危机的紧迫课题，两党在欧洲问题上达成了妥协。在联合政府施政纲领中，其对欧政策的基本原则是，联合政府认为英国应在扩大的欧盟中发挥领导作用，但在未经全民公决授权的情况下英国不再向欧盟让渡权力。为实现这一目标，英国将以积极的姿态参与欧盟事务，使欧盟更有效应对21世纪的挑战。联合政府承诺修正《1972年欧共体法》，确保未来向欧盟转移权力需经全民公决的方式批准。同时明确在本届政府任期内不加入也不讨论加入欧元区的问题。①

联合政府成立第一年采取了温和、务实的对欧政策，欧洲政策与前任工党政府相比并未出现明显变化。在欧元、农业政策、共同安全与外交政策、社会政策、预算等领域沿袭了上届政府的做法。大选前，人们普遍担心保守党主导

---

① HM Government, *The Coalition: Our Programme for Government*, 2010.

的联合政府执政后采取对欧不妥协立场,但在联合政府上台的第一年这一局面并未出现,甚至有人认为"保守党的欧洲怀疑主义突然死亡,令人费解"。① 然而,随着联合政府执政进入第二个年头,英国与欧盟的固有矛盾和保守党主流根深蒂固的疑欧主义开始显现。

(二)《2011 年欧洲联盟法》

联合政府执政伊始,就启动了界定英国与欧盟关系的根本法——《欧洲共同体法(1972)》的修订工作。联合政府在其执政协议中提出将通过立法形式明确全民公决在欧盟条约修订和制定中的作用,强化英国议会在有关欧盟立法方面的主权权力。同时,鉴于保守党和自由民主党在对欧政策上存在明显的政策差异,这一立法也包含了未来如联合政府内部出现政策分歧借助全民公决和议会立法机制加以缓解或做出仲裁的意图。

联合政府执政仅半年,外交大臣黑格即在 2010 年 11 月 11 日向议会下院提交了该法案草案,提请议会讨论。当年 12 月议会下院以 330 票对 195 票二读通过了该法律,2011 年 3 月完成立法程序,并由上院二读通过,2011 年 7 月 19 日经女王批准生效。《2011 年欧洲联盟法》是规定英国与欧盟间关系的第二个宪法性法律。它明确了关于欧盟立法的全民公决机制;对欧盟以简化立法程序通过的决定在英国的适用也做了限制;重申了英国的宪法主权和议会主权原则。该立法较之原有法律最突出的变化是,欧盟制定新条约或做出重要条约修改需由全民公决和/或议会立法形式予以认可。特别是在涉及成员国向欧盟进一步转移权力的问题上必须经过全民公决批准。某些欧盟法规的执行,特别是涉及"过渡条款"(passerelle clause)的问题,也需经英国议会立法批准。例如,该法规定,在对欧关系的"重要领域"英国如放弃对欧盟事务的否决权须经全民公决批准。在加入欧元区、参加申根协定、社会政策、防务、财政税收等问题上作出上述决定时将自动启动议会表决和全民公决的双重程序。但对目前在欧盟权限范围内的事项,则仍可采取议会批准程序。

① Iain Martin, "The Strange Death of Tory Euroskepticism", *The Wall Street Journal*, 22 September, 2010, http://online.wsj.com/article/SB10001424052748704129204575506200346820356.html.

该法律通过后，英国成为欧盟内部唯一以明确立法形式规定批准欧盟条约须经全民公决的国家。① 这加大了欧盟在现有条约框架内作出改革的难度，凸显了英国与其他成员国间的差异，加深了英国的孤立地位。同时，其关于公决的规定以宪法性法律的形式限制了英国议会在对欧政策上的权限，在英国欧洲怀疑主义盛行的背景下，对欧盟未来进一步扩大其职能和权力构成了制约，② 也在一定程度上与英国当前议会不得限制未来议会权力的宪法传统存在矛盾之处。

（三）英国与利比亚危机

联合政府执政后，在欧洲安全与防务问题上的一个标志性进展是2010年英法两国领导人在伦敦签署了《防务合作条约》。然而，总体来看，英国认为欧洲安全与防务问题应由北约主导的立场并未改变，在欧盟推进安全与防务一体化的努力中，英国仍持一定保留态度，欧盟外交和安全政策高级代表阿什顿提出常设欧盟军事总部的建议就因遭到英国的反对而搁浅。

在利比亚危机，特别是2011年3月19日爆发的西方国家军事干预利比亚的战争中，英国扮演了非常积极的角色，与法国联手成为对利军事打击的主要推动力量和执行者。有评论认为，1956年苏伊士运河危机以来，英法两国首次站到"中东军事行动的前沿"。③ 对卡梅伦政府而言，尽管英国面临财政困难，但干预利比亚危机可以彰显英国政府继续谋求全球大国地位的雄心，延续英国干预主义传统，增强其道德外交的说服力。此外，英国积极参与在利比亚的军事行动也部分出于自身反恐安全和分享利比亚战后重建经济利益的考虑。④ 在利比亚危机中，美国受战略重心东移以及自身战略、财政、经济利益

---

① 爱尔兰宪法只规定对该国宪法构成重要实质性修改的国际条约须经全民公决批准，并无明确针对欧盟条约的宪法规定，但爱尔兰政府依据判例形成了经全民公决批准欧盟条约的宪法惯例。
② Mike Gordon, "The European Union Act 2011: Three Key Questions", http://eutopialaw.com/2012/01/19/the-european-union-act-2011-three-key-questions/.
③ "Charlemagne: A Force for Good", *The Economist*, 24 Mar 2011.
④ "欧盟与利比亚战争"课题组：《欧盟与利比亚战争》，载周弘主编《欧洲发展报告（2011~2012）：欧债危机与欧洲经济治理》，社会科学文献出版社，2012。

的制约,对直接军事干预并不十分积极。在此情况下,英国与法国联手采取军事行动,显示了英国欧盟军事大国的地位及其在地中海地区的地缘政治存在。在危机的各个阶段,英法两国首先积极促成联合国安理会通过设立"禁飞区"的1973号决议,进而,扩大了出于保护平民目的可"使用所有手段"条款规定的适用范围,推动美国等北约盟国组建志愿者联盟,最后扮演了实施军事打击主要力量的角色。

在利比亚危机中,欧盟显示了在地缘政治上更为接近的地中海地区发挥影响力的意愿和能力。如时任法国总统萨科奇所说:"欧洲第一次证明,他们有能力对自家门前发生的冲突进行果断的干预。因利比亚直接同地中海相连,而地中海首先是欧洲事务,其次才是美国事务。"[1] 尽管如此,这一干预行动背后仍反映了欧盟外交与安全政策的尴尬处境。值得注意的是,在两个欧盟军事强国采取军事干预时,行动并非在欧盟共同防务框架内进行。在英法削减防务预算,两国都无力单独采取军事行动的情况下,英国坚持在北约框架内行动,反对法国提出的依赖欧盟共同安全与防务机制的建议。德国在利比亚冲突中更希望通过谈判以政治手段解决危机,意大利最初对军事行动持保留态度,东欧国家也未对利比亚问题表现出兴趣。成员国在这一问题上的分歧,也反映了欧盟在共同外交与防务问题上"以一个声音说话"的难度。

(四)英国与欧盟预算谈判

联合政府对欧政策面临的一个难题是欧盟2014~2020年中期预算谈判。英国由于自身农业规模较小,长期以来从欧盟共同农业政策中获利较少,成为欧盟预算的净出资国,在预算问题上与欧盟一直争论不断。在关于2007~2013年的预算谈判中,欧盟就曾希望当时经济形势较好的英国放弃撒切尔政府在1984年争得的补偿款,支持欧盟东扩。英国政府则坚持欧盟共同农业政策违背了自由贸易的原则,英国放弃补偿款必须与欧盟对农业政策的根本改革相联系。此次预算谈判是在欧债危机迁延不愈、成员国利益与偏好分歧加大的背景下展开的,各成员国对自身利益的关切加大了妥协的难度。欧盟委员会

---

[1] 转引自《60国代表齐聚巴黎商讨利比亚重建》,2011年9月2日《参考消息》。

2011年提议2014~2020年欧盟预算约为1.03万亿欧元，比前一预算周期增加5.9%。该建议遭到英国、德国、法国、荷兰等欧盟富国的反对。英国强烈主张进一步削减农业补贴，将节省的经费用于环境保护等领域。① 在英国政府内部，执政两党在欧盟预算问题上也出现了明显的分歧。2012年11月，英国政府拒绝批准欧盟预算时，副首相克莱格就认为英国在美国战略布局中的地位取决于其在欧洲的影响力，因而，在预算等问题上坚持己见，制造孤立，放弃欧洲对英国而言是不明智的。

在2012年11月讨论预算问题的欧盟峰会上，范龙佩提议将总额1万亿的预算规模削减800亿，特别是削减农业补贴和发展援助基金，但又遭到法国、西班牙和意大利等从共同农业政策和发展基金中获益成员国的反对。主张削减预算的富国认为，在欧债危机中各国都在承受财政紧缩的痛苦，欧盟机构的支出也应相应缩减。而深陷危机的希腊、西班牙等南欧国家和中东欧新成员国则希望欧盟维持较高的预算水平，以便在农业、发展援助等方面得到欧盟更多的支持。在许多问题上与英国立场一致的波兰此次也明确反对英国的主张。英国政府在此次峰会上采取了不妥协立场，在很大程度上导致峰会未能达成协议。随着2014年新的预算周期迫近，为避免欧盟无法通过新预算的窘境，经欧盟领导人的紧张斡旋和各国的讨价还价，最终在2013年2月的欧盟峰会上初步通过了总额为9600亿欧元的新预算，与上一预算期相比，总额减少340亿欧元，下降3%以上，比欧盟委员会最初提出的方案削减约7%。这也是欧盟历史上首次出现削减预算的情况。预算削减的部分主要来自农业补贴和农村发展基金以及凝聚基金。但同时欧盟为表明促进增长和就业的决心，在增长与就业领域仍增加了340亿欧元的投入。欧盟预算通过后，卡梅伦政府认为这是英国政府的胜利，捍卫了英国的利益，对英国和欧洲而言是双赢的结果。同时，卡梅伦认为，英国的立场得到了丹麦、瑞典、荷兰的支持，甚至德国也在一些问题上与英国立场一致，这说明英国在欧盟内部并未走向孤立。②

---

① Philip Lynch, "The Con-Lib Agenda for Europe", Simon Lee and Matt Beech, eds., *The Cameron-Clegg Government*, Basingstoke: Palgrave Macmillan, 2011, p. 226.
② "Eurosceptics Give Cameron 'Three Cheers' for EU Budget Win", http://www.euractiv.com/uk-europe/eurosceptics-give-cameron-cheers-news-517707.

然而，欧盟成员国艰难达成的预算方案，遭到欧洲议会议员的质疑。2013年3月，欧洲议会议员不满削减欧盟预算的方案，并以成员国未能将2013年预算款项足额缴纳到位为由，拒绝批准新预算案。为此，欧盟被迫再次进行斡旋，到2013年5月欧洲议会初步同意暂时放弃将2013年预算执行情况与批准新预算联系起来的立场。

三 英国在财政契约等欧盟经济治理深化问题上陷于孤立

欧债危机的冲击凸显了欧盟内部成员国间发展不平衡与联盟治理模式之间的矛盾，其影响远远超出欧元区国家的金融领域，表现为整个欧盟的一场深刻的政治经济危机。在危机背景下，如何在对欧关系中维护自身经济利益成为联合政府关注的焦点。联合政府上台后，撤销了财政部下设的欧元筹备处，明确表示本届政府不考虑加入欧元区的问题。英国在救助希腊问题上也表现消极。工党政府离任前已同意承担欧洲金融稳定机制8.6%的资金，救援希腊。对此，卡梅伦在大选中表示其政府执政后提供的援助不超过前政府承诺的80亿英镑，但同时也承认，由于英国持有大量希腊债券以及欧元区不稳定会对英国经济带来巨大风险，希腊违约、欧元区解体并不符合英国的利益。2010年5月，欧盟启动了价值7500亿欧元的欧洲金融稳定工具，向希腊、爱尔兰、葡萄牙等国实施救援计划，并积极推动欧洲稳定和金融监管机制的建立。在2010年12月的欧盟峰会上，成员国同意欧洲建立永久性救援机制。德国提出，通过修改欧盟条约为有关救援机制提供法律依据，但英国坚持只能接受依据欧盟条约第36条以简化条约修改方式做出微调。① 这样，英国无须向欧盟进一步转移权力，从而可以避免根据英国拟议中的新《欧洲联盟法》启动全民公决程序。②

然而，到2011年秋，这些措施仍未能有效遏制金融危机的扩散，危机出

---

① 欧盟条约第36条事项只涉及欧元区国家。
② Philip Lynch, "The Con-Lib Agenda for Europe", p. 225.

现了向意大利、西班牙等欧盟中心区大国蔓延的趋势。欧盟各国领导人意识到，为实现欧元区长期稳定的目标，其经济运行需要依托一个更强有力的政治框架，加大财政政策协调的力度。为达此目的，首先要借助欧盟委员会加强对成员国预算和税收政策的监管。德国总理默克尔从本国利益出发再次提出，仅仅依赖单一应急式救助计划已难以有效解决欧盟国家面临的危机，需要通过修改欧盟条约的方式，加强欧盟，特别是欧元区内部的经济治理。2011年12月，法国总统萨科齐与德国总理默克尔共同提出了修改欧盟条约的计划：将实现预算平衡写入欧盟条约；拟对财政赤字占国内生产总值（GDP）比例超3%的国家实施自动处罚；在此基础上建立欧元区永久性救助机制——欧洲稳定机制（ESM）；并将实施金融救助的决策方式由欧盟成员国"全体通过"改为"绝对多数（85%以上）通过"。

在此过程中，英国坚决反对因加强欧盟经济治理可能导致的成员国向欧盟进一步让渡权力的结果，反而希望修约谈判能为英国提供机会，重获对金融服务业的控制权。在2011年12月欧盟峰会上，英国要求欧盟拟定特别条款保护其金融机构的利益，在这一动议未获其他成员国支持的情况下，卡梅伦决定动用否决权阻止德、法等国修改欧盟条约的努力。但欧盟其他成员国认为，在危机不断加深的情况下，欧盟果断行动已刻不容缓，需要采取非常措施。鉴于在欧盟条约现有框架内修改条约需要得到所有成员国一致同意，欧元区国家和部分其他成员国决定抛开英国，另立新约，即在欧盟条约之外订立财政契约。17个欧元区国家和除英国、捷克之外的其他欧盟成员国都先后承诺加入欧洲财政契约。财政契约是欧盟加强经济治理迈出的重要一步，也使英国处于孤立地位。特别是欧盟成员国利用联盟条约之外的政府间协定推进一体化，开创了一个先例，降低了英国动用否决权影响一体化进程的能力。

2012年后，作为深化欧盟经济治理的重要实质性步骤，欧盟银行联盟谈判提上日程。欧元区国家希望将其银行业置于欧洲中央银行的监管之下，同时欧洲央行可直接利用欧洲稳定机制向陷入危机的银行注资，从而避免问题银行拖垮陷于衰退的成员国的经济，防止危机蔓延到整个欧元区。在此问题上，英国再次面临尴尬境地：一方面，英国支持通过建立银行联盟加强对欧元区国家金融业的监管，防范系统性金融风险；另一方面，虽然英国拒绝参加银行联盟并坚持将其限制在欧元区范围内，但英国并不能真正使自己置身事外，在欧元区开展业务的英国银行及其分支机构仍会受到银行联盟监管的影响，同时英国更为担心，在承担欧洲银行监督机构责任的欧洲央行内部，欧元区国家将处于主导地位，从而使包括英国在内的非欧元区国家在欧盟金融治理问题上处于边缘地位。① 2012年12月，欧盟峰会讨论银行联盟前夕，英国上院欧盟事务委员会发布报告，敦促英国政府在谈判中坚持加强欧洲议会和成员国议会对欧洲央行决策监督权的立场，捍卫英国利益，确保伦敦金融城世界金融中心的地位不受削弱。在欧盟同意欧洲央行就不歧视非欧元区国家做出承诺并决定欧洲央行在有关规则制定问题上实行双重多数表决机制②后，英国政府做出妥协，支持欧洲银行联盟于2013年开始运作。

四 关于英国退出欧盟的辩论

2011年以来，在欧债危机持续发酵、欧盟经济治理深化的背景下，英国与其他成员国关于一体化走向的分歧既是民族国家主权问题的理念之争，也有伦敦金融中心地位及英国经济结构差异导致的利益上的矛盾。与希望通过一体化深化解决危机的大多数成员国不同，英国国内出现了关于是否退出欧盟的辩论。

欧债危机久拖不决，英国人对欧盟一体化前景的悲观看法增加，功利主义支持下降，反对欧盟成为英国保守党意识形态的重要组成部分。这些因素相互作用导致英国欧洲怀疑主义不断升温，欧洲问题也成为英国政治中引人关注的话题。根据皇家国际事务研究所（Chatham House）与YouGov 2012年7月联合发布的民调结果显示：57%的英国人支持在欧洲一体化现有水平上后退或完全退出欧盟，只有12%支持深化欧盟一体化的水平；60%的受访者认为英国永远不应加入欧元区。在英国政府是否应就欧盟成员国地位举行全民公决的问

---

① House of Lords, *European Banking Union: Key Issues and Challenges*, 12 Dec 2012, http://www.publications.parliament.uk/pa/ld201213/ldselect/ldeucom/88/88.pdf.
② 即所有成员国按加权多数表决通过的同时，还需欧元区国家和非欧元区国家分别以简单多数通过。

题上，57%的选民支持举行公决，49%准备投票赞成英国脱离欧盟。①

该报告还显示，英国人认为加入欧盟给英国带来的不利影响包括：（1）过多的欧盟法律、法规取代英国法律；（2）来英国工作的欧盟其他成员国公民过多；（3）非法移民增加，边界安全下降；（4）因共同农业政策英国大量出资补贴其他成员国；（5）英国议会权力大量丧失；（6）英国从其他成员国进口增加，给英国的经济繁荣和就业带来不利影响。保持欧盟成员国地位有利的影响则包括：在欧洲旅行便利，就业、养老便利，成员国间的贸易与投资增加，维护欧洲国家间的和平，打击跨国犯罪的能力增强，成员国在国际事务中的影响力增大，促进经济繁荣等。②

2011年10月，英国保守党81位议员不顾该党领导层的反对，提出了举行脱欧公决的动议。对此，首相卡梅伦在很长一段时间内采取模棱两可的态度。他认为英国应考虑就该问题举行公决，但时机还不成熟。然而，联合政府面临保守党内部疑欧派的压力增大，与此同时，大多数民调结果显示，英国选民中50%~60%赞同退出欧盟。对英国的欧洲怀疑论者而言，欧洲财政契约开启了欧盟向银行业联盟乃至政治联盟迈进的大门，欧盟未来通过修改条约要求成员国进一步让渡权力已在所难免。保守党内部温和疑欧派和强硬疑欧派对立加剧，面临走向分裂的危险。

此外，英国独立党的崛起使保守党面临失去右翼选民的尴尬境地。近年来，以英国退出欧盟为主要政治诉求的右翼民粹主义政党——独立党的支持率上升。该党在2005年大选中仅获0.9%选民的支持，到2010年大选攀升至3.1%，而在2013年初的英国主要民调中，该党的支持率已足以使其在未来大选中有望获得议席，甚至出现了取代自由民主党成为英国第三大党的趋势。该

---

① Jonathan Knight, Robin Niblett and Thomas Raines, *Hard Choices Ahead, The Chatham House - YouGov Survey 2012, British Attitudes Towards the UK's International Priorities*, July 2012, http://www.chathamhouse.org/sites/default/files/public/Research/Europe/0712ch_yougov_surveyanalysis.pdf.

② Jonathan Knight, Robin Niblett and Thomas Raines, *Hard Choices Ahead, The Chatham House - YouGov Survey 2012, British Attitudes Towards the UK's International Priorities*, July 2012, http://www.chathamhouse.org/sites/default/files/public/Research/Europe/0712ch_yougov_surveyanalysis.pdf.

党在对欧政策上采取的不妥协立场对保守党右翼选民尤其具有吸引力,使本已在2011年以来诸多民调中处于下风的保守党备感压力。

2012年7月,卡梅伦政府宣布就英国与欧盟权力划分问题开展为期两年的评估,评估欧盟政策运行情况及其对英国的影响,通过向议会及专门委员会、地方政府、企业界、公民社会、欧盟其他成员国广泛采集数据,获得对欧盟在英国的作用及其对英国国家利益影响的数据和基本判断。2012年底,卡梅伦首相立场产生松动,承诺必要时会考虑就英国是否保留欧盟成员国地位问题举行全民公决。2012年12月,卡梅伦在议会面对工党议员质询时提出,在英国是否退出欧盟的问题上,未来各种可能性都是存在的,英国人掌握着自己的命运,并能够作出选择。

2013年1月23日,卡梅伦发表演讲,正式承诺保守党政府如能赢得下一次大选(2015年),将最早在2017年底就英国是否保留成员资格举行全民公决。同时,他明确支持英国留在欧盟内,但前提是需要通过修改欧盟条约或通过英国与其他欧盟成员国谈判的方式在劳工法、福利制度等方面修改欧盟法律。卡梅伦首相在其演讲中除提出全民公决的意愿和时间表外,还浓墨重彩地阐述了被视为勾画英国欧洲观的欧盟未来发展五原则:(1)提高欧盟成员国的全球竞争力;(2)加强欧盟政策灵活性,尊重成员国多样性;(3)确保欧盟和成员国间权力的双向流动,即不仅成员国向欧盟让渡权力需谨慎从事,欧盟也要建立向成员国归还权力的机制;(4)加大成员国议会权力,增强欧盟民主合法性;(5)对欧元区内外国家同样公平对待。① 这一讲话发表后除赢得英国国内疑欧派的赞扬外,英国工党、企业界、欧盟成员国、美国等盟国大多持批评态度,认为是保守党出于国内政治需要进行的一场赌博,加大了英国的经济风险和不确定性,可行性值得怀疑。

2010年底以来,保守党在英国主要民意调查榜上被工党反超并一直处于不利地位,2012年后工党领先幅度基本维持在10%左右。为在2015年大选中争取主动,利用英国强烈疑欧主义的民意基础,扭转民众支持率上的不利局

---

① David Cameron, "EU Speech at Bloomberg", 23 Jan 2013, http://www.number10.gov.uk/news/eu-speech-at-bloomberg/.

面，卡梅伦政府改变了此前为避免争论回避是否退出欧盟讨论的策略，主动提出这一问题，希望在未来一段时间，包括下届大选中，使英国的去留问题成为核心议题，争取右翼选民。但批评者认为，卡梅伦的这一做法无疑是一场赌博。从实质上看，英国保守党的欧洲政策调整意在促使欧盟放弃进一步深化一体化的努力，甚至退回到统一大市场的阶段。这一立场显然难以为其他欧盟国家所接受，也在英国国内引发担忧。英国工党领袖埃德·米利班德批评卡梅伦政府的做法给英国经济带来诸多风险。①《金融时报》网站的评论指出："保守党厌恶欧洲的无法抗拒的力量将碰到地缘政治难以改变的现实。在保守党努力协调不可协调的东西的时候，保守党的盟友、贸易伙伴和投资者将在几年时间内都面临不确定状态。"② 法国和德国都表示在拥有27个成员国的联盟中，英国不能根据自己的偏好和利益挑选规则，自行其是。法国外长法比尤斯称"我们不能让欧洲成为点菜单"。美国政府也认为，如英国退出欧盟，英国对美国的影响力将大为下降。对英国企业界和投资者而言，这一公决承诺加大了英国经济的不确定性，将会给深陷危机的英国经济复苏带来不利影响。

卡梅伦讲话中所反映的欧洲观也带有利用欧盟当前困境维护英国自身利益的色彩。卡梅伦讲话将增强欧盟全球竞争力作为首要原则，其背后的逻辑是欧盟模式阻碍了成员国国际竞争力的提高，制约了其对危机做出迅速反应的能力，而提高欧盟政策的灵活性和向成员国下放已收归联盟的权力是实现这一目标的途径。希克斯曾评论道，"无论哪一届政府执政，英国经济相对于欧盟其他核心国家都有其特殊性。英国的福利支出、劳工保护水平较低，更多地采用自由市场政策……面向全球市场更为开放，在某些经济领域（如金融业）更有优势"。③ 英国希望在经济自由主义的旗帜下，在金融业、预算、农业政策、劳工法等领域维护自身利益，并在此基础上明确开出英国留在欧盟的条件，促使欧盟通过修改条约或通过成员国间谈判改变在劳工法、福利制度等方面的法律。此外，其中也包含了维护以议会主权为核心的英国宪法体制的考虑。

---

① 法新社伦敦2013年1月23日电，转引自2013年1月25日《参考消息》。
② 《金融时报》网站，2013年1月17日，转引自2013年1月19日《参考消息》。
③ S. Hix,"Britain, the EU and the Euro", in P. Dunleavy, ed., *Developments in British Politics 6*, London: Macmillan, 2000, p. 50.

英国与欧洲联盟的关系

从历史上看，英国不乏纵横捭阖谋求超越自身物质资源条件的限制发挥更大国际影响力的传统。卡梅伦讲话在一定程度上是英国政府出于化被动为主动的考虑而做出的策略调整，即不满足于以往被动应对、适应欧盟变革的做法，利用欧债危机下欧元区在经济效率与增长之间的困境和成员国间的矛盾，高调提出英国的欧洲观，积极影响一体化走势，增加与德、法等国谈判的砝码。目前而言，英国的意图也包含以退为进的考虑，以退出欧盟相威胁，通过讨价还价，在欧盟内部谋求更大自主权，在英国与欧盟权力划分中谋求更多利益。

耐人寻味的是，尽管英国在欧元、申根协定等问题上是双速欧洲的始作俑者，卡梅伦在讲话中却明确反对以双速欧洲作为解决成员国间差异的方案。双速欧洲虽可使英国避免被迫实施难以接受的政策，但存在中心国家和边缘国家差异永久化的风险。面对欧元区国家经济治理，乃至政治一体化加速发展的呼声，英国拒绝双速欧洲，呼吁增加非欧元区国家权力，其担心自身遭到进一步边缘化的焦虑是显而易见的。

可以说，卡梅伦的讲话无论是否是出于大选考虑而做出的一场政治赌博，英国国内政治和英欧之间围绕英欧关系的协调、博弈都将长期继续下去。在英国加入欧盟40年后，英国与欧洲的联系已密不可分。近年来，英国对欧盟其他国家货物贸易占贸易总额的一半以上，其中对欧元区国家贸易占45%左右（见图1），除非有保证英国企业利益的安排，[①] 英国很难承受退出欧盟的后果。即便疑欧色彩浓重的保守党政府在此问题上也必然谨慎从事。如2015年大选相对亲欧的工党上台执政，公决的可能性将大为降低。即便英国最终就欧盟地位举行公决，英国企业界和一些主流媒体也会全力影响民众，争取保住欧盟成员国地位，英国民众仍有可能出于功利主义考虑改变自身立场，[②] 1975年英国就欧共体地位公决出现的民意逆转的一幕仍可能重演。对于欧盟而言，21世纪初先后经历的制宪受挫和欧债危机的梦魇，已使其长期建构欧洲认同和命

---

① 也有学者认为，一旦出现英国退出欧盟的局面，英国可以采取挪威等国的模式，维持其与欧洲的经济、贸易联系。但英国对欧盟的影响力，特别是在欧盟机构中的作用将大为降低。
② YouGov于2012年7月的民调显示，假设在欧债危机缓解后，卡梅伦政府如能通过谈判重新界定英国与欧洲的关系，并从欧盟收回部分立法权。在此情况下举行公决，会有42%的选民支持英国保留欧盟成员资格；34%选择离开。

运共同体的努力面临严峻挑战。在欧盟成员国间利益、偏好差异加大的背景下,失去英国的冲击对欧盟的长期影响也是难以估量的。通过谈判、妥协、寻求共识,在差异化发展中尊重对方的利益和诉求,对英国和欧盟而言仍是较为理智而又现实的选择。

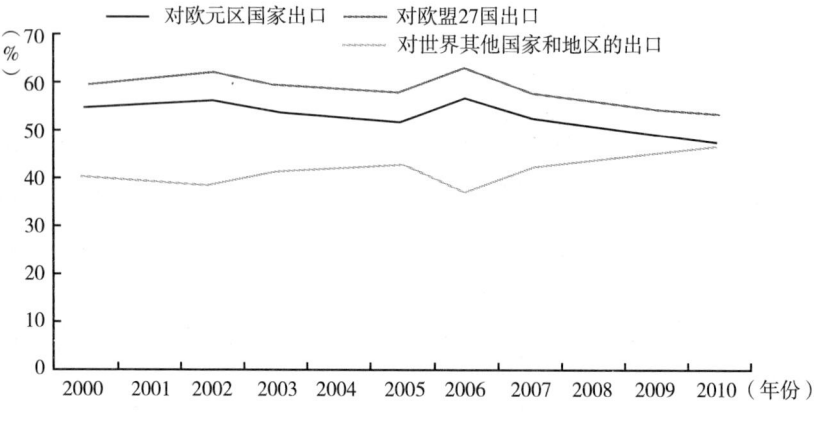

图1　英国货物出口情况(按目的地)

资料来源：ONS, Open Europe, http：//www.openeurope.org.uk/Content/Documents/Pdfs/2012EUTrade.pdf, p.10。

The Relations Between the United Kingdom and the European Union

Abstract：In the context of the global financial crisis and European debt crisis, some drastic changes have taken place in the relationship between Britain and the European Union, particularly since the Conservative-dominated coalition government took office. This paper examines the UK-EU relations between 2010 and early 2013 in security and defense, budget, and economic governance, explores the change and continuity in Britain's role in the EU, and predicts trends in Britain's relations with Europe after Cameron's recent speech on the proposed referendum on British membership. The author argues that the development of this highly controversial relationship in this period is the result of complicated interactions of the changes on the levels of the global power structure, European regionalism and British domestic political economy, and that it will have great impact on Britain's role in the world and the future of European integration.

Key Words: European Sovereign Debt Crisis; UK – EU Relations; Referendum; EU Economic Governance

国际金融危机背景下的
伦敦奥运会

张 浩*

摘　要：

　　伦敦奥运会的筹备和举办正值国际金融危机持续发酵之时，预算赤字和安保等问题备受关注。在筹备奥运会期间，英国政府对体育制度进行组织调整，力求在大众体育和竞技体育之间取得较好平衡。在鼓励全民健身的同时，针对优势竞技项目加大投入、重点扶持。可持续发展理念在伦敦奥运会上得到最大限度地体现，奥运会所带来的有形和无形遗产获得良好利用。奥运会的成功举办一定程度上重塑了英国在新时期的国家形象，提振了国民信心，并对英国经济增长贡献了有限却积极的影响。

关键词：

　　伦敦奥运会　体育　金融危机　可持续发展理念　国家形象

2012年7月，在伦敦举办的第三十届夏季奥林匹克运动会将全球的目光吸引到英伦三岛。此次奥运会，不仅因"快乐和荣誉"[①] 载入史册，更因英国正处于国际金融危机的大背景之下而备受世人瞩目。事实上，从申办到正式举办的整个过程中，有关此次奥运会各方面的讨论从未停息，其中就包括广受国际社会关注的赤字及安保等问题。伴随这些问题，我们不仅看到昔日日不落帝

---

*　张浩，对外经济贸易大学国际关系学院讲师。
①　国际奥委会主席罗格在伦敦奥运会闭幕式上表示，伦敦奥运会是一届充满"快乐和荣誉的奥运会"。

国对奥运会寄予的"激励一代人"的良好愿望,也将英国政府和人民在面对金融危机时的复杂心情表露无遗。

一 基本概况

第三十届夏季奥运会于2012年7月27~8月12日在英国伦敦举行。据统计,参加伦敦奥运会的国家及地区共204个,总共有10820名运动员参与角逐26大项及320小项比赛项目的锦标。① 这是继1908年和1948年后,伦敦第三次取得夏季奥运会举办权,也使伦敦成为迄今为止举办奥运会次数最多的城市。同时,本届奥运会也是继1948年夏季奥运会和2002年英联邦运动会之后,在英国境内举办的最大规模的体育盛会。

伦敦奥运会的口号是"激励一代人",这体现了伦敦奥组委对体育文化深层次的理解,即用"更快、更高、更强"的奥运精神激励奥运会的每一个参与者及整整一代人,使他们充满活力,投身全新的生活,开创生活新天地。

2010年5月20日,2012年伦敦奥组委公布了伦敦夏季奥运会吉祥物文洛克和曼德维尔。其中,文洛克的创作原型是富有激情的萨罗普羊。这种羊生活在一个名为马齐文洛克的小镇,该镇曾经举办过文洛克奥运会,更成为现代奥运之父顾拜旦创立现代奥运会的灵感来源之一。② 为纪念文洛克奥运会,伦敦奥组委决定将吉祥物命名为文洛克。

伦敦奥运会的比赛场馆有34个,包括14个新建场馆。其中,伦敦奥运会的主体育场位于伦敦东部斯特拉福德,因外形上阔下窄被称为"伦敦碗"。"伦敦碗"可容纳8万人,共上下两层。上层的5.5万个临时座位在残奥会后被拆除,留下2.5万个固定座位。伦敦共有约7万名志愿者、6000名奥组委工作人员和4500名技术官员参与奥运会及残奥会工作。

---

① BBC Sport, "Countries-London 2012", http://www.bbc.co.uk/sport/olympics/2012/countries.
② BBC Sport, "London 2012 Unveils Games Mascots Wenlock & Mandeville", http://news.bbc.co.uk/sport1/hi/olympic_games/london_2012/8690467.stm.

二 伦敦奥运会的准备工作

(一)英国体育制度的变化

英国作为发达国家和现代体育的发源地,在过去50年中经历了从"理性娱乐"到"全民体育"的体育发展过程。① 和发展中国家相比,英国体育制度具有强调以人为本的现实主义特点。

英国体育在产业革命之后较为重视大众体育,忽视竞技体育。经济的飞速发展,使人们有大量的时间、金钱和充足的场地参与体育锻炼。在1960年,英国确定地方政府为体育发展的主要管理者,② 同时因英格兰、苏格兰和威尔士及各地区缺乏统一的竞技体育体系,致使英国竞技体育发展迟缓。从第九届奥运会开始,国家奖牌数排名一直徘徊于十名左右。

随着英国在1996年第26届奥运会的惨败和越来越多的国家开始重视竞技体育,竞技体育价值的开发以及竞技体育自身的发展,促使英国励精图治,着力发展竞技体育。其主要措施包括从体制改革入手,由政府主导,加强全国协调统一。同时加大投资,研究比赛环境、气象、饮食和时差等因素进行科学备战。当代国际竞技体育的发展和竞技体育带来的政治影响及经济价值也促使英国进行竞技体育体制改革并加大经济投入。在伦敦获得第三十届奥运会主办权后,英国竞技体育走出了低谷。英国代表团在北京奥运会上收获了19金13银15铜,总奖牌数47枚,金牌榜排名第四的优异成绩。

(二)协调组织安排

在英国,奥林匹克和竞技体育是两个独立分开的管理体系。英国政府为更

---

① Jeffrey Hill, "From 'Rational Recreation' to 'Sport for All': The Place of the Municipality in Sport and Leisure", *Sport, Leisure and Culture in Twentieth-Century Britain*, Basingstoke: Palgrave Macmillan, 2002, pp. 165 – 178.
② 曹可强、刘新兰:《英国体育政策的变迁》,《西安体育学院学报》1998年第1期,第13~15页。

加高效地发展竞技体育和筹备奥运会,对全国各个体育机构进行了重组。此前,英国奥林匹克协会(The British Olympic Association)专门负责管理英国奥林匹克相关事宜,如奥运会运动员的选拔、赛前集训、医疗康复和青少年奥运活动等。该协会没有行政职能,直接向国际奥委会负责,运动员和各地区参加奥运会完全自愿。① 而负责管理竞技体育的英国运动协会(UK Sport),主要负责除奥运会以外的其他国内外体育比赛,包括选拔、组织集训、协调各地区及中央与各地区、各项非职业运动的投资、运动员职业保障等。② 为了协调职能和提高效率,提高英国队在本土奥运会上取得好成绩,在英国政府的协调下,两个协会联合组成了奥林匹克理事会(The Olympic Board),③ 负责伦敦奥运会英国运动员所有竞赛事项,如组队、训练、聘任教练和参赛等。通过这样的组织结构调整,达到了加强英国奥运会的领导管理,协调各方关系,以最强的竞技体育阵容参加奥运会的目的。

(三)科学规范训练体制

英国的现行运动员训练有着不同的形式:职业运动员由各俱乐部组织训练,各业余协会由运动员自己聘请教练员训练,高校和运动特长学校由学校组织训练。他们都有自己的训练体制和比赛准入制,也都直接面向各地区运动协会,通过地区运动协会参与英国运动协会的注册、报名比赛等。各地区运动协会不负责选材和训练,只负责宣传、组织、奖励和保障等工作。④ 除了备战伦敦奥运会,英国还将眼光放到2016年里约热内卢奥运会。英国运动协会和英国体育学院(English Institute of Sports)密切合作,共同建设优秀运动员的发现和培养系统,并表示将连续8年投入资金,提高奥运会及残奥会运动员及教练的训练水平。该方案的内容包括:(1)提供高水平体育训练机会,借助

---

① Team GB, "What is British Olympic Association?", http://www.teamgb.com/faq#q1.
② James Skinner, *The Relationship Between Politics, Economy and Sport in Europe*, Manchester: Manchester Education Bureau Press, 2003, p. 34.
③ Schwellnus MP and J. Nicol, "Four Years: A Cycle Face to London", *British Journal of Sports Medicine*, Vol. 40, Issue 6, 2006, pp. 517 – 520.
④ 张海军、张海丽:《英国竞技体育与伦敦奥运会》,《体育文化导刊》2009年第5期,第151~155页。

"精英运动员"提高有潜力的年轻运动员的竞技水平,完成新老交替;(2)利用世界顶级体育科技,最大限度提高训练效率;(3)开展创新性研究项目,培养体育精英;(4)通过覆盖全国的运动员招聘体系,发现更多优秀运动员,为未来培养运动员打下人才基础。[1]

(四)明确重点项目和加大投入

英国竞技体育针对自身情况对2012年奥运会的参赛和重点项目进行规划,如重点发展自行车、帆船和赛艇等投入大且回报率很高的优势项目。以英国在2008年北京奥运会上夺冠的帆船项目为例,在整个英国参与该项目的选手不超过10对,而全世界加在一起也不足200对。一艘普通的比赛用船就要2万英镑(约合20万元人民币)。由于该项目被视为一项贵族运动,大部分国家和地区根本没有足够的资金投入,只有少数国家参与竞争。在资金投入方面,自2005年伦敦成功申办2012年奥运会后,英国政府在体育方面的投入力度明显加大。据报道,从2006年起到2012年伦敦奥运会止,英国政府在原先每年6000万英镑(约合6亿元人民币)的体育经费基础上,再追加总计一倍资金用于备战奥运会。[2] 伦敦奥运会前,英国全国上下的各个运动单项协会共收到超过6亿英镑的资金支持,主要用于奖励、后勤保障、科学研究、聘请教练、维护训练设备等工作。

(五)贯彻可持续发展理念

伦敦奥申委在2003年申办2012年夏季奥运会之时,凭借关键的"环保牌"从竞选城市中脱颖而出。赢得主办权后,英国在2007年1月成立"2012年伦敦奥运会可持续发展委员会"(Commission for a Sustainable London 2012)。该委员会作为全国性机构,宗旨是努力将2012年伦敦奥运会办成最具"可持续性"的赛会,并提供独立的评估报告和建议,力争最大限度地可持续利用

---

[1] UK Sport, "Talent Identification & Development", http://www.uksport.gov.uk/pages/talent-id/.

[2] 高鹏、高丽:《下届东道主也'发威',解读英国奇迹背后的秘密》,《经济参考报》2008年8月23日。

伦敦奥运会的遗产。具体目标包括：用低碳排放材料建造奥运场馆、减少废物排放和使用生态资源等。① 为传播伦敦奥运会的可持续发展理念，英国在2010年上海世博会期间就通过"绿色城市"、"户外城市"、"种子圣殿"和"活力城市"等展示宣传植物与自然如何铸就城市生活的未来。同时，英国还在这届世博会上展示了伦敦奥运会的雏形，向来自世界各地的游客展示去掉钢筋水泥建筑只保留绿色植物的奥运公园。② 尽管由于预算问题，奥运村及各种配套设施一再缩小规模，但伦敦奥运会力图将可持续发展理念贯穿奥运会筹备和举办过程的努力从未改变。

伦敦奥运会实施可持续发展策略的具体内容包括：（1）将再利用作为奥运场馆建设的重要标准，典型案例是伦敦奥运会的主体育场"伦敦碗"。为了符合社区体育设施的功能定位，5.5万个临时座位在奥运会之后已被拆卸。（2）注重太阳能、风能等再生能源的利用，同时尽可能使用低碳的交通工具。在场馆建设方面，低碳材料也被广泛使用。（3）奥运公园的生态环境在奥运会后得到了良好保护，比如废品处理及污水处理等。

三　伦敦奥运会遇到的问题

（一）严重政府赤字下的预算问题

在金融危机及欧洲债务危机的阴影之下，伦敦奥运会在申办时提交的预算是34亿英镑。在成功申办后，英国政府计划为奥运会投入93亿英镑，资金来源主要包括从私营企业及通过国家彩票方式募集大约40亿英镑，剩余都需要通过政府财政支出或政府借贷来完成。因2010年英国政府的财政赤字达到创纪录的1454亿英镑，英国新一届政府在减赤计划中又将奥运预算削减了8.39

---

① Commission for a Sustainable London 2012, "What we Do", http：//www.cslondon.org/about/what-we-do/.
② 中国2010年上海世博会官方网站，《英国馆——中国2012年上海世博》，http：//www.expo2010.cn/c/gj_tpl_8.htm。

亿英镑。① 虽然伦敦奥运会力争勤俭办奥运，但一减再减的预算确使奥运会的筹备工作进展缓慢，伦敦奥组委为此受到国际社会的批评。

（二）政治争议

自1896年首届现代奥林匹克运动会举办之时，人们就希望奥运会能够远离政治、战争及暴力的干扰。然而，历史已经证明，奥运会历来离不开政治。在伦敦奥运会上，很多政治议题持续发酵，有些议题甚至影响了国际奥委会及伦敦奥组委对顺利举办奥运会所付出的巨大努力。

2012年恰逢英阿马岛战争30周年，阿根廷总统克里斯蒂娜要求重新就该岛主权与英国谈判，遭到英国拒绝。阿根廷和英国的领土争端在伦敦奥运会上也引起了各界的关注。2012年5月，阿根廷的一则奥运宣传片涉及这一敏感问题。画面中，阿根廷男子曲棍球奥运代表队队长费尔南多·齐尔伯贝格在马尔维纳斯群岛（英国称福克兰群岛）训练时亲吻大地。同时配以具有煽动性的解说："为了在英国土地上竞争，我们在阿根廷土地上训练。"对于这部有争议的奥运会宣传片，国际奥委会表示遗憾，重申奥运比赛不该成为政治话题的平台。② 英国外交大臣称短片是政治宣传"噱头"，敦促阿根廷方面撤播。阿根廷方面则表示这不是挑衅，并拒绝为此道歉。

此外，有关南苏丹问题和领土相关问题也成为此次奥运会的焦点。南苏丹2011年7月才实现独立，由于未达到2年注册时间的标准，国际奥委会要求该国如果参加奥运会就必须使用苏丹的国旗，对此南苏丹表示严重抗议。国际奥委会后作出决定，允许在南苏丹出生的马拉松运动员古尔·马里亚以个人名义参加奥运会。③

---

① 谈佳隆：《伦敦奥运会遭遇赤字困局》，《中国经济周刊》2010年第31期，第19页。
② BBC News, "IOC Criticizes Argentine Olympic Advert", http://www.bbc.co.uk/news/world - latin - america - 17970165.
③ Telegraph.co.uk, "London 2012 Olympics: South Sudan's Guor Marial Allowed to Compete Under Olympic Flag in London", http://www.telegraph.co.uk/sport/olympics/athletics/9417428/London - 2012 - Olympics - South - Sudans - Guor - Marial - allowed - to - compete - under - Olympic - flag - in - London.html.

（三）安保问题

奥运会作为全世界最盛大的体育赛事，安保工作向来是主办方关注的重点之一。为确保伦敦奥运会各项工作的安全顺利进行，英国政府做了大量工作。除确立了奥运会组织保障机制，英国内政部还配合"国家反恐战略"，制定了《2012年夏季奥运会和残奥会安保战略》，对奥运赛事从筹备、举办到保障整个过程的安全做了全方位的设想和安排。该战略在确保奥运赛事正常运行的同时，也针对重大安全事故，比如恐怖主义、严重暴力犯罪、国内极端主义和公共骚乱等，进行了周密部署。①

在具体组织工作协调方面，伦敦警察厅在2011年就设立了全国奥林匹克协调中心，负责协调指挥所有参与安保及应急服务的部门。此外，伦敦消防局配置大量技术人员负责监督、检查体育场馆的建设，预防和迅速处置各类事故。英国军方也介入到此次安保工作中来，并在美国军方的协助下对包括赛场在内的各个重要场所进行重点监控。英国国防大臣菲利普·哈蒙德在2012年7月12日宣布增加3500名军人以确保伦敦奥运会的安全。据赛后统计，参与伦敦安保的军人总数为1.7万人，他们与警察、安保公司以及志愿者一起负责安全检查等各项工作。

尽管英国政府考虑得几乎滴水不漏，但在伦敦奥运会进行期间，安保问题依然受到广泛关注。2012年恰逢1972年"慕尼黑惨案"40周年。1972年9月5日，巴勒斯坦武装组织"黑色九月"袭击了参加在联邦德国慕尼黑举办的第二十届夏季奥运会的以色列代表团，造成该代表团11人死亡。在伦敦奥运会开幕前，以色列政府要求开幕时举行1分钟的默哀，但这个要求遭到国际奥委会的拒绝。又据英国《星期日泰晤士报》报道称，以色列官员十分担心在欧洲活动的一个伊朗恐怖组织可能会在奥运会期间对以色列运动员发动攻击。

另一方面，无论是巨额花费还是在民宅架设导弹都引发英国民众一片反对

---

① UK Home Office, "The Counter-terrorism Strategy", http://www.homeoffice.gov.uk/counter-terrorism/uk-counter-terrorism-strat/.

声。2012年7月15日，希思罗机场被曝出因海关人员未遵循安检程序而导致恐怖嫌疑人入境。这使早已备受争议的伦敦奥运安保更加焦头烂额。而英国政府更是被指对私人安保公司失职并且知情不报，造成奥运安保漏洞百出。此外，私营安保企业士瑞克保全因无法按时向奥运会提供足够安保人员而不得不为这份价值2.84亿英镑的合同赔偿5000万英镑（约合5亿元人民币），该公司也支付了英国政府派遣3500名士兵组成"预备队"加入奥运安保行列的相关费用。据英国边境管理局官员透露，在奥运会期间，英国境内重要交通枢纽如伦敦希思罗机场屡次发生安保事故，一名经验不足的安检人员多次轻易"放行"恐怖嫌疑人，其中最多一天放走5人。

（四）场馆建设及后勤保障问题

历届奥运会的场馆建设都十分引人瞩目，在北京奥运会的巨额投资之后，伦敦奥运会的场馆建设与北京形成鲜明对比。北京奥运场馆建设总投资高达130亿美元，共新建场馆31座。伦敦奥运会的场馆建设预算仅为24亿美元，新建场馆仅14座，而且很多场馆都是临时搭建，赛后会拆除或变卖。

虽然英国政府节俭办奥运的行为获得国际社会的普遍赞扬，但奥运场馆缓慢的建设速度也遭到强烈批评。在2012年7月13日即伦敦奥运会正式开幕前两周，据《每日邮报》报道，奥运场馆仍然在建设当中。有大约40个奥运代表团的官员被告知，请运动员不要靠近与奥运村一墙之隔仍在施工的奥林匹克公园，奥林匹克公园在7月23日前无法开放。[①]

相比北京奥运会周全的安排，伦敦奥运会保洁人员的待遇比想象中要差很多。根据安排，奥运会的保洁人员住在伦敦东部一片临时搭建的简易房内。这些铁皮搭建的临时房屋，一旦下雨就会出现渗漏，就连房屋外的走道也变得泥泞不堪。更为糟糕的是，这些保洁人员通常10人共住一间宿舍，大约75人共用一个淋浴喷头。即便如此，每天每位保洁人员还要缴纳18英镑的住宿费。

---

① Daily Mail, "Competitors Told Olympic Park isn't Ready just TWO WEEKS Before Opening Ceremony", http：//www.dailymail.co.uk/news/article－2173807/Competitors－told－Olympic－Park－isnt－ready－just－weeks－opening－ceremony.html.

（五）交通问题

为确保奥运会期间伦敦的交通顺畅，伦敦交通厅特别成立了奥运交通控制中心。奥运会期间大约有900万人来到伦敦，之后残奥会也带来200万人的交通运输压力。伦敦交通局主管奥运地面交通的负责人格拉厄姆·琼斯介绍，伦敦奥运会是英国和平时期经历的最大规模的后勤任务，在奥运会期间维持交通顺畅所需的行动规模史无前例。① 在交通控制中心，来自英国警察、铁路、公路、航空和水运等部门工作人员，共享最先进的交通控制系统和信息，可随时处理突发状况。

为了解决交通拥堵问题，伦敦投入了65亿英镑，提升城市的运输能力。在奥运会开幕之前，伦敦奥组委承诺，奥运会期间，运动员从奥运村出发，30分钟之内便可到达93%的训练场馆，而90%的比赛场馆都可乘坐三种交通工具抵达。此外，伦敦奥组委还提供了低碳车辆接送运动员和官员往返于各体育场馆之间。在公共交通方面，世界上最古老的地铁系统担负了沉重的运输任务。同时，伦敦也开辟了长达48公里的奥运专线，以确保交通通畅。

赛会前，据英国一家交通信息公司预测，伦敦将在奥运期间遭遇"交通风暴"。该公司公布的研究结果显示，在奥运会开幕3天左右，由于恰逢周末出游高峰，又赶上开幕式和随后进行的男子公路自行车赛，伦敦原本就逼近饱和的交通网络将面临瘫痪的危险。然而，伦敦公共交通成功保持了正常运营。据伦敦交通厅的报告，预想中的交通高峰并未到来，伦敦公共交通状况不错。地铁运营商提供的乘客数据显示，奥运会期间的总运输量只是略微上涨，较2011年同期增加了7.5%。②

四 伦敦奥运会对英国的影响

伦敦奥运会的举办，将全球的目光集中在英伦三岛。作为现代资本主义的

---

① BBC News, "London 2012: Inside Olympic Transport Command Centre", http://www.bbc.co.uk/news/uk-15655611.
② BBC News, "London Transport Survives Olympic Stress", http://www.bbc.co.uk/news/uk-19106919.

发源地及四届奥运会主办国，英国一方面面对全球金融危机和欧债危机的巨大压力，意图借奥运会提振公众信心；另一方面，陷于国际金融危机泥潭的英国又不得不持续削减奥运会的预算，给奥运会的举办带来了不利影响。但总体看，从伦敦奥运会的筹备工作开始，整个英国就围绕奥运会行动起来，成功举办了奥运会。作为回报，奥运会对英国社会的各个方面产生了巨大影响。

（一）助力塑造崭新的英国国家形象

国家形象是个多元化的集合体。国家形象的塑造过程主要依赖四个方面的工作。它们分别为：媒体塑造与传播报道、该国的物质文化产品、熟人的口碑和直接体验。[①] 体育是国家综合国力的重要体现，一个国家的体育发展水平也间接折射出这个国家在社会管理和运行过程中的基本状况。尤其对正处于高速发展阶段的发展中国家来说，体育在国家的战略崛起过程中被赋予了独特的民族情绪，成为国家崛起的信号和象征。

奥运会所展现的体育形象是国家形象的重要组成部分。奥运会本身是全球媒体关注的重要活动，为全世界不同文化和文明形态提供了对话的机会，在不同的文明形态和种族间形成了一个交流的氛围。它所引发的不同思维模式、文明形态的交流和碰撞直接而又全面。作为世界瞩目的竞技体育盛会，主办国的表现是展现其国家形象的重要平台。[②]

历届奥运会在不同的国家举办，由于奥运会对于体育文化及其广义的精神文化的衍生影响，也因为不同国家和不同民族的积极参与，在历届奥运会中都会产生新的文化亮点。在2008年北京奥运会中，"盛大和谐"作为文化精神在国内国外成长为一股极为强大的精神力量。这种精神文化是符合举办国的国情和现实文化价值需求的。由于空间、时间的转换、举办国文化的特点以及国家经济文化制度的差异，伦敦奥运会表现出以下两点文化特征及影响。

[①] C. A. Giffard and N. K. Rivenburgh, "News Agencies, National Images and Global Media Events", *Journalism and Mass Communication Quarterly*, Vol. 77, No. 1, 2000, pp. 8–21.
[②] 石晓峰：《伦敦奥运会与新时期中国国家形象的构建》，《体育与科学》2012年第33卷第3期，第5~8页。

英国在申办及组织伦敦奥运会期间，尤其在开幕式上积极向外界展示了英国特有的文化。他们注重英国文化核心价值的输出，并以奥运会为契机将英国文化呈现在全球亿万观众面前。首先，伦敦奥运会通过田园风光、工业革命、流行音乐、英国文学、电影等文化元素的渲染，向世界展示了英国丰富的历史文化底蕴以及创意文化产业在英国未来发展中的重要作用。其次，举办奥运过程中，突出了全民健身的体育文化。从伦敦申办奥运开始，官方宣传片就特意突出了全民健身的伦敦奥运的主旨：一名骑自行车的女孩穿越伦敦，倡导锻炼健身，并获得了各行各业从明星到平民的热烈的呼应。这体现了一股清新的体育文化风气。英国文化的实用主义也使伦敦奥运会变成一个能够有益于促进英国民众健身意识和健身行动的绝佳机会。

（二）积极而有限的经济影响

奥运会作为一项全球瞩目、牵涉面广的体育赛事，能够促进经济增长，包括基础设施与场馆建设项目投资、广告投放与旅游消费支出等。在经济危机的大背景之下，奥运会的筹备与建设令英国政府及国民倍感预算压力的同时，也使英国举国上下受到莫大鼓舞。人们热切期待2012伦敦奥运会能够刺激英国经济的发展。事实上，伦敦奥运会对英国经济增长的促进作用可以归纳为：影响积极但不显著。这表现在，奥运会短期内刺激了英国在赛会期间的消费开支。据伦敦奥组委统计，短期就业机会和安保等方面的支出金额为20亿英镑，总体使英国在2012年第三季度的经济增长受到提振的幅度为0.3%~0.4%。另外，据英国研究机构SQW报告测算，在奥运会及残疾人奥运会期间，英国的经济增长大约12亿英镑。①

从长期看，奥运会对英国可持续发展的积极影响依然存在。据测算，在2005~2017年12年间，伦敦奥运会将会带来总计165亿英镑（约合1650亿人民币）的经济贡献。其中赛前与赛后的基础设施建设占82%，旅游收入占12%，赛事开销占6%。总共70%将产生于2012年之前。奥运会之后的2013~2015年

---

① SQW, "A Golden Opportunity: London 2012 Olympic and Paralympic Games Expenditure and Economic Impact", http://www.sqw.co.uk/file_download/365.

仍将由于经济活动的"乘数效应",国际形象提升吸引的游客消费,经济产出的增长额约 41 亿~49 亿英镑。① 另外,大型赛会活动同样会产生一些难以具体量化的隐性影响,例如,提升民族自豪感,改善治理环境,提振消费者信心等。隐性影响对经济的作用主要体现在通过提高生产效率,降低额外负面支出来影响居民收入,进而促进经济增长。为迎接奥运,英国政府在治理环境、保证治安等方面也都进行了相应的改善。

然而,也应看到,奥运会对英国经济的整体影响有限。据报告,由于英国已经拥有成熟的经济体系,奥运会带来的经济提升效应并不显著,如旅游产业平时已处于饱和状态。加之奥运会的举办正值欧洲债务危机恶化、全球经济需求增长乏力、英国本土消费不振的时期。在赛前,国际货币基金组织就预测英国2012 年经济增长仅为 0.2%。根据英国国家统计局最新发布的报告,由于奥运会带来的提振,2012 年第三季度的英国经济同比增长约 1%。但在第四季度,经济增长迅速萎缩为 0.3%,2012 全年经济增长为 0.2%。② 同时,美国信用评级机构穆迪宣布取消英国的最高信用评级,使英国的本币政府债务评级从 AAA 降低至 AA1。这是自 1978 年以来英国首次失去国际权威评级机构的最高信用评级。此次英国信用评级下调加剧了国际市场对英国经济再次陷入衰退的担忧。

(三)可持续发展理念的传播

早在申办之初,英国就希望伦敦奥运会的举办能够促进伦敦东区发展,改善当地居民生活质量,并在整个英国鼓励推广可持续发展的生活方式。当时伦敦奥运承办方到伦敦东区勘察时,发现此处有 75% 以上的土壤已经遭受汽油、石油以及重金属的深度污染,水道也已废弃多年。伦敦东区是伦敦发展相对滞后的区域,对场馆建设所涉及的旧城区进行改造是无法回避的课题。另外,伦敦东区拥有充足的年轻劳动力资源。这也让伦敦奥组委有理由期望借助包括奥运会场馆在内的基础设施和环境建设遗产,改善当地居民的生活条件,推广积

---

① SQW, "A Golden Opportunity: London 2012 Olympic and Paralympic Games Expenditure and Economic Impact", http://www.sqw.co.uk/file_download/365.
② BBC News, "UK GDP: Economy Shrank at End of 2012", http://www.bbc.co.uk/news/business-21193525.

极健康的生活方式。在此生活和工作的居民因伦敦奥运会收获巨大。

伦敦奥组委及英国全国上下在筹备和举办奥运会的过程中，力图将筹办奥运会所秉承的可持续发展理念为广大民众所广泛接受，让普通民众了解到可持续发展不仅仅是如何使用再生资源，遏制地球环境恶化，更应号召全社会避免浪费，充分利用各种建筑材料，减少对环境生态及生物多样性的影响。同时，伦敦奥运会还强调，在国际交流日益密切的今天，如何促进来自多元文化背景的人们参与到生态环境及公共环境的治理中来。

另外，在奥运会举办过程中，伦敦奥运会确立了超高标准的环保理念，从细节处遵从严格的环保尺度，并为实现环保目标确立严格规范，都达到了前所未有的标准。这种环保理念和标准对未来世界各国举办的大型活动及赛事提供了许多可供参照和借鉴的经验。

London Olympic Games in the Context of Global Financial Crisis

Abstract: Preparations for the London Olympic Games were moving into top gear while the global financial crisis continues to ferment. No wonder that the budget deficit and security issues during the Games aroused more public attention, whereas the British government put their focus on long-term sports reforms. The constituent framework of the sports system was adjusted and a better balance between the mass sports and competitive sports was achieved. They encouraged the National Fit, enlarged the investment and provided supports on advantageous sports. The concept of sustainable development was carried forward to its greatest degree, and both the tangible and intangible legacies brought up with the Olympic Games were well played. The success of Olympic Games, in a way, reshapes Britain's national image in the new era, boosts citizens' confidence, as well as exert some positive impacts on the economic growth of the United Kingdom.

Key Words: London Olympic Games; Sports; Financial Crisis; Sustainable Development Concept; National Image

英国电影产业的发展

石同云*

摘　要：

　　英国电影业 2010~2012 年三年表现出色。票房持续增长；英国电影的票房份额不断提高；英美合拍大片不断刷新英国影片的票房纪录；独立电影也大放异彩，《国王的演讲》获 4.14 亿美元的全球票房和奥斯卡最佳影片奖；英国电影产业市场规模排全球第三，对国家经济做出积极贡献。英国电影及人才的艺术成就享誉全球。英国政府逐步提高公共资金对电影业的扶持，并重视数字创新、人才培养和海外推广。但繁荣的背后也难掩一个惨淡的事实，即英国电影业严重依赖于好莱坞投资在英国的联合拍摄，它们注册为英国电影，使影业统计数据光鲜亮丽，而利润却流向了美国。本文将主要梳理和简析 2010~2012 年英国电影产业发展状况。

关键词：

　　英国电影　票房　好莱坞　民族电影　电影文化政策

　　2012 伦敦奥运会开幕式运用了丰富的电影片段和蒙太奇镜头，向世界人民展示了英国电影的璀璨星光，凸显出电影作为政府鼎力支持的创意产业重要组成部分的独特地位。

　　英国电影在新千年战绩出色。《女王》（2007）、《贫民窟的百万富翁》（2008）、《国王的演讲》（2011）频获奥斯卡大奖；《哈利·波特》系列不断刷新英国影片票房纪录，全球票房 77 亿美元，有 7 部进入 2001~2011 年全球 20 大最卖座影片榜。这些成就得益于对民族特色题材的继承和发掘，并以国

---

　　* 石同云，北京外国语大学英语学院英国研究中心教授。

英国电影产业的发展

际化资金（主要是美国）运作为后盾。英国电影在世界影坛的出色表现成功地向世界人民传播了英国文化和国家形象。

英国电影产业在2010～2012年间表现不俗：票房持续增长，屡创纪录；英国电影的国内票房份额比八九十年代显著提高；独立电影大放异彩；英国电影业市场规模居全球第三，数字电影和3D影片发展迅速。影业经济层面的表现胜过了英国经济的总体发展情况，对英国经济在国内生产总值（GDP）、就业和出口方面做出积极贡献。英国电影及人才的艺术成就广受认可，享誉全球。英国政府逐步提高公共资金对电影业的扶持，并重视数字创新、人才培养、电影海外推广和电影教育。但繁荣的背后也难掩一个惨淡的事实，即英国电影业严重依赖于美国好莱坞大预算投资在英国的联合拍摄，它们通过"文化测试"注册为英国电影，票房笼统计入英国电影名下，但利润却流向了美国。大量的独立电影预算过低，票房难卜，偶获成功。本文将主要梳理和简析2010～2012年英国电影产业发展状况，并审视当前卡梅伦联合政府的电影政策及产业发展规划。

一 英国电影业发展背景

英国电影业长期处于好莱坞阴影笼罩之中。好莱坞自第一次世界大战起便确立了在英国的电影霸主地位，全面垄断了英国电影市场并控制了英国电影的制作、发行和放映。20世纪90年代，好莱坞影片始终占据了英国市场份额的90%以上，票房榜的前十名基本被美国影片垄断。英国电影生产严重依赖好莱坞投资和发行，由英国独资拍摄的电影少得可怜（1991年7部，1992年仅5部）。

自20世纪20年代以来，英国政府努力制定了多项保护性干预政策以扶持电影产业。如规定国产片放映配额（1927～1982），截留美方盈利（四五十年代）使资金投向在英国拍片，成立国家电影投资公司（1949～1985）支持独立制片；伊迪税款（1950～1985）对电影票销售征税以补贴电影生产；税款减免（1979年后至今）对电影税收有所减免；自80年代以来鼓励电视台（如1982年成立的电视四频道）投资电影生产；1996年以来用国家彩票资金对电影业实施补贴等。这些政策都在一定程度上对电影产业有所帮助，但政府扶持力度有限，直接财政补贴额度很低，令电影人深感失望。长期以来电影业完全受市场因素的左右，艰难地生存。

1997年上台的布莱尔新工党政府加大了对电影的资助力度。政府推出了新的税收减免计划；建立了三家由彩票资金资助的制片中心，并授予其特许经营权，旨在脱离影片以单片为单位的作坊式生产；在继续用国家彩票资金资助电影生产的同时，加大了国家财政直接拨款额度。2000年成立了专门的政府机构——电影委员会（UK Film Council），统一负责电影业发展全面战略和政府资金拨款。政府政策的转变，加之电影在全球的复苏，使英国电影业在新世纪呈现出繁荣景象。

好莱坞全方位的垄断使在英国的电影制作难以和英国原创电影简单画等号。在制作电影时，英国电影业首先考虑的是国外观众，然后才是本土观众，寻求国际（美国）资金才能有较高预算。美国投资在一定程度上左右了影片的内容及艺术表现方法："为了将电影销售给美国的发行商们，英国电影制作者不得不采用大西洋彼岸的生产价值观"，[①] 向世界展现的英国也时常是"旅游者眼中的英国"。英国本土电影基本上都是低投资的，并且相当一部分是为电视台所拍摄的，制片资金艰难筹措，源头过散，很多公司专为一部电影而成立。英国电影业买不起自己国家的最佳剧本题材（如《哈利·波特》的拍摄权被美国制片厂以最高竞价买走）。被英国引以为荣的大制作如《哈利·波特》系列，在观众眼里就是美国电影。虽然演职人员主要是英国人，也成为英国票房有史以来最成功的英国影片，但利润却流向了美国。

然而，从积极的角度来看，面对全球化进程的加剧和电影业国际合作潮流的日益兴盛，英国电影人早已睿智地调整了战略。英国电影已经不再是传统意义上的民族电影了。事实上，"从投资、人员、内容及市场吸引力方面来说"，英国电影已越来越"国际化"了。[②] 英国早已是影片制作、人才猎选、销售代

[①] Geoff Brown, "Something for Everyone: British Film Culture in the 1990s", in Robert Murphy, *British Cinema of the 90s*, British Film Institute, 2000, p. 33.

[②] Geoffrey Nowell-Smith, "But do we Need it?", in Martyn Auty and Nick Roddick, *British Cinema Now*, British Film Institute, 1985, p. 152.

理以及设施供给方面的欧洲最佳基地,前景可观。从上述经营中赚得的收入也远远超过了电影生产的收入。在新的世纪里,有观点认为,民族电影不能奢望过多,它只能立足于"对好莱坞电影提供一种独立、健康、具有地方文化韵味的补充"。① 这是独立电影的价值所在,亦是英国电影需要积极努力并真正可以引以为傲的地方。②

二 英国电影产业发展现状:2010~2012③

(一)英国票房收入持续增长,国产电影份额不断提高,独立电影大放异彩

尽管受到全球金融危机和世界杯足球赛的影响,2010年仍是英国电影业表现强劲的一年。这一年,在英国和爱尔兰共发行了557部电影(放映一周或一周以上),比2009年提高了11%。这些影片创下了总票房收入历史最高纪录,达9.88亿英镑,比2009年提高了5%。票房前100名的影片斩获了90%的票房收入,其余457部影片只收获10%。英国电影(含合拍片)取得了21%的发行份额,24%的票房收入(比2009年提高了7个百分点;其中独立电影④占5%,英美合拍片占19%)。美国影片(不包括英美合拍片)取得了38%的发行份额和72%的票房收入。世界其他地区的影片的发行份额占41%,但仅取得4.2%的票房收入。

---

① Tom O'Regan, "A National Cinema", in Graeme Turner, *The Film Cultures Reader*, Routledge, 2002, p. 141.
② 关于英国民族电影的发展,详见石同云《英国民族电影艰辛之旅》,载于《北京电影学院学报》2003年第6期、2004年第1期。
③ 此文中有关2010年的数据出自英国电影研究院发表的《2011年影业统计年鉴》(*Statistical Yearbook*)。有关2011年的数据出自《2012年影业统计年鉴》。有关2012年的数据,出自截至2013年3月21日已发表的若干分项报告。下载自英国电影研究院官方网站。http://www.bfi.org.uk/education-research/film-industry-statistics-research。涉及多年份数据的表1、5、6、7、8、9都是基于《2012年影业统计年鉴》中的图表加工编辑而成,作者添加了2012年的相关数据。
④ 英国电影研究院《影业统计年鉴》对独立电影的定义与传统经典定义有所不同,详见第(二)小节的解释。

2010年票房前20的影片中,有10部是美国片,9部英国片,1部美国中国合拍片。在9部英国片中有8部是主要由美国大制片公司投资的英美合拍片;仅1部为英国独立制片。票房第一的是美国片《玩具总动员3》,收入为7400万英镑,成为史上票房第二的影片,仅落后于2009年的《阿凡达》。排名第二的是英美合拍片《哈利·波特与死亡圣器(上)》(哈利·波特系列第7部),取得了5238万英镑的票房。英国独立电影3D《舞力对决》排18位,票房为1162万英镑,成为至2010年票房排名最高的独立电影。(2010年英国票房前20影片见表2)

2010年票房前20的英国影片共取得了2.32亿英镑的票房收入,占英国总票房的23%。这比2009年1.73亿英镑的票房有大幅增长。2010年比2009年有更多高收益的英国电影,有9部影片的票房超过1000万英镑(2009年只有3部)。位居该榜单前列的都是英美合拍片,占入榜影片总票房的89%。有9部影片是独立电影。2010年英国电影票房前三甲是《哈利·波特与死亡圣器(上)》、《盗梦空间》(3581万英镑)和《诸神之战》(2020万英镑)。

票房前20的英国独立电影共取得了4500万英镑的票房,占英国总票房收入的4%。《舞力对决》高居榜首,《海扁王》紧随其后,两部影片的总收入占到了前20部入榜影片总票房的近半(46%)。

2011年,在英国和爱尔兰共发行了558部电影,比2010年多1部。这些影片总票房收入高达10.40亿英镑,比2010年提高了5%。票房前100名的影片获得了91%的票房收入,其余458部影片只收获9%。英国电影(含合拍片)取得了23%的发行份额,36%的票房收入(比2010年提高了12个百分点,其中独立电影占13%,为票房榜有史以来之最佳,英美合拍片占23%)。美国影片(不包括英美合拍片)取得了38%的发行份额和60%的票房收入。世界其他地区的影片的发行份额占39%,但仅取得3.7%的票房收入。

在票房前20的影片中,有11部是美国片,8部英国片,1部美国新西兰合拍片。在8部英国片中有6部是英美合拍片;2部为英国独立制片。2011年英国电影表现出色,大大优于2010年。总票房前20排行榜的前4名都是英国影片。取得英国市场票房第一的影片是《哈利·波特》系列第8部(最后一部)——英美合拍片《哈利·波特与死亡圣器(下)》。这部影片的英国票房

英国电影产业的发展

为 7300 万英镑,全球票房达 13 亿美元,成为史上票房第三的影片,仅落后于 2009 年的《阿凡达》和 2010 年的《玩具总动员 3》。作为史上最成功的电影系列,哈利·波特主宰全球电影业长达十年之久。该系列基于英国的小说素材,在英国拍摄,由英国演职人员完成,由英国公司制作,但由华纳兄弟出资,从英国票房吸金 4.42 亿英镑(全球票房 77 亿美元)。年度票房排名第二、第三的均为英国独立电影——《国王的演讲》和《中间人》,它们各取得了超过 4500 万英镑的票房,使英国独立电影斩获史上最高的市场份额,二者也成为有史以来票房排名最前两位的英国独立电影。(2011 年英国票房前 20 影片见表 3)

2011 年票房前 20 的英国影片共取得了 3.76 亿英镑的票房收入,占英国总票房的 33%,比 2010 年有大幅增长。该榜单多为英美合拍片,有 7 部影片是独立电影(比 2010 年的 9 部有所下降,但票房大增),占榜单影片总票房的 33%。2011 年比 2010 年有更多高收益的英国电影,有 11 部影片的票房超过 1000 万英镑。独立电影大放异彩,《国王的演讲》创独立电影纪录,取得了 4570 万英镑的英国票房和 4.14 亿美元的全球票房,并获得了 4 项奥斯卡奖(包括最佳影片奖)和 7 项英国影视艺术学院奖。《中间人》取得了 4500 万英镑的英国票房。它们与《锅匠、裁缝、士兵、间谍》、《捣蛋鬼亨利》、《简·爱》、《三个火枪手》以及《我与梦露的一周》一起,吸引了不同阶层的观众,将英国独立电影的市场份额推至有史以来的最高位。

2012 年,英国电影市场总票房收入达到 10.99 亿英镑,比 2011 年提高了 6%。英国 2001~2012 年的票房收入持续增长了 70.1%(票房和观众详细数据见表 1)。英美合拍片取得了 22.9% 的票房市场份额,与 2011 年持平;英国独立电影收获了 9%,是新世纪以来第二高位的百分比。在票房前 20 的影片中,有 11 部是美国片,6 部英国片(其中 4 部是英美合拍片,2 部为独立制作)。票房前 20 排行榜的前 2 名均为英美合拍片。列第 1 位的是《007:大破天幕杀机》——第 23 部詹姆斯·邦德系列片,英国票房超过 1.02 亿英镑,成为英国票房史上收入最高的影片(不计通货膨胀因素)。列第二位的是《蝙蝠侠:黑暗骑士崛起》,取得 5626 万英镑票房,列第三、第四位的《复仇者联盟》和《霍比特人:意外之旅》也都突破了 5000 万英镑大关。独立电影《黑衣女人》排 16 位,赚得 2100 万英镑票房,成为有史以来英国独立电影票房排名第五的影片（列《国王的演讲》、《中间人》、《贫民窟的百万富翁》、《四个婚礼和一个葬礼》之后）。《涉外大酒店》排17位，也突破2000万大关，获2043万英镑票房（2012年英国票房前20影片见表4）。独立电影《铁娘子》和《疯狂圣诞剧2》（又名《圣公会主学堂2》）也取得了900万英镑票房的好成绩。

表1　英国票房收入和观众人数：2001~2012

年份	票房			观影人数（百万）
	票房总收入（百万英镑）	增减幅度%+/-	累计百分比（%）	
2001	645	—	—	155.9
2002	755	17.0	17.0	175.9
2003	742	-1.7	15.0	167.3
2004	770	3.8	19.4	171.3
2005	770	0.0	19.4	164.7
2006	762	-1.0	18.1	156.6
2007	821	7.7	27.3	162.4
2008	850	3.5	31.8	164.2
2009	944	11.1	46.4	173.5
2010	988	4.7	53.2	169.2
2011	1040	5.3	61.2	171.6
2012	1099	6.0	70.1	172.5

表2　英国和爱尔兰2010年票房前20影片

序号	影片名	出产国	票房（百万英镑）	发行商（影业公司）
1	玩具总动员3	美国	73.79	华特迪士尼
2	哈利·波特与死亡圣器（上）	英国/美国	52.38	华纳兄弟
3	爱丽丝梦游仙境	美国	42.54	华特迪士尼
4	盗梦空间	英国/美国	35.81	华纳兄弟
5	怪物史瑞克4	美国	32.38	派拉蒙
6	暮光之城3：月蚀	美国	29.75	eOne Films
7	欲望都市2	美国	21.65	华纳兄弟
8	钢铁侠2	美国	21.18	派拉蒙
9	诸神之战	英国/美国	20.20	华纳兄弟
10	卑鄙的我	美国	19.90	环球
11	拜见岳父大人3	美国	19.07	派拉蒙

续表

序号	影片名	出产国	票房（百万英镑）	发行商（影业公司）
12	寻龙高手	美国	17.26	派拉蒙
13	魔法保姆麦克菲2	英国/美国	16.53	环球
14	罗宾汉	英国/美国	15.44	环球
15	格列佛游记	英国/美国	15.00	二十世纪福克斯
16	纳尼亚传奇：黎明踏浪号	英国/美国	14.11	二十世纪福克斯
17	功夫梦	美国/中国	12.38	索尼
18	舞力对决3D	英国	11.62	Vertigo Films
19	海扁王	英国/美国	11.60	环球
20	公主和青蛙	美国	11.14	华特迪士尼

表3　英国和爱尔兰2011年票房前20影片

序号	影片名	出产国	票房（百万英镑）	发行商（影业公司）
1	哈利·波特与死亡圣器（下）	英国/美国	73.09	华纳兄弟
2	国王的演讲	英国	45.68	Momentum
3	中间人	英国	45.03	影视娱乐
4	加勒比海盗：惊涛怪浪	英国/美国	32.92	华特迪士尼
5	宿醉2	美国	32.83	华纳兄弟
6	暮光之城4：破晓（上）	美国	30.77	eOne Films
7	变形金刚：月黑之时	美国	28.11	派拉蒙
8	大侦探福尔摩斯2：诡影游戏	英国/美国	26.23	华纳兄弟
9	伴娘	美国	23.02	环球
10	亚瑟圣诞	英国/美国	20.84	索尼
11	猩球崛起	美国	20.77	二十世纪福克斯
12	憨豆特工2	英国/美国	20.63	环球
13	长发公主	美国	20.47	华特迪士尼
14	速度与激情5	美国	18.52	环球
15	碟中谍4	美国	17.99	派拉蒙
16	蓝精灵	美国	17.25	索尼
17	功夫熊猫2	美国	16.87	派拉蒙
18	丁丁历险记	美国/新西兰	16.30	派拉蒙
19	黑天鹅	美国	16.19	二十世纪福克斯
20	吉诺密欧与朱丽叶	英国/美国	15.82	eOne Films

表4　英国和爱尔兰2012年票房前20影片

序号	影片名	出产国	票房（百万英镑）	发行商（影业公司）
1	007:大破天幕杀机	英国/美国	102.26	索尼
2	蝙蝠侠:黑暗骑士崛起	英国/美国	56.26	华纳兄弟
3	《复仇者联盟》	美国	51.87	华特迪士尼
4	霍比特人:意外之旅	新西兰/美国	50.00	华纳兄弟
5	暮光之城4:破晓(下)	美国/加拿大	35.67	eOne Films
6	泰迪熊	美国	30.42	环球
7	冰川时代4:大陆漂移	美国	30.26	二十世纪福克斯
8	超凡蜘蛛侠	美国	25.94	索尼
9	普罗米修斯	英国/美国	24.75	二十世纪福克斯
10	少年派的奇幻漂流	美国	24.15	二十世纪福克斯
11	饥饿游戏	美国	24.05	狮门
12	飓风营救2	法国	23.52	二十世纪福克斯
13	马达加斯加3:欧洲通缉犯	美国	22.48	派拉蒙
14	黑衣人3	美国	22.24	索尼
15	勇敢传说	美国	22.16	华特迪士尼
16	黑衣女人	英国/美国	21.33	Momentum
17	涉外大酒店	英国/美国	20.43	二十世纪福克斯
18	战马	英国/美国	18.63	华特迪士尼
19	美国派4:美国重逢	美国	17.00	环球
20	布偶大电影	美国	16.82	华特迪士尼

（二）英国电影生产：高预算的英美合拍片为主，低预算的纯国产片为辅

《影业统计年鉴》把符合英国国籍注册的影片按以下三个生产类别来评估影片的表现：一是英国本土生产的影片，由英国制片公司出品，没有美国好莱坞大制片公司或其在英国的子公司的投资，是纯国产片，亦称为独立电影（有美资参与但不是美国大制片公司投资的低预算影片也被算作独立电影）。二是外来投资影片，由英国之外的国家主要投资和操控，根据剧本要求并受英国制片基础设施或税收减免措施的吸引在英国拍片。这基本是指好莱坞大电影公司投资的英美合拍片，因符合英国电影国籍鉴定的"文化测试"而被注册

为英国电影。此类影片因为预算高、由美国大公司发行,更有可能得到影院放映和高票房收入。由外来投资拍摄的英国电影尽管资金来自海外,但展现的却是文化英伦,它们经常基于英国的故事素材,并使用英国演员、技术职员、拍摄地、设备、后期制作及视觉效果。它们平均占英国的总制片花销的 3/4。三是官方合拍片,符合英国官方签署的双边合作制片协议或《电影合作制片欧洲公约》的规定款项的英国和别国合作拍摄的影片,但不包括美国好莱坞大制片公司或其在英国的子公司投资的联合拍摄。

人们最常提到的是前两个类别。得到广泛发行的英国电影主要是与美国大制片公司合拍的高预算片,它们多能取得票房的成功,但留给英国的利润有限;而本土独立电影则多预算低,票房前景难卜,偶有突破性成功,如《国王的演讲》创造的奇迹。

2010 年,英国共生产了 343 部影片,其中 282 部为纯国产片,32 部为官方及非官方合拍片,28 部为好莱坞投资合拍片。花在英国的总制片费用为 12.54 亿英镑,比 2009 年增长了 7%。制片费的绝大部分来自于高预算的好莱坞投资片。28 部英美合拍片给英国带来了 9.75 亿英镑的制片花销,创历史最高纪录。其中 11 部超 3000 万英镑的大预算影片占 2010 年英国总制片费的 73%。纯国产片依然压力巨大,平均预算从 2003 年的 290 万英镑、2009 年的 140 万英镑降至 2010 年的 120 万英镑。低预算的制片有所增加,有 147 部故事片的制片预算低于 50 万英镑。研究表明,只有不到 14% 的预算低于 50 万英镑的英国影片得到了影院放映。32 部官方及非官方合拍片贡献了近 7000 万英镑制片费。

2011 年,英国共生产了 274 部影片,比 2010 年数量有所下降。故事片总制片数在世界排第六。其中 200 部为纯国产片,42 部为官方及非官方合拍片,32 部为好莱坞投资合拍片。花在英国的总制片费用约 12.72 亿英镑,达历史最高水平。与 2010 年相同,2011 年制片费集中于少量的大预算影片。32 部英美合拍片给英国带来了 10.12 亿英镑的制片花销,再创历史新高,占英国总制片费的 80%,其中 18 部超 3000 万英镑的大预算影片占 78%,充分显示出外来投资对英国电影经济的重要性。200 部国产片为英国制片费贡献了 2 亿英镑,为过去 4 年来的最低,其中 124 部(占 62%)预算低于 50 万英镑(包括

《铁娘子》这样的佳作）。42部官方及非官方合拍片贡献了6000万英镑（平均预算380万英镑）。

英国纯国产片多为低预算影片，但它们将制片费用投入英国花销的百分比比例最大，2010年为86%，2011年为89%。好莱坞投资的英美合拍片次之，2010年为74%，2011年为64%。官方及非官方合拍片最低，2010年为36%，2011年为33%。

2012年，英国共生产了223部影片，比2011年有较大幅度的下降。159部为纯国产片（其中94部预算低于50万英镑），38部为官方及非官方合拍片，26部为好莱坞投资合拍片。2012年花在英国的总制片费用为9.27亿英镑，低于2011和2010年。英美合拍片贡献了6.31亿英镑，纯国产片贡献了2.23亿英镑，官方及非官方合拍片贡献了7300万英镑。

英国电影的体裁也呈多样化特点。以2011年为例，该年英国市场发行的英国影片中，按发行量算，剧情片排第一，喜剧和纪录片并列第二，动作片第三。按票房算，喜剧片排第一（占22%，如《中间人》和《憨豆特工2》），幻想片排第二（占18%，归功于《哈利·波特与死亡圣器（下）》），动作片排第三（归功于《大侦探福尔摩斯2：诡影游戏》和《X战警：第一战》），传记片排第四（归功于《国王的演讲》）。票房前20的英国影片的流派还包括经典翻拍《简·爱》、冷战惊悚片《锅匠、裁缝、士兵、间谍》、家庭剧《捣蛋鬼亨利》以及史上最高票房的纪录片《永远的车神》。2010年票房前20的英国影片亦涵盖广泛的流派，如动作片、动画片、喜剧片、幻想片和战争片。

在以下两个排行榜表中，表5是1989~2012年英国票房前20部最卖座英国片。此榜单多数是美国好莱坞大制片公司投资合拍的影片，仅有两部独立电影——《国王的演讲》和《中间人》入榜，排第16和17位。《007：大破天幕杀机》名列榜首。所有8部哈利·波特系列电影都榜上有名，另有3部007系列片入榜。表6是1989~2012年英国票房前20部最卖座的英国独立电影。2011年的《国王的演讲》和《中间人》名列前两名，票房均超过了4500万英镑，轻松击败了2009年《贫民窟的百万富翁》创下的3200万英镑的纪录。2010、2011、2012三年共有9部影片入榜，成绩斐然。

表5 1989~2012年英国票房前20部最卖座英国影片

序号	影片名	出产国	英国总票房（百万英镑）	发行商（影业公司）	发行年
1	007:大破天幕杀机	英国/美国	102.26	索尼	2012
2	哈利·波特与死亡圣器（下）	英国/美国	73.1	华纳兄弟	2011
3	妈妈咪呀	英国/美国	69.2	环球	2008
4	哈利·波特与魔法石	英国/美国	66.1	华纳兄弟	2001
5	蝙蝠侠:黑暗骑士崛起	英国/美国	56.26	华纳兄弟	2012
6	皇家赌场	英国/美国/捷克	55.6	索尼	2006
7	哈利·波特与密室	英国/美国	54.8	华纳兄弟	2002
8	哈利·波特与死亡圣器（上）	英国/美国	52.4	华纳兄弟	2010
9	一脱到底	英国/美国	52.2	二十世纪福克斯	1997
10	007:大破量子危机	英国/美国	51.2	索尼	2008
11	哈利·波特与混血王子	英国/美国	50.7	华纳兄弟	2009
12	哈利·波特与凤凰社	英国/美国	49.9	华纳兄弟	2007
13	哈利·波特与火焰杯	英国/美国	49.2	华纳兄弟	2005
14	蝙蝠侠:黑暗骑士	英国/美国	49.1	华纳兄弟	2008
15	哈利·波特与阿兹卡班囚徒	英国/美国	46.1	华纳兄弟	2004
16	国王的演讲	英国	45.7	Momentum	2011
17	中间人	英国	45.0	影视娱乐	2011
18	BJ单身日记	英国/美国	42.0	UIP环球	2001
19	查理和巧克力工厂	英国/美国	37.8	华纳兄弟	2005
20	真爱至上	英国/美国	36.8	UIP环球	2003

注：数据没有计入通货膨胀因素。

表6 1989~2012年英国票房前20部最卖座英国独立电影

序号	电影名	出产国	英国总票房（百万英镑）	发行商	发行年
1	国王的演讲	英国	45.7	Momentum	2011
2	中间人	英国	45.0	影视娱乐	2011
3	贫民窟的百万富翁	英国	31.7	百代	2009
4	四个婚礼和一个葬礼	英国	27.8	Carlton	1994
5	黑衣女人	英国/美国	21.33	Momentum	2012
6	涉外大酒店	英国/美国	20.43	二十世纪福克斯	2012
7	锅匠、裁缝、士兵、间谍	英国/法国	14.2	Studio Canal	2011
8	猜火车	英国	12.4	宝丽金	1996
9	新乌龙女校	英国	12.3	影视娱乐	2007

续表

序号	电影名	出产国	英国总票房（百万英镑）	发行商	发行年
10	高斯福庄园	英国/美国	12.3	影视娱乐	2002
11	舞力对决3D	英国	11.6	Vertigo Films	2010
12	海扁王	英国/美国	11.6	环球	2010
13	像贝克汉姆一样踢球	英国/德国	11.6	狮门	2002
14	肥仔快跑	英国/美国	11.0	影视娱乐	2007
15	哈啦英国派	英国	10.5	Icon	2000
16	东方就是东方	英国	10.4	四频道	1999
17	铁娘子	英国	9.9	二十世纪福克斯	2012
18	女王	英国/法国/意大利	9.4	百代	2006
19	疯狂圣诞剧2	英国	9.12	eOne Films	2012
20	战鸽快飞	英国/美国	8.5	影视娱乐	2005

注：数据没有计入通货膨胀因素。

（三）英国电影全球市场票房收入不断提高；英国电影产业市场规模全球第三

英国电影全球市场票房收入不断提高，从2002年的198亿美元上升到2012年的344亿美元（详见表7）。2010年，英国电影在国际票房方面取得了相当的成功。各国电影全球总票房达到320亿美元。英国电影的全球票房是45亿美元，占总票房的14%，比2009年的7%（20亿美元）翻了一番。其中英美合拍片占12.6%（40亿美元），独立电影仅占1.6%（5亿美元）。《哈利·波特与死亡圣器（上）》成为全球最卖座的英国电影，票房超过9.5亿美元。紧随其后的是《盗梦空间》，全球票房8.26亿美元；《诸神之战》，全球票房4.93亿美元；《大侦探福尔摩斯》，全球票房3.72亿美元。

2011年，英国电影在国际票房的表现更加出色。各国电影全球总票房达到326亿美元，十年间增长了65%。英国电影的全球票房是56亿美元，占总票房的17%；其中英美合拍片占14.4%（47亿美元），独立电影占2.8%（9亿美元）。英美合拍片以及英国独立电影都取得了过去十年来最高的票房收入。《哈利·波特与死亡圣器（下）》是全球票房最出色的英国电影，收入达

13亿美元。《加勒比海盗：惊涛怪浪》以10亿美元排第二。《国王的演讲》排第三，也是排名最高的独立电影，一鸣惊人，全球票房超过4.14亿美元。排在其后的独立电影是《三个火枪手》（1.32亿美元）、《中间人》（9200万美元）、《锅匠、裁缝、士兵、间谍》（8000万美元）和《简·爱》（3200万美元）。

2012年，英国电影取得53亿美元的全球票房，占总票房的15%；其中英美合拍片占13.5%，独立电影占1.9%（大大低于2011年的2.8%）。《007：大破天幕杀机》是英国电影以及所有电影中全球票房最高的影片，收入11亿美元。克里斯托弗·诺兰的《蝙蝠侠》三部曲的最后一部《蝙蝠侠：黑暗骑士崛起》收入也超过10亿美元（10.81亿）。独立电影中《涉外大酒店》全球票房最高，达1.35亿美元；《黑衣女人》紧随其后，1.26亿美元；《铁娘子》5900万美元。

表7 英国电影全球票房收入及市场份额：2002~2012

年份	英国电影全球票房收入（10亿美元）	全球电影市场票房收入（10亿美元）	英国份额（%）	美国大制片公司投资的英美合拍片份额（%）	英国独立电影份额（%）
2002	1.8	19.8	9.1	7.6	1.5
2003	1.4	20.1	6.9	5.5	1.5
2004	2.9	24.9	11.6	10.0	1.6
2005	3.6	23.1	15.6	13.4	2.2
2006	2.2	25.5	8.6	7.5	1.2
2007	3.3	26.3	12.5	10.6	1.9
2008	4.2	27.8	15.1	13.3	1.8
2009	2.0	29.4	6.8	4.4	2.4
2010	4.5	31.8	14.2	12.6	1.6
2011	5.6	32.6	17.2	14.4	2.8
2012	5.3	34.4	15.4	13.5	1.9

英国是世界上第三大电影娱乐消费市场，电影产业市场规模全球第三（包括影院收入、录像DVD租售、付费电视、电视、数字频道、网络电视等），仅次于美国和日本。

2010年美国电影市场占世界市场的份额为41%，日本占8.9%，英国占

6.7%。英国电影娱乐市场总收入为38.27亿英镑,其中,9.88亿是影院票房收入,其余是其他形式的播映。注册为英国电影的各种形式的收入达7.69亿英镑。

2011年美国电影市场占世界市场的35%,日本占10%,英国占7%。英国之后依次为法国、澳大利亚、加拿大、德国和中国。英国电影娱乐市场总收入为40.15亿英镑。其中,10.4亿是影院票房收入,其余是其他形式的播映。注册为英国电影各种形式的收入达9.97亿英镑。

在居家娱乐方面,出售DVD和蓝光光碟成为电影在英国市场最大的单一收入来源,2010年销售价值达13亿英镑。电影录像的销售比2009年下滑了11%。2010年80%的观影是通过电视。居家电影消费的新趋势是通过电视点播播放电影,电影通过网络直接在线在电视上播放。

数字3D电影对英国票房的影响越来越大。2010年发行了28部3D电影(是2009年14部的2倍),取得2.42亿英镑票房,占总票房的24%(比2009年的16%和2008年的0.4%有质的飞跃)。2011年发行了47部3D电影,数量大大多于2010年,但票房并没有增长,为2.31亿英镑,占总票房的20%。2012年发行了43部3D电影,收入2.11亿英镑,占总票房的18%。2002年,英国总共3258块影院银幕中只有4块是数字银幕(当时全球有113块)。至2012年4月,72%的银幕已实现了数字化。电影放映协会计划,至2013年第一季度,英国基本上所有的银幕都实现数字化。①

(四)英国电影对国家经济贡献重大

英国电影业是国家经济的一个重要部分。电影业的经济发展表现已胜过了英国经济的总体发展表现。作为世界第三大电影市场,影业对GDP、出口、就业等都有重大贡献。2010年,英国电影业的总营业额为72亿英镑,扣除物价上涨因素,实际为1995年20亿英镑的近2.5倍。电影业对英国GDP的直接贡献是33亿英镑(1995年为9.56亿英镑),占GDP的0.4%,占创意产业

---

① Andreas Wiseman,"UK Digital Cinema Rollout Likely Complete by Q1,2013",*Screen Daily*,20 Apr 2012,http://www.screendaily.com/uk-digital-cinema-rollout-likely-complete-by-q1-2013/5040664.article.

对 GDP 贡献的 8.3%。2011 年，电影业对英国 GDP 的贡献是 46 多亿英镑，向国家财政上缴了 13 多亿英镑。2010 年，英国影业出口了价值 21.07 亿英镑的服务（比 2001 年高 201%），其中 15.7 亿英镑来自版税，5.41 亿英镑来自电影制作服务，贸易顺差高达 15.64 亿英镑。电影业长期以来对英国贸易收支平衡做出了积极的贡献（详见表 8）。

表 8 英国电影工业贸易顺差：2001~2010

单位：百万英镑

年 份	2001	2002	2003	2004	2005	2006	2007	2008	2009	2010
出 口	700	656	633	843	967	912	1049	1341	1476	2107
进 口	455	470	538	752	804	784	818	846	547	543
贸易顺差	245	186	95	91	163	128	231	495	929	1564

2010 年，电影业就业人数比 2009 年有所增加。电影和录像业雇佣了 48500 人，其中 30500 人从事电影和录像制作。2011 年，电影和录像业共雇佣了 62000 人，其中 39000 人从事电影和录像制作。这些数据包括主要工作是电影和录像制作、发行以及电影放映的人，也包括那些第二职业是电影和录像制作、发行以及电影放映的人；数据包括全职和兼职者。若加上间接服务于电影业的岗位，则总数超过 10 万人。电影和录像制作的从业人员中约 60% 的人为自由职业者。在电影发行和放映业工作的员工则多为全职雇员。

（五）英国电影艺术成就卓越

英国电影业展示出惊人的创造力。在过去的十年中，英国演员、导演、作家及其他电影人才在全球票房榜和国际大奖和电影节中都占据了显要位置。英国作家创作的故事素材持续吸引着热情的观众，充分体现出英国文化的国际影响力。英国电影人才将英国的文化和国家形象传播到世界。

在 2001~2011 年全球票房总排行榜排前 200 的影片中，有 31 部是根据英国作家创作的故事和人物拍摄的，有超过一半的影片选用了英国演员担任主角或重要配角，有 24 部由英国导演执导。

1. 故事素材

2001~2011年全球20大最卖座的影片中,有10部是根据英国作家的小说素材改编拍摄的(其中7部是根据J. K. 罗琳的《哈利·波特》系列,另两部是根据J. R. R. 托尔金的指环王系列,最后一部是根据路易斯·卡罗尔的《爱丽丝梦游仙境》)。

在2001~2011年全球票房总排行榜排前200的影片中,有29部注册为英国国籍,有31部是基于英国原创故事素材(数量只逊色于美国故事素材)。在这31部影片中,绝大多数是根据英国新老作家的小说(很多属系列电影或续集),如J. K. 罗琳(《哈利·波特》)、阿瑟·柯南道尔(《福尔摩斯》)、伊安·弗莱明(《007邦德》),J. R. R. 托尔金(《指环王》)、C. S. 刘易斯(《纳尼亚传奇》)等。雄踞榜首的是2011年最卖座影片《哈利·波特与死亡圣器(下)》。不是系列也非续集的有根据大卫·塞德勒的原创剧本拍摄的《国王的演讲》,根据儿童小说改编的两部3D电影《爱丽丝梦游仙境》和《驯龙高手》以及根据克里斯托弗·诺兰的原创剧本拍摄的《盗梦空间》。

2. 英国导演

在2001~2011年全球票房总排行榜排前200的影片中,有24部影片是英国导演执导,大卫·叶慈因执导四部《哈利·波特》电影(《哈利·波特与凤凰社》、《哈利·波特与混血王子》、《哈利·波特与死亡圣器(上)(下)》)而成为近年来取得最大商业成功的英国导演,共赚取了41.6亿美元的票房。克里斯托弗·诺兰排名第二,执导了《蝙蝠侠:侠影之谜》、《蝙蝠侠:黑暗骑士》和《盗梦空间》,取得了22亿美元的票房。列第三位的是麦克·内威尔,执导了《哈利·波特与火焰杯》和《波斯王子:时之砂》,获12.3亿美元票房。列第四位的是雷德利·斯科特,执导的《天朝王国》、《汉尼拔》和《美国黑帮》,获9.36亿美元票房。盖·里奇列第五,执导了两部《大侦探福尔摩斯》,获8.59亿美元票房。保罗·格林格拉斯列第六,执导了《谍影重重2》和《谍影重重3》,获7.31亿美元。挤进排行榜的有两位女性导演:菲利达·劳埃德执导了《妈妈咪呀》,获6.02亿美元票房;比班·基德隆执导了《BJ单身日记2:理性边缘》,获2.55亿美元票房。

汤姆·霍伯的《国王的演讲》，全球票房为4.14亿美元；丹尼·博伊尔的《贫民窟的百万富翁》，全球票房为3.77亿美元。这是排行榜中仅有的两部独立电影。

另有四位英国导演首次荣登榜单。鲁伯特·瓦耶特的《猩球崛起》，全球票房4.83亿美元；肯尼思·布拉纳的《雷神》，4.48亿美元；迈克尔·艾普特的《纳尼亚传奇：黎明踏浪号》，4.16亿美元；马修·沃恩的《X战警：第一战》，3.53亿美元。

3. 国际奖项

英国电影及演艺人才频繁获得国际大奖。在20世纪八九十年代获得了奥斯卡奖30%的奖项。① 《烈火战车》（1981）一鸣惊人，赢得4项奥斯卡大奖；《甘地传》（1982）赢得8项奥斯卡大奖；《印度之行》（1985）赢得奥斯卡全部12项奖项中的11项，登峰造极。在新千年，《女王》（2007）赢得奥斯卡最佳女主角奖，《贫民窟的百万富翁》（2008）赢得8项奥斯卡大奖。英国电影和演艺人才2010年获得了24个重要国际奖项（包括奥斯卡、英国影视艺术学院奖，柏林、戛纳、圣丹斯、多伦多、威尼斯国际电影节奖），占获奖总数的12%，如《年轻的维多利亚》获得奥斯卡最佳服装设计奖。2011年增至30个，占获奖总数的15%，《国王的演讲》获得了奥斯卡最佳影片、最佳导演、最佳男主角和最佳原创剧本4项大奖，也是英国影视艺术学院奖的最大赢家，获得了7个奖项。2012年降为23个，占获奖总数的9%，其中有4项奥斯卡奖，如《铁娘子》的最佳化妆奖。《锅匠、裁缝、士兵、间谍》获英国影视艺术学院奖杰出英国电影和改编剧本两项大奖。2013年奥斯卡奖有6项颁给了英国电影及演艺人才，丹尼尔·戴·刘易斯因在《林肯》中出色地扮演林肯总统而获得最佳男主角奖，《悲惨世界》获得两项。《007：大破天幕杀机》获英国影视艺术学院杰出英国电影奖。2001～2012年，英国电影已获得318个国际大奖，占全球比例的14%，获奖情况详见表9。如果说票房榜里的影片多为英美合拍片，大多数奖项则属于极易辨认、货真价实的英国电影。

---

① Chris Smith, *Creative Britain*, London: Faber and Faber, 1998, p.88.

表9 英国电影与演艺人才获奖情况：2001~2012

年份	获奖数量	占全球获奖比例(%)	年份	获奖数量	占全球获奖比例(%)
2001	25	14	2008	32	15
2002	24	15	2009	36	17
2003	22	13	2010	24	12
2004	22	13	2011	30	15
2005	23	14	2012	23	9
2006	25	14	总数	318	14
2007	32	15			

注：奖项包括奥斯卡、英国影视艺术学院奖、柏林、戛纳、圣丹斯、多伦多、威尼斯国际电影节。

三 英国政府的电影文化政策：2010~2012

（一）卡梅伦政府电影文化政策

2010年执政的保守党和自由民主党联合政府基本上继承了之前梅杰保守党政府和布莱尔、布朗工党政府的电影文化政策，继续通过减免税款、彩票资金、国库财政拨款、电视台资助等渠道扶持电影的生产和电影业发展，继续重视吸引美资在英拍片、人才培养，并积极推动英国电影的出口。工党2007年实施的"文化测试"也得以继续，激励更多电影通过展示英国文化而注册为英国国籍，享受税款减免。

但新政府就职伊始即面对席卷全球的金融危机持续发酵的局面。为应对财政困境，联合政府采取了大刀阔斧的紧缩公共开支和财政削减政策，以缓解国家的巨额赤字危机。在福利开支被削减180亿英镑的前提下，艺术自然更加难逃厄运。新政府上台当年即决定，大幅削减文化媒体体育部的雇员人数，英格兰艺术委员会的国家拨款从4.4940亿英镑削减为3.4940亿英镑，对英国电影研究院（British Film Institute）的1600万英镑拨款砍掉15%，此前允诺给英国电影研究院用以新建国家电影中心的4500万英镑投资以及建立国家电影档案馆数字访问服务的款项也面临被取消的命运。① 唯有彩票资金基本上得到保障,近年来主要用于支援伦敦奥运建设的彩票款将回归常规用途,电影业将每年获得约4300万英镑。

新政府于2011年在一片反对声中解散了已卓有功绩的英国电影委员会,将功能转回给1933年成立的英国电影研究院。英国电影研究院成为电影业发展的引领机构,负责制订影业发展战略规划、出版影业年鉴、分发国家彩票对电影业的资助款和政府下拨的国家财政资助款以及与相关机构合作推广英国电影,政府与此同时加大了对其的资助力度。

尽管紧缩开支,新政府对电影业的总体公共资金投入并没有减少。新政府认识到英国电影的经济和文化价值,通过多渠道对电影业提供财政资助。公共资金主要来自若干英国政府部门、电视台和欧盟,包括文化媒体体育部、皇家税务及海关总署(HMRC)、苏格兰威尔士和北爱尔兰政府、国家彩票、英国广播公司、电视四频道和欧盟机构等。

在2010~2011财政年度,英国政府对电影业的公共资金投入达到3.58亿英镑,比2009~2010年度的2.66亿英镑增长了35%。其中,最大单一来源是对电影生产实施的税费减免,高达2亿英镑,占总金额的56%。第二大来源是文化媒体体育部下拨给英国电影委员会和国家电影电视学校的资助款,达4900万英镑,占14%。第三大来源是国家彩票基金,达4200万英镑,占12%。此外,电视台(英国广播公司和四频道)提供了2230万英镑;国家和区域发展机构提供了1000万英镑;欧盟提供了1070万英镑(其中650万英镑出自欧盟"媒体计划")。在接受资助方面,电影制作受惠力度最大,达2.5亿英镑,占总资助金额的73%。其次是电影档案和遗产,达1900万英镑,占6%;然后是教育、青年人和终身学习(5.5%)以及发行和放映(5%)。在2011~2012财政年度,英国政府对电影业的公共资金投入为3.66亿英镑,其中税费减免占58.5%,国家彩票基金占14%,中央财政补贴占11%。

通过电影税款减免、彩票基金支持和电视台投资的公共资金投入对制片业至关重要。英国票房有史以来排前20的独立电影中有15部受到公共资金的资助。

---

① Nick James, "Rough Cut", *Sight and Sound*, Vol. 20, Issue 9, September 2010, p. 5; Nick James, "Silence of the Lambs", *Sight and Sound*, Vol. 20, Issue 12, December 2010, p. 5.

(二)"文化测试"激励更多电影展示英国文化和国家形象

布莱尔新工党政府对电影生产在投资和税收上的优惠政策名目繁多,一些漏洞被职业投资人所利用。为使电影人成为真正的受益者,政府于2006年推出新的税收减免计划,重要特点之一是实施一个缜密的"文化测试",以决定一部电影制作是否可以归属"英国"国籍并因此有资格享受公共资金和/或税款减免。

电影获得英国国籍须满足以下三种条款之一的要求:符合英国官方签署的诸多双边合作制片协定中一个协定的规定款项;符合《电影合作制片欧洲公约》的规定款项;不符以上两项官方合作制片规定者,则须通过官方的"文化测试",以确定能否获得"英国"资格;符合"英国"国籍鉴定的影片还须将至少25%的总开支(货物和服务)花在英国境内才能获得税款减免。① 符合上述三项中任何一项的制片公司也有资格申请英国电影委员会的资助。

"文化测试"的意义在于它彻底改变了关于"英国"电影过去80年来以经济原则为主导的官方定义,明确认可了电影的文化价值。测试分四大范畴,包括"文化内容"、"文化贡献"、"文化中心"和"文化工作者"。"文化内容"检测一部电影是否以英国为背景,主角是否是英国公民或居民,描绘的是否是英国题材或是否是根据英国公民或居民创作的素材改编而来,录制的原始对话是否是英语。"文化贡献"检测一部电影是否积极表现或反映英国的文化遗产或文化多样性以及英国创意。"文化中心"检测电影的拍摄和/或后期制作工作是否在英国进行。最后,"文化工作者"检测电影是否使用英国创作和演职人员。"文化测试"采用积分制。电影制作公司必须取得总共31分中至少16分的积分才能获得英国片待遇。分值向文化内容和文化贡献高度倾斜,这两类共计20分。积分必须出自所有四个类别,更有进一步的规定确保了只有带明显英国内容的电影才可以通过测试。② 测试的重点在于电影是否以及在

---

① Andrew Higson, *Film England: Culturally English Filmmaking Since the 1990s*, London: I. B. Tauris, p. 58.
② "The Cultural Test for Film", http://www.bfi.org.uk/film-industry/british-certification-tax-relief/cultural-test-film.

多大程度上展示了英国文化,而不只是工业指标意义上的英国电影。

1997~2004年间,本土纯国产片逐步减少,合拍片大增,显示出这一阶段的有关政策导致申请成为官方合拍片要比申请为纯国产片简单。2005年前后,大多数获得英国国籍的电影是合拍片。新的税收减免政策将基点从总投资额转向在英国的花销,并鼓励对英国文化的反映。这直接导致了2008、2009年的官方合拍片跌至2000年前的水平。政府的干预措施使得电影业不再热衷于在英国花销很低的合拍片,英国小份额投资的合拍片锐减。

2010年共有189部(2009年是152部)英国电影最终被认证为"英国"国籍,其中170部是通过了"文化测试",19部为官方联合拍摄。最终通过"文化测试"获得认证的影片的总制片预算为10.02亿英镑。2011年共有203部通过了认证,达到有史以来的最高点,其中189部是通过了"文化测试",14部为官方联合拍摄。最终通过"文化测试"获得认证的影片的总制片预算为21.19亿英镑。2012年共有200部通过了认证,其中187部是通过了"文化测试",13部为官方联合拍摄。最终通过"文化测试"获得认证的影片的总制片预算为11.70亿英镑。

在总预算用于英国制片花销的百分比上,"文化测试"影片要远高于官方合拍片,其年平均英国花销2010年是85%,2011年70%,2012年71%。2011年,通过"文化测试"的电影的英国花销占到了所有取得英国国籍电影的英国花销的96%。

英国政府对英国电影的文化影响力的重视还体现在两份报告上。2009年6月,英国电影委员会对英国电影在过去60年的国内和国际文化影响力进行了调查,发表了报告《我们述说的故事:英国电影文化影响力1946~2006》。2011年,英国电影研究院又对英国电影的文化贡献以及对影响公众观看电影的因素进行了调查,发表了报告《打开我们的眼界》。

(三)产业发展规划:三年战略、五年战略

新世纪以来,英国新工党政府通过2000年成立的英国电影委员会制定并实施了多个"三年计划"发展战略,扶持英国电影产业,确保英国电影产业在数字时代的地位。这些计划分别是:第一个"三年计划"(1998~2001):

"促进电影产业走向可持续发展";第二个"三年计划"(2004~2007):"我们的第二个'三年计划'";第三个"三年计划"(2007~2010):"数字时代的电影";第四个"三年计划"(2010~2013):"英国电影:数字创新与创造性卓越"。2010年,英国文化媒体体育部批准了英国电影委员会实施第四个"三年计划",以确保英国电影在数字时代的成功转型。

第四个"三年计划"的政策重点主要有以下几个方面:一是资助英国电影和英国电影制片人,二是培养创造型和技能型的电影人才,三是鼓励数字时代的创新,四是为观众提供更多观看电影的机会,五是保护英国电影档案文献遗产并向民众开放,六是为民众了解英国电影提供机会。为确保三年计划的顺利实施,英国政府逐渐加强了对电影产业的资助。2010~2013年"三年计划"的年资助金额为6016.3万英镑,主要来源为国家彩票收入(3181万英镑,占52.9%)和文化媒体体育部的财政拨款(2567万英镑,占42.7%)。①

因2010年政府更迭,该"三年计划"没有完全实施。卡梅伦新政府解散了英国电影委员会,由英国电影研究院接手其许多功能。根据政府2012年题为《英国电影的未来始于观众》的电影政策审核报告以及《英国电影新疆域》的咨询调查,研究院于2012年制定了新的题为"永恒的电影"的2012~2017五年计划。与伦敦奥运会"激励一代人"的口号相一致,该五年计划也重在未来——未来的一代观众,未来的一代电影人以及数字技术提供的未来机会。同时,关注未来与关注电影遗产相辅相成。政府继续执行已成功运作的支持拍摄文化英伦电影的电影税款减免政策,并在此基础上,将通过加大国民彩票基金对电影的拨款、增加政府财政投入、加强英国电影研究院自筹资金来保证对新的五年计划的资助。鉴于资金有限,五年计划的战略重点定为以下三个方面:一是扩大电影教育和学习机会,拓展英国观众观影的选择范围。二是加强对电影发展、制作、人才和技能的投资,支持英国电影的未来成功。针对未来成功,要继续重视外来投资,在英国电影委员会(the British Film Commission)② 的统筹负

---

① "UK Film: Digital Innovation and Creative Excellence - UK Film Council Policy and Funding Priorities April 2010 - March 2013". http://industry.bfi.org.uk/media/pdf/g/r/UK_Film_-_Digital_innovation_and_creative_excellence.pdf.
② 此委员会不同于已被撤销的英国电影委员会。

责下向海外推销英国,为英国电影人才和制片公司提供工作机会。同时资助电影的海外发行、放映和参加国际电影节,帮助英国电影在全球市场更具竞争力。三是开放电影遗产,通过对电影的收藏保护、数字化处理、讲解和获取方面的投资,使英国所有国民都能便捷欣赏电影。电影档案馆的一万部重要影片将被数字化。五年计划的年平均资助金额为9810万英镑,主要源自国家彩票(5700万英镑)、文化媒体体育部的国家财政拨款(1840万英镑)及英国电影研究院自营收入(如销售档案资料、赞助、慈善捐赠等共2270万英镑)。政府直接财政拨款比前面的三年计划有所下降,但彩票资金份额大幅增加。①

四 结语

综上所述,英国电影在2010～2012年间业绩不凡:英国票房持续增长,屡创纪录;英国电影的国内票房份额大幅提高;以《国王的演讲》为代表的独立电影大放异彩,赢得票房和奖项的双丰收;英国电影产业市场规模排全球第三;电影业对英国经济在GDP、就业和出口方面的贡献良好,自身增长率超过英国经济的平均增长率,电影贸易多年顺差。英国政府逐步提高公共资金对电影业的扶持,支持英国影片制作的发展,并重视数字创新、人才培养、电影海外推广、电影教育(如举办全国学校电影周)。但英国电影业的繁荣在很大程度上是基于好莱坞大制片公司在英国投资合作拍摄,英美合拍片的辉煌业绩带来英国电影业数据的光鲜,但其中水分很大,因为实际上大部分利润都回流了美国。因而,纯国产的独立电影任重而道远。

电影业越来越得到政府的重视。首相卡梅伦2012年1月11日参观了英国著名的松林电影制片厂,他对投资只有900万英镑、全球票房却高达2.5亿英镑的《国王的演讲》等创下商业佳绩的影片赞赏不已,提出"英国电影人应该贡献更多独立于好莱坞的纯英国产商业大片、票房成功的主流电影","只有拍出叫座又叫好的主流电影,才能让英国电影拥有未来"。② 英国女王也破

---

① "Film Forever: Supporting UK Film—BFI Plan 2012 - 2017", October 2012, http://www.bfi.org.uk/sites/bfi.org.uk/files/downloads/bfi-film-forever-2012-17.pdf.

② 纪双城:"英国电影人不想一切'向钱看'",《环球时报》2012年1月19日,第7版。

天荒地于2012年冬访问了英国电影研究院。

卡梅伦对电影业的最新期待却在英国引起一片争论,许多英国电影人对此不愿苟同。著名独立电影导演肯·洛奇认为一部好电影在商业上的成功很难预料,电影人不能只为赚钱才去创作。国产片票房的难以预料,成功的难以复制,对盈利的渴望以及关于电影的经济价值和文化价值的永恒争议都使英国电影的未来充满不确定性。

The Development of British Film Industry

Abstract: British films performed strongly in the recent three years. UK box office receipts grew steadily; the box office share of UK films increased continuously; inward investment films kept breaking the box office record of UK films; independent films shone brightly with *The King's Speech* grossing $414 million at the worldwide box office as well as winning the Academy Award for Best Picture; the UK had the third largest filmed entertainment market in the world (after the USA and Japan); the film industry made positive contribution to the national economy. The British films and talents enjoyed worldwide reputation. The British government increased public funding to the film industry and paid due emphasis on digital innovation, talent training and oversea promotion. But behind the prosperity is concealed a bleak reality, namely, the British film industry is heavily dependent on inward (Hollywood) investment co-productions. They are registered as British films, whose box office success glamorizes statistics, yet the profit flows to the US. This paper will look at the development of British film industry from 2010 to 2012 and offer brief analysis.

Key Words: British Films; Box Office; Hollywood; National Cinema; Film Policy

英国"数字英国"战略

张 浩*

摘 要：

国际金融危机背景下的英国面临着传统经济增长方式乏力的窘境，英国政府试图通过信息通信产业的数字化升级来实现经济持续增长和改善国民生活的目的。具有战略指导意义的《数字英国》白皮书正是在这一背景下应运而生。白皮书从国家发展角度就促进数字产业的可持续发展、升级和完善信息科技基础设施建设、做好技术人才培养、提升公共数字服务覆盖、确保数字安全和推进电子政务等方面提出指导性意见并开始实施。白皮书着重强调了推进信息通信产业与数字文化创意产业的融合、进一步提升英国的文化传播软实力的目标。虽然计划实施过程中面临包括资金预算不到位在内的诸多问题，但英国政府已为国民勾勒出数字时代英国的美好蓝图。这为我国在数字时代如何做好"两化"融合、"三网合一"、提高和丰富群众公共服务水平等工作提供了很有价值的借鉴与启示。

关键词：

数字英国 数字化通信 公共传播 数字内容 文化传播

2009年6月16日，英国政府文化媒体体育部与商业创新和技术部共同发布了备受关注的《数字英国》白皮书。这份长达240页、包括83项行动宣言的白皮书在负责传播通信的副部长卡特男爵领导下，前后花费一年多时间撰写完成。作为以信息技术为核心的发展战略，《数字英国》为英国数字

---

* 张浩，对外经济贸易大学国际关系学院讲师。

化通信传播确定了重要的阶段性发展方向,对今后英国公共传播服务的发展影响深远。

一 报告源起

报告颁布之时,恰逢全球媒体和通信业萎靡不振。全球主要国家自2009年为应对金融危机,调整产业结构,促进实体经济发展,纷纷推出了各自的发展战略。如美国在2009年2月出台了《经济复苏与再投资法案》,其中特别强调了从能源、医疗、宽带基础建设三个方面广泛开展信息通信技术的应用。美国政府认为宽带基础设施已成为显示经济增长、增加就业机会、提升全球竞争力和改变生活方式的基础。与此同时,德国政府也宣布将在宽带建设上投入500亿欧元作为刺激国家经济发展的行动之一。该计划的目的是使德国在2010年前实现全国宽带覆盖,2014年前75%家庭装有宽带,2018年前所有家庭网速可超过50Mbps。法国在2008年出台的《数字法国2012》计划中提出让所有国民接入宽带与广播网,大力发展数字内容,推广公共结构、企业和个人的数字服务,完善数字经济治理系统,计划从上述四个方面着手使信息通信产业在2012年时占GDP的比重从6%提升到12%。日本于2009年5月推出《i - Japan战略2015》,这是继"e - Japan"、"u - Japan"后的新一版本国家信息化战略。日本政府希望到2015年建成一个可靠并充满活力的数字化社会,信息技术充分融入社会生活的每个角落,由此推动整个社会经济和劳动力的变革,实现科技、技术和管理方面的自主创新。①

英国经济在2008年国际金融危机中遭受重创,直到2009年第四季度国内生产总值(GDP)增长0.1%,重回正增长;但2009年全年英国GDP仍然同比下降4.8%,创1949年以来最大年度降幅。② 据统计,数字网络在信息通信技术(ICT)和广播领域的产值已经占到英国GDP的6%,营业额达到520亿

---

① 王喜文:《ICT战略的国家间比较》,《信息化建设》2011年第1期,第1页。
② 王喜文:《〈数字英国〉:力图打造世界"世界之都"》,《信息化建设》2010年第11期,第47页。

英镑,创造了超过 50 万个工作岗位。① 数字通信对英国经济的影响几乎已延伸到所有领域。从金融系统、公共服务、交通管理到日常生活的各个方面,英国俨然是一个数字化社会。"数字英国"项目囊括了每年经济总产值的 10%。英国作为创意文化大国,数字通信对文化交流及教育等社会生活的许多方面有着深远的影响。为促进经济长期稳定增长,在世界各主要经济体都蓄势待发的背景下,2009 年英国政府大力调整经济战略,先后出台了多项产业振兴计划,对产业结构进行调整和升级,其中数字经济被放在了改革的首要位置。

二 报告形成过程及主要内容

《数字英国》从 2008 年 10 月开始筹备,2009 年 1 月 29 日发布中期报告,确定目标框架并积极向社会各界征求意见。中期报告收到了来自英国各界广泛而有价值的反馈,这些反馈通过数字英国高峰会和其他社交网络、博客网站等各种形式进行充分讨论。在汇总各方面的意见后,英国政府于 2009 年 6 月 16 日发布最终报告——《数字英国》白皮书。

英国政府期望通过《数字英国》白皮书实现以下七大目标。(1)提高数字时代的全民参与水平,增强公众参与度和建设更加清晰而有效的数字公共服务结构。(2)进一步完善通信基础设施能力。(3)制定工业创新未来发展蓝图,并通过法律手段保障技术发展、投资及创新方面的需求。(4)完善数字内容生产的市场框架,并重新评估英国广播公司(BBC)的职责和作用。(5)整体规划数字技术相关的研究和培训市场。(6)确定国家层面的数字安全框架。(7)进一步提升电子政务水平。②

《数字英国》的具体内容包括以下七个方面。

---

① University of Wolverhampton, "Calling all ICT Professionals: Your Country Needs you", http://www.wlv.ac.uk/default.aspx? page = 25220.
② Official Documents, "Digital Britain: Final Report", http://www.official-documents.gov.uk/document/cm76/7650/7650.pdf, p.3.

（一）推进数字化进程

《数字英国》白皮书强调尽最大可能使全体国民享受到"数字英国"的好处，确保大众在数字化中受益。为达成这一目标，英国政府一方面通过针对低收入家庭的家庭接入计划（Home Access Scheme）划拨3亿英镑，一方面通过市场手段及回收廉价电子设备获得额外的资金支持。[1] 尤为重要的是，白皮书提到，在出台成年人信息和通信技术（Information and Communications Technology）特点报告的基础上，英国通信管理局（Office of Communication）负责领导公共和私有数字信息科技相关公司及基金会，提升英国整体电子通信基础建设水平（包括宽带、移动通信和数字电视等），最终保证包括弱势群体在内的所有人都能够享受到更好的公共数字服务。为此，英国政府做出宽带基本服务承诺，保证2012年前所有英国人都可享有至少2兆字节/秒的基本宽带网络。基本服务承诺结合多种技术，包括数字用户线路（DSL）、光纤、无线，甚至卫星加密技术。政府将从公共基金中划拨2亿英镑，并由其他五个经济资源辅助实现这一目标：商业招标提供设计，私营部门合作伙伴提供实物，区域性盈利性的公共组织提供实物，直接来自消费者通过升级服务带来的盈利，移动运营商通过扩大业务覆盖带来的利润。这一承诺通过网络设计和实施小组来执行。[2] 同时，政府还将通过招标形式着重资助加速下一代高速光纤网络建设，并鼓励面向移动宽带领域的投资。[3]

（二）数字通信基础设施建设和数字广播

在数字通信基础设施建设和数字广播方面，《数字英国》白皮书强调两大目标。(1) 建立和完善现代化通信基础设施。在英国，政府对通信的干预长达25年之久。对政府来说，需要迅速建设和持续更新新一代通信基础设施。具体内容由英国通信管理局牵头，加快建设下一代高速移动宽带，确保3G和

---

[1] Official Documents, "Digital Britain: Final Report", http://www.official-documents.gov.uk/document/cm76/7650/7650.pdf, p.17.

[2] Official Documents, "Digital Britain: Final Report", p.12.

[3] Official Documents, "Digital Britain: Final Report", p.12.

下一代移动服务基本覆盖,为国家铁路网和伦敦地铁等公共场所提供可靠服务,同时促进移动服务市场的竞争。(2)为广播电视公司和公众提供数字化广播平台。其中包括针对数字产业升级制定规划,提高数字音频广播覆盖,并具体由英国通信管理局进行监督调控和受益评估。白皮书中提到,在与工业界协商后,政府将支持数字升级产业链,从 2015 年底开始,所有国家广播电台将只提供 DAB(数字音频广播)。为实现这一目标,英国广播公司将负责拓展国家 DAB 覆盖,至少可达到 FM 广播的覆盖率;在终端产品上,则需提供一系列售价在 20 英镑左右的 DAB 收音机,利用价格优势占领市场。政府同时与汽车厂商及欧盟委员会合作,就"数字英国"中确立的 5 个关键计划确保大多数汽车在 2015 年前配有可接受数字广播的设备。①

(三)数字世界的创意产业

英国的创意文化产业一直处于世界领先地位,其优势主要体现在连接欧洲和美国的地理优势、英语的通用性、完善的知识产权保护的法律、丰富的低成本金融及创意人才资源。但随着创意产业的数字转型,老的商业模式快速转化为新模式。在内容变得更容易理解的同时,通过创意开发获得收益变得日益艰难。面对数字经济带来的挑战,《数字英国》白皮书强调,将对与版权相关的法律进行修改,在保证降低成本的同时鼓励消费者获取数字内容。具体内容包括修改现有技术产权保护模式,重新评估个人知识产权安全能力,鼓励依法进行网络下载。另外,一个名为"建设英国未来"的技术战略委员会将负责数字经济各核心部门合作开展有关竞争性的研究与创新。② 同时,白皮书强调,数字英国将针对具体的创新项目进行资金扶持,并鼓励内容提供者和消费者推广包括微支付在内的数字产权模式。

在打击盗窃知识产权方面,白皮书明确指出,政府应根据刑法严厉打击此类犯罪行为。具体内容包括:(1)鼓励依法进行便捷的网络下载;(2)让消费者充分意识到哪些是违法行为;(3)为产权所有者和 ISP(网络服务供应

---

① Official Documents,"Digital Britain: Final Report", p. 16.
② Official Documents,"Digital Britain: Final Report", p. 17.

商)提供法律依据,打击不法分子。英国通信管理局将负责先启动针对违法文件分享的管理,对从事违法活动者给予警告,并确认身份和提起刑事诉讼。白皮书中还提到政府应对网络服务供应商进行一定程度的技术管理,如带宽限制、通信协定及驱动程序拦截。

(四)数字英国中的公共服务

"数字英国"公众服务的内容比模拟时代范围更为广阔,如皇家歌剧院、电影委员会和其他许多博物馆、图书馆、档案和全国各地的画廊。《数字英国》白皮书强调,将通过修改法律、调整公共政策和市场环境,努力确保公共服务的质量和覆盖范围,通过多种平台,提高数字内容服务质量。英国政府将通过数字辅助计划对包括英国广播公司在内的相关机构进行资金支持。[①]

白皮书强调,英国广播公司在公共服务内容干预中需要保持其重要地位,英国广播公司的角色需要演化为公共服务内容伙伴,拓宽与其他媒体组织的合作范围并成为数字英国的促成者。一贯在英国公共服务体系中扮演着重要角色的英国广播公司,将继续激发创意与优质文化并同数字英国的构建紧密结合,英国广播公司基金会(BBC Trust)也把此列为对英国广播公司进行年度考核的内容之一。[②] 英国广播公司在2009年12月提出的初步预算报告中提出为支持宽带拓宽,对每户接有电话地线的家庭收取每年6英镑的宽带税。[③] 同时白皮书还支持英国规模较小的第四频道在多媒体公共服务中扮演作为英国广播公司的补充的角色。

另外,白皮书表示未来将在新闻采访、收集,多媒体分配和同步上进行更大的投入,从而提高国家、区域和地方的新闻质量。英国独立媒介监管机构——英国通信管理局认为,媒介素养取决于在不同情境下人们运用、

---

① Official Documents, "Digital Britain: Final Report", p. 16.
② BBC Trust, "Media Literacy: A Report into Research Conducted on Behalf of the BBC Trust, The Knowledge Agency, March 2010.", http://www.bbc.co.uk/bbctrust/assets/files/pdf/review_report_research/ara2009_10/media_literacy.pdf.
③ BBC News, "Broadband Tax Included in Pre-Budget Report", http://news.bbc.co.uk/1/hi/technology/8403273.stm.

英国"数字英国"战略

理解及开展传播的能力。① 根据《皇家宪章》及英国广播公司附加协议，英国广播公司有责任帮助公众从新的通信技术及服务中受益，有义务提升媒介素养。

（五）整体规划数字技术相关的研究和培训市场

英国长期以来拥有优秀的人才培养模式。在培养数字信息领域的人才方面，《数字英国》白皮书强调政府需要加速建立和完善在数字职业教育基础上的再教育体系以及高等教育技能体系，并继续对研究和创新进行投资，以确保英国能够紧跟数字技术的高速发展步伐。英国电子技能（e-skills UK）和创新技能（Creative Skillset）两个专门机构负责针对当前经济体制下的现有数字技术空白作出分析报告，为保证健康发展的人才流水线能够顺利转换成专业数字时代的劳动力提出建议。②

这一计划涵盖从小学直至高中的教育体系，如旨在保证儿童和年轻人成长环境的学校和家庭儿童计划（Schools and Families' Children's Plan）。③ 白皮书强调数字教程可以在帮助孩子和年轻人掌握新科技的同时获得更好的教育。政府在学校课程中还把提升数字能力与英语、数学和个人发展放在同等重要的位置，一起列为核心课程。这对数字英国的发展极为重要，可以确保未来英国人能够从事技术密集型工作，同时也将成为经济的重要增长点。

（六）数字安全

从数字模拟向数字网络的转变，要求政府的政策和法律制定完善网络安全条款。《数字英国》白皮书在全球层面上，承认当今网络管理涉及交叉的法律管辖环境；在国家层面上，适当的国家管理行为应当成为高效管理的工具；在消费层面上，通过适当的措施，保护个人的网络安全。同时，白皮书强调将通过企业—政府在线安全联合运动（Joint Industry-Government Get Safe Online）

---

① Ofcom, "Media Literacy Information About Ofcom's Media Literacy Activities", http://stakeholders. ofcom. org. uk/market-data-research/media-literacy/.
② Official Documents, "Digital Britain: Final Report", p. 21.
③ Official Documents, "Digital Britain: Final Report", p. 21.

217

为在线信息安全提供一站式服务。① 在打击犯罪方面，英国公平贸易局将对在线消费进行保护，并负责统筹英国各产业、行业，打击在线诈骗。在线内容安全保护方面，白皮书强调电子游戏和在线信息的管理主要依据泛欧洲游戏信息系统执行。同时，互联网监察基金组织（Internet Watch Foundation）及"注意并记下"的网站系统也作为可推行的模式。

（七）通向数字化政府之路

在数字时代，政府既是公共服务的主体和数字系统的主要采购者，也是数据和内容的持有人和监管人。《数字英国》白皮书十分强调数字政府的战略枢纽作用，指出政府必须向数字政府转变，以满足公民对新政府的期待值。目前，有大约一半的英国人通过网络获取政府信息，政府综合服务网站 Gov.uk 每月收到1400万点击率。配合全民宽带接入的实施，数字化政府将确保未来公共服务的数字化转换。

同时，英国政府也计划将"云技术"应用到电子政务建设之中。白皮书建议为政府业务应用设立一个"G-Cloud"，负责运行公共服务网络，能够实现服务器和存储虚拟化以及系统管理的自动化等应用。据称，英国政府首席信息官（CIO）理事会和信息技术行业协会已为"G-Cloud"制定了一个发展路线图，用以作为重组公共部门数据中心的一部分。②

与数字英国白皮书一同出台的还有一系列相关重要文件。其中包括授权英国通信管理局对侵犯版权的行为进行制裁；对现有社区广播认证制度进行修改；阻碍英国数字媒体发展的原因分析；对成人网络内容的管控；对电子游戏分级的态度；ICT 使用者技术独立评估报告；对弱势群体的减免细节；数字英国非正式会议的成果及其他《数字英国》白皮书的在线反馈；数字英国峰会儿童分会的成果；数字英国反馈汇总；地方和区域性媒体整合制度评审（公平贸易局）；数字世界的版权：数字版权机构的角色（知识产权局）。

---

① Official Documents, "Digital Britain: Final Report", p. 22.
② Computing.co.uk, "Digital Britain Commits Government to Cloud Computing", http://www.computing.co.uk/ctg/news/1816113/digital-britain-commits-government-cloud-computing.

英国"数字英国"战略

三 各方反应及争议

《数字英国》白皮书从酝酿之初到最终正式发布，引发了英国社会各界的广泛关注和热烈参与。例如，著名的非营利性数字知识资产机构，英国数字保护联盟（DPC）对该报告做出积极回应，其主要内容包括：(1) 英国数字保护联盟希望能够在提供数字战略方面与《数字英国》团队达成更紧密的合作；(2) 英国数字保护联盟支持报告中有关政府数字战略基本框架的结论，同时强调数字化内容及其对经济发展的卓越贡献，并对政府提出将对英国经济发展政策做出调整，以促进创新产业从发展的边缘向经济发展的主流发展的这一思想表示赞赏。① 同时，英国政府技术战略委员会首席技术专家尼克·阿帕勒亚德表示，一个由超高速宽带连接起来的新社区网络计划是英国政府的"数字英国"战略的一部分，该超高速宽带网络可提供外部网络所不能提供的一些服务，也包括采用新的方式传送电视节目。② 此外，英国商业创新和技术部于2010年3月宣布了国家数字参与计划，以确保每个愿意上网的人都能上网，更好地使用网络并从中获得最大的益处。③ 针对白皮书中制定的媒体素养方面的行动目标，英国广播公司于2011年5月启动媒体素养行动，包括缩小数字鸿沟，促进数字参与；拓展数字服务，推进公民教育。④ 再比如，在宽带速度升级方面，英国政府2010年将在大部分城市人口中普及2Mbps网速的目标推迟到2015年，⑤ 而英

---

① Digital Preservation Coalition, "Full DPC Response to Digital Britain: The Interim Report", http://www.dpconline.org/advocacy/direct－advocacy/dpc－response－to－digital－britain.
② Computing.co.uk, "Technology Strategy Board to 'De-risk' Digital Britain Fibre Rollout", http://www.computing.co.uk/ctg/analysis/1821652/technology－strategy－board－risk－digital－britain－fibre－rollout.
③ Computing.co.uk, "Ofcom Launches Digital Participation Consortium", http://www.computing.co.uk/ctg/news/1839337/ofcom－launches－digital－participation－consortium.
④ BBC Press Office, "BBC Launches First Click Friends and Reaffirms Commitment to Media Literacy", http://www.bbc.co.uk/pressoffice/pressreleases/stories/2011/05_may/11/click.shtml.
⑤ Telegraph.co.uk, "Universal 2mbps Broadband Delayed Until 2015", http://www.telegraph.co.uk/technology/broadband/7892122/Universal－2mbps－broadband－delayed－until－2015.html.

国通信管理局在2013年又将最终目标网速提升至10Mbps。① 此前，50Mbps及以上的宽带已由维珍媒体公司（Virgin Media Ltd）的国家有线网络提供全英约50%的家庭使用。

然而，作为数字英国最直接的政府措施之一，数字经济法案备受争议。为了配合建设数字英国，英国议会于2010年4月通过了针对数字媒体管理的《数字经济法》，并已于2010年6月起生效执行。该法律的内容是要求互联网运营商对其用户的网络盗版行为进行监控，并要求运营商必须向版权所有者和英国通信管理局举报有网络盗版文件共享行为的网络用户。根据法律，英国通信管理局有权制定运营商如何监视其用户的行为规范，规定运营商何时需要向政府提交监视数据，这些监视数据需要被保存多久以及如何处理这些数据。法案还规定，运营商不必为自己用户的盗版行为负责，但必须对盗版用户实施封网等技术性惩罚。而受到惩罚的用户其网速可能会被调低，也可能会被禁止访问某些网站，或者无法使用某种网络协议来传输数据，最严厉的惩罚则是断网。②

数字经济法案在英国社会引起广泛讨论。③ 例如，数字产权活动家、英国开放权利集团负责人吉姆·克罗克认为，《数字经济法》对每个人的日常交流、工作和接受教育是个打击，这表现出政治家对下一代人价值观的无知和不称职。他指出，"该法没有进行公平合理的审查就将一些清白的人拒绝在网络之外。这使我们感到非常气愤，在没有经过讨论的前提下就推行这样的法律，是非常危险的"。④

在知识产权保护方面，英国商业创新和技术大臣、数字经济法案的起草

---

① ISPReview, "Ofcom Strategist Suggests UK 2Mbps Broadband Goal be Lifted to 10Mb", http：//www.ispreview.co.uk/index.php/2013/01/ofcom-strategist-suggests-uk-2mbps-broadband-goal-be-lifted-to-10mb.html, 1 Mar 2013.
② Electronista, "UK Passes Bill that Requires Anti-piracy Monitor", http：//www.electronista.com/articles/10/03/16/uk.bill.to.force.isps.to.monitor.punish.pirates/.
③ Massey, Rodrick, "Digital Economy Act-Fit for Digital Britain?", http：//www.academia.edu/1796267/Digital_Economy_Act_-_Fit_For_Digital_Britain.
④ Out-law.com, "Digital Economy Bill Passed by House of Commons", http：//www.out-law.com/page-10901.

人彼得·曼德尔森一直在寻求合适的法律手段打击侵犯版权行为。① 2009年11月，他把相关举措加入了数字经济法案中，却不得不面对来自知名网络公司的抗议。②网络公司在联名信中强调，这一修改将对个人数据管理带来额外的技术需求或操作，在带来不必要的费用的同时抑制了创新。然而，英国政府依然坚持原先的做法，认为这一针对网络侵权的法案是符合数字技术发展要求的。而一份来自伦敦政治经济学院2011年的媒体政策报告就指出，版权强化与创新之间没有取得良好的平衡，新的数字内容政策为用户提供了方便的解决方案，但它更加注重于保护过时的经济模式，而扼杀了创新。③

在资金方面，尽管英国政府再三表示会全力支持数字英国的建设，④但各方对资金问题依然充满了担忧。《数字英国》白皮书中提到，政府将设立专项资金用于偏远地区的下一代网络建设，但从2010年10月英国通信管理局削减预算来看，囊中羞涩的英国政府有些有心无力。⑤政府的做法导致下一代网络建设将主要依靠商业投资，例如英国电信投资额达到15亿英镑的光纤网络建设计划。但英国电信抱怨，英国通信管理局对铜线网络批发价格的调整致使公司的这部分收入不足以刺激其光纤投资。

《数字英国》报告中提到通过综合使用固定、移动及卫星技术为英国所有人口提供速度至少为2Mbps的宽带网络服务，资金来源为每部固话用户每年收取6英镑的额外费用和每年从电视执照费扣除3.5%补充到宽带基础设施建设之中。2010年3月，英国政府明确将收取宽带税，并对电子游戏产业也采

---

① Guardian.co.uk, "Mandelson Seeks to Amend Copyright Law in New Crackdown on Filesharing", http://www.guardian.co.uk/politics/2009/nov/19/mandelson-copyright-filesharing-murdoch-google.
② BBC News, "Web Giants Unite Against Digital Britain Copyright Plan", http://news.bbc.co.uk/1/hi/8390623.stm.
③ Bart Cammaerts and Bingchun Meng, "Media Policy Project Policy Brief 1: Creative Destruction and Copyright Protection", http://blogs.lse.ac.uk/mediapolicyproject/2011/03/21/media-policy-project-policy-brief-1-creative-destruction-and-copyright-protection/.
④ Guardian.co.uk, "Budget 2009: Alistair Darling Pledges Help for 'Broadband for all'", http://www.guardian.co.uk/media/2009/apr/22/budget-broadband-for-all, 5 Mar 2013.
⑤ Ofcom, "Ofcom Announces Budget Reduction and Savings", http://media.ofcom.org.uk/2011/03/31/ofcom-announces-budget-reduction-and-savings/.

取了加税政策。据估计,政府将通过这一税收每年筹集到约 1.7 亿英镑。同时,英国政府再次宣布将在 2017 年实现 90% 用户使用"超快"宽带,但不再强调原先目标中提到的在 2020 年前实现 100% 接入"超快"宽带。① 政府的加税举动在英国社会引起巨大争议,因为根据《数字英国》白皮书的建议,下一代网络建设的基金将由新成立的网络设计和采购集团以投标的形式进行分配。基金分配将对所有的电信公司开放,只要愿意提供下一代宽带服务都可参加,其中也可能包括移动运营商。因此,英国电信对只向固话用户征税的做法提出了抗议。该公司表示,如移动运营商也有资格申请这一基金,那么只向固定线路用户征税是不合理的。而征收电视执照费的情况更为复杂,因为根据英国广播公司宪章,英国广播公司将获得所有的电视执照费收入作为其运行费用,每年约为 36 亿英镑,如果从中扣除 3.5%,等于剥夺了英国广播公司的财路。而且英国广播公司担忧,如果其失去对电视执照费的控制权,将渐渐丧失自身的独立性和决策权。英国广播公司基金会主席迈克尔·莱昂斯公开警告,不能把电视执照费当做政府的"小金库",随便掏钱出来做其他事情。如果政府要求英国广播公司向公众负责,就必须让英国广播公司全面控制电视执照费的使用。为保持独立性,迈克尔·莱昂斯表示,未来 6 年,电视执照费将被冻结。②

四 对中国的启示

《数字英国》白皮书的出台,从国家战略的高度对英国社会、经济、文化各方面的数字化确立了详细的指针。中国作为快速发展的世界第二大经济体,面对数字时代,如何调整经济增长方式,丰富国民数字文化生活将是重大而紧迫的任务。与英国这样的老牌工业强国和创意产业大国相比,中国存在着信息技术自主创新能力较弱、信息化对整体经济发展渗透促进作用不够、技术人才

---

① BBC News, "Budget 2010: Darling Puts Emphasis on Broadband for all", http://news.bbc.co.uk/1/hi/technology/8584873.stm.
② BBC News, "Television Licence Fee to be Frozen for next Six Years", http://www.bbc.co.uk/news/entertainment-arts-11572171.

培养不足等问题。《数字英国》将产业整合、人员及技术培训、数字化和信息科技融合的做法很值得我们借鉴。

《数字英国》特别强调整合有线网、无线网、宽带网等各种数字网络,在建设现代完善的技术设施的同时,为国民提供丰富的数字内容,并促进相关产业的发展,为经济增长及增加就业做出重要贡献。中国正在稳步推进信息基础设施建设,但缺乏战略性长远规划,尚无法从宏观角度最大限度地促进数字相关生产性产业的发展。目前来看,中国信息化和工业化融合的广度和深度还不够,信息资源比较分散,信息孤岛或信息鸿沟的现象比较明显,移动网络的升级换代较为缓慢,电信网、计算机互联网和有线电视网的三网融合距离国际先进水平还存在一定差距。

另外,我国还应借鉴英国鼓励创新产业发展的做法,从国家战略层面切实保障创新技术的发展,加快创新人才的培养,加强提升信息内容产业对经济增长的促进作用。同时,中国应迅速建立起良性循环的创新市场机制,鼓励创新企业的发展,鼓励民间资本的参与。另外,考虑到我国跨越式发展的国情,我国还应全面普及数字技术的使用,使广大国民能够适应数字时代,进而为中国数字发展打下良好群众基础。

在知识产权保护、数字安全和电子政务方面,中国应从法律层面切实做到保护数字知识产权,加大数字信息安全力度,积极采取保全措施,使知识产权权利人权利保护的及时性、便利性、有效性得以增强。同时将政府的电子政务建设落到实处,加强电子政务集中管理,做好政府信息公开和便民服务,真正为广大群众提供高效满意的电子服务。

此外,《数字英国》特别强调英国文化的输出和传播。我国作为具有深厚文化积淀的文明古国,应该把握数字时代带来的新机遇,运用新兴技术,推动文化经济的发展,做好中国文化的国际传播工作,提升我国的软实力。①

---

① 人民网:《跨界与融合数字时代如何传播中国文化?》, http://culture.people.com.cn/GB/87423/17537384.html。

五 结论

英国作为世界上第一个实现工业革命和工业化的国家,面对来自数字时代的巨大发展压力,在国际金融危机背景之下,出台并实施了《数字英国》白皮书。数字英国战略的目标是为英国的工业和信息产业发展战略目标"New Industry, New Jobs"(新产业,新工作)制定有效、持久、切实可行的公共策略,从而为有竞争力的产业结构调整及必要时政府进行干预做出积极而充足的准备。此外,《数字英国》将为英国在全球传播的前沿谋求席位,规划数字技术的产业框架,强化公共服务水平,最大限度地拓展公民在数字时代的利益。

《数字英国》力图确保英国在未来相当长时间内继续保持创新大国地位,抢占未来科技和产业发展的制高点,推进战略性新兴产业发展。数字革命迎面而来,如果政府不能以积极的态度在基础建设、人才培养、政策法规等多个方面做好准备,只能被时代的浪潮打个措手不及。虽然面临产业整合、社会承受度、技术和资金等诸多难题,英国政府仍向国民提出了美好的设想,正如英国前首相戈登·布朗所说:"只有数字英国才能释放我们的想象力和创新能力,确保我们和我们的孩子在未来拥有高技术含量的工作;只有数字英国才能保证信息革命奇迹成为现实,走进每个人的生活;只有数字英国才能使我们拥有开拓未来的视野和活力。"[①]

"Digital Britain" Strategy

Abstract: In the context of global financial crisis, the British government, which has been experiencing the plight resulting from the traditional market and industry mode, expects to achieve sustained economic growth and improved the people's livelihood by the digital upgrading in information and communication

---

① Official Documents, "Digital Britain: Final Report", pdf, p. 7.

industry. "Digital Britain" of strategic significance just came into being at this break point. It set out a series of guidelines and rolled out practical implementations, based on the perspectives of national development, in the aspects of motivating the sustainable development of the digital industry, upgrading the information technology infrastructure, providing personal skill training, enhancing public digital service coverage, ensuring the digital security, and promoting e-government. "Digital Britain" highlighted promoting the integration between information and communication industries and digital cultural and creative industries, and further strengthening the soft power of British cultural transmission. The Great Britain is facing various problems, including the budget crisis. However the British government has sketched out a blueprint for the digital age, which could provide some valuable lessons for China, especially for the integration of IT application and industrialization, building up Triple Play Service, and the public services improvement.

Key Words: Digital Britain; Digital Communications; Public Communication; Digital Content; Cultural Transmission

资料篇

Data and Statistics

统计资料

沈 毅*

表1 英国国内生产总值（GDP）增长率（2007～2013年第一季度）

单位：按季度变化百分比（%）

	第一季度	第二季度	第三季度	第四季度
2007	1.0	0.6	0.5	0.3
2008	0.5	-1.3	-2.0	-2.1
2009	-1.5	-0.2	0.4	0.4
2010	0.6	0.7	0.6	-0.4
2011	0.5	0.1	0.6	-0.1
2012	-0.1	-0.4	0.9	-0.3
2013	0.3			

资料来源：根据英国国家统计局（Office for National Statistics）的Gross Domestic Product Preliminary Estimate，Appendix B1数据综合统计。http://www.ons.gov.uk。

---

* 沈毅，北京外国语大学英语学院英国研究中心副教授。

表2 2013~2014财年英国政府公共开支情况表

单位：10亿英镑，%

排列	项目	金额	占总开支百分比
1	社会保障	220	30.6
2	个人社会服务	31	4.3
3	债务利息	51	7.1
4	住房和环境	23	3.2
5	工业、农业、就业和培训	16	2.2
6	医疗	137	19.0
7	公共秩序和安全	31	4.3
8	交通	21	2.9
9	教育	97	13.5
10	国防	40	5.6
11	其他	53	7.4
	总开支	720	100
	总收入	612	

占 GDP 百分比：46.71　　　　国内生产总值（GDP）：1541.465（2012年数据）

注：以上数据由于四舍五入原因，百分比总和超过100%。

资料来源：*The Guardian Budget 2013：the government's spending and income visualised*，http://www.guardian.co.uk/news/datablog/2013/mar/20/budget-2013-tax-spending-visualised#; Office for National Statistics, *Government Deficit and Debt Under the Maastricht Treaty, Calendar Year 2012*, Appendix M1, http://www.ons.gov.uk/ons/dcp171778_299198.pdf。

表3 英国政府赤字和债务表（2007~2012，按自然年度统计）

自然年度	当年政府净负债（百万英镑）	国内生产总值（GDP）（百万英镑）	当年债务占GDP百分比（%）	累计债务总量占GDP百分比（%）
2007	39408	1412118	2.8	44.2
2008	73104	1440929	5.1	52.7
2009	160841	1401864	11.5	67.8
2010	149553	1466569	10.2	79.4
2011	118632	1515828	7.8	85.5
2012	97794	1541465	6.3	90.0

资料来源：Office for National Statistics, *Government Deficit and Debt Under the Maastricht Treaty, Calendar Year 2012*, Appendix M1, http://www.ons.gov.uk/ons/dcp171778_299198.pdf。

英国发展报告（2010~2013）

表4 英国政府赤字和债务表（2007~2012，按财政年度统计）

财政年度	当年政府净负债（百万英镑）	国内生产总值（GDP）（百万英镑）	当年债务占GDP百分比(%)	累计债务总量占GDP百分比(%)
2007/08	40457	1432887	2.8	43.3
2008/09	100077	1422290	7.0	56.2
2009/10	163123	1415654	11.5	73.9
2010/11	141783	1480569	9.6	80.0
2011/12	118217	1524550	7.8	86.3

资料来源：Office for National Statistics, *Government Deficit and Debt Under the Maastricht Treaty*, *Calendar Year 2012*, Appendix M1. http://www.ons.gov.uk/ons/dcp171778_299198.pdf.

表5 英国就业情况表（2010年3月~2013年3月）

单位：千人

产业类别	就业人数			
	2010年3月	2011年3月	2012年3月	2013年3月
A 农业、林业、渔业	410	401	437	363
B 矿业、采石业	62	62	70	69
C 制造业	2576	2552	2611	2614
D 电力、燃气、能源	133	132	115	120
E 供水、水处理、垃圾处理	170	190	194	203
F 建筑	2079	2028	2047	1994
G 批发零售、汽车贸易维修	4777	4827	4932	4952
H 交通、储运	1472	1494	1558	1564
I 住宿、饮食	1946	1911	2090	2050
J 信息、通信	1129	1226	1251	1320
K 金融、保险	1105	1121	1154	1149
L 房地产	444	463	485	511
M 职业性、科技活动	2393	2366	2442	2559
N 行政、支持性服务业	2387	2417	2520	2574
O 公共管理、国防、社会安全	1779	1694	1590	1576
P 教育	2763	2765	2789	2767
Q 医疗卫生	4005	4047	4081	4145
R 公共行政	849	875	885	876
S 其他	857	820	814	814
T 家庭雇佣	—	73	71	75
G-T 服务业就业人数总和	25906*	26099	26661	26933
总 计	31336*	31465	32137	32297

注：以上表格据每年3月份公布的数据统计。以上行业分类来源于SIC 2007，http://www.companieshouse.gov.uk/infoAndGuide/sic/sic2007.shtml。

* 2010年3月未统计T类（家庭雇佣）的数据，故该数据中的G-T数据为G-S的总和。

资料来源：2010年3月的数据参考Office for National Statistics, *Labour Market Statistics*, *May 2012*, Appendix 6, http://www.ons.gov.uk/ons/dcp171778_264236.pdf；2011、12、13年每年3月的数据参考Office for National Statistics, *Labour Market Statistics*, *June 2013*, Appendix 6, http://www.ons.gov.uk/ons/dcp171778_312067.pdf。

表6 英国失业率统计表（2009年11月~2013年4月）

单位：%

时间段	失业率	时间段	失业率
2009年11月~2010年1月	7.8	2011年7月~2011年9月	8.3
2009年12月~2010年2月	8.0	2011年8月~2011年10月	8.3
2010年1月~2010年3月	8.0	2011年9月~2011年11月	8.4
2010年2月~2010年4月	7.9	2011年10月~2011年12月	8.4
2010年3月~2010年5月	7.9	2011年11月~2012年1月	8.3
2010年4月~2010年6月	7.9	2011年12月~2012年2月	8.3
2010年5月~2010年7月	7.8	2012年1月~2012年3月	8.2
2010年6月~2010年8月	7.8	2012年2月~2012年4月	8.1
2010年7月~2010年9月	7.7	2012年3月~2012年5月	8.1
2010年8月~2010年10月	7.9	2012年4月~2012年6月	8.0
2010年9月~2010年11月	7.8	2012年5月~2012年7月	8.1
2010年10月~2010年12月	7.8	2012年6月~2012年8月	7.9
2010年11月~2011年1月	7.9	2012年7月~2012年9月	7.8
2010年12月~2011年2月	7.8	2012年8月~2012年10月	7.8
2011年1月~2011年3月	7.8	2012年9月~2012年11月	7.7
2011年2月~2011年4月	7.7	2012年10月~2012年12月	7.8
2011年3月~2011年5月	7.7	2012年11月~2013年1月	7.8
2011年4月~2011年6月	7.9	2012年12月~2013年2月	7.9
2011年5月~2011年7月	8.0	2013年1月~2013年3月	7.8
2011年6月~2011年8月	8.1	2013年2月~2013年4月	7.8

注：该表数据是英国16岁以上全部人口的失业率。

资料来源：根据英国国家统计局（Office for National Statistics）的各月 Labour Market Statistics，Appendix 9 数据综合统计，http：//www.ons.gov.uk.

表7 英国居民消费价格水平（CPI）变化表（2008~2012）

单位：%

年份	第一季度	第二季度	第三季度	第四季度
2008	2.4	3.4	4.8	3.9
2009	3.0	2.1	1.5	2.1
2010	3.3	3.5	3.1	3.4
2011	4.1	4.4	4.7	4.6
2012	3.5	2.8	2.4	2.7

资料来源：Office for National Statistics，http：//www.ons.gov.uk。

表8 英国进出口情况表（2010年~2013年第一季度）

单位：百万英镑

		第一季度	第二季度	第三季度	第四季度	总额
2010年各季度进出口情况	出口	106292	112088	112016	117489	447885
	进口	113754	119020	121176	125437	479387
	贸易差额	-7462	-6932	-9160	-7948	-31502
2011年各季度进出口情况	出口	121842	122221	123415	125528	493006
	进口	125449	128751	130988	131407	516595
	贸易差额	-3607	-6530	-7573	-5879	-23589
2012年各季度进出口情况	出口	123866	120842	123067	120653	488428
	进口	131755	131391	131155	130281	524582
	贸易差额	-7889	-10549	-8088	-9628	-36154
2013年第一季度进出口情况	出口	121920				
	进口	130540				
	贸易差额	-8620				

资料来源：2010年与2011年数据参考 Office for National Statistics, *Monthly Review of External Trade Statistics December 2012 Edition*, A1, http://www.ons.gov.uk/ons/rel/uktrade/monthly-review-of-external-trade-statistics/december-2012/bdl-monthly-review-of-external-statistics--december-2012.pdf；2012年与2013年第一季度数据参考 Office for National Statistics, *UK Trade, April 2013*, Appendix 1, http://www.ons.gov.uk/ons/dcp171778_310543.pdf。

表9 2012年英国主要进口贸易伙伴情况表

单位：百万英镑

	1月	2月	3月	4月	5月	6月	7月	8月	9月	10月	11月	12月	进口总额
德国	4306	4330	4392	4369	4306	4293	4369	4529	4420	4349	4494	4320	52477
中国	2623	2639	2490	2690	2776	2735	2782	2748	2580	2502	2503	2453	31521
荷兰	2399	2473	2560	2472	2606	2500	2547	2609	2672	2715	2926	2748	31227
美国（含波多黎各）	2378	2384	2476	2478	2480	2456	2596	2563	2595	2689	2405	2435	29935
法国	1926	1800	1967	1878	1888	1844	1917	1918	1768	1921	1929	1742	22498
挪威	2267	2110	2370	2203	2047	1838	1453	1728	1392	1615	1595	1752	22370
比利时、卢森堡	1639	1590	1703	1539	1484	1457	1496	1555	1611	1601	1609	1579	18863
意大利	1169	1145	1221	1174	1173	1216	1214	1247	1199	1192	1158	1143	14251
爱尔兰	1112	1193	1175	1177	1118	1121	970	1108	952	943	997	968	12834
西班牙	956	938	954	976	973	892	947	1015	935	971	957	1016	11530

资料来源：Office for National Statistics, *Monthly Review of External Trade Statistics December 2012 Edition*, F2, F3, F5, F7, F8, F11, http://www.ons.gov.uk/ons/rel/uktrade/monthly-review-of-external-trade-statistics/december-2012/bdl-monthly-review-of-external-statistics--december-2012.pdf。

表10 2012年英国主要出口贸易伙伴情况表

单位：百万英镑

	1月	2月	3月	4月	5月	6月	7月	8月	9月	10月	11月	12月	出口总额
美国（含波多黎各）	3745	3191	3755	3422	3615	3245	3325	3341	3839	3234	3021	3286	41019
德 国	2691	2590	2977	2583	2579	2795	2533	2404	2685	2661	3036	2615	32149
荷 兰	2115	2490	2028	1930	2135	1849	2202	2125	2054	1999	2001	1892	24820
法 国	1651	1805	1767	1637	1773	1522	1860	1865	1815	1765	1720	1850	21030
爱尔兰	1444	1449	1468	1453	1423	1449	1468	1478	1456	1451	1441	1409	17389
比利时、卢森堡	1270	1211	1307	1188	1248	1233	1201	1284	1140	1167	1171	1202	14622
中 国	886	821	871	709	1031	854	930	923	835	910	843	927	10540
西班牙	702	695	756	676	771	637	736	704	670	774	702	707	8530
意大利	707	681	676	678	738	658	661	629	650	690	670	649	8087
瑞 士	329	507	538	450	448	545	758	457	451	435	687	1158	6763

资料来源：Office for National Statistics, *Monthly Review of External Trade Statistics December 2012 Edition*, F2, F3, F5, F7, F8, F11, http：//www.ons.gov.uk/ons/rel/uktrade/monthly-review-of-external-trade-statistics/december-2012/bdl-monthly-review-of-external-statistics--december-2012.pdf。

表11 英国房价走势表（按季度）

	所有住房			新住房			老旧住房		
	指数	价格（英镑）	年变化率（%）	指数	价格（英镑）	年变化率（%）	指数	价格（英镑）	年变化率（%）
2009年1季度	7918.0	149709	-16.5	7580.7	159691	-16.3	9682.1	147537	-17.4
2009年2季度	8148.5	154066	-11.7	7497.3	157934	-15.3	10084.7	153671	-11.6
2009年3季度	8470.7	160159	-3.0	7763.1	163534	-6.9	10474.7	159615	-3.1
2009年4季度	8574.2	162116	3.4	7805.8	164433	0.0	10670.8	162602	4.1
2010年1季度	8615.0	162887	8.8	7991.5	168346	5.4	10663.9	162498	10.1
2010年2季度	8923.4	168719	9.5	8027.3	169098	7.1	11161.5	170080	10.7

续表

	所有住房			新住房			老旧住房		
	指数	价格（英镑）	年变化率（%）	指数	价格（英镑）	年变化率（%）	指数	价格（英镑）	年变化率（%）
2010年3季度	8851.2	167354	4.5	8160.4	171904	5.1	11118.3	169421	6.1
2010年4季度	8619.4	162971	0.5	7946.4	167395	1.8	10689.8	162892	0.2
2011年1季度	8588.1	162379	-0.3	7964.6	167779	-0.3	10663.5	162491	0.0
2011年2季度	8820.0	166764	-1.2	8140.0	171473	1.4	11043.2	168278	-1.1
2011年3季度	8811.2	166597	-0.5	8082.5	170263	-1.0	11083.7	168895	-0.3
2011年4季度	8715.4	164785	1.1	8198.5	172707	3.2	10900.8	166107	2.0
2012年1季度	8606.3	162722	0.2	8214.6	173045	3.1	10752.0	163840	0.8
2012年2季度	8724.4	164955	-1.1	8340.5	175697	2.5	10987.1	167423	-0.5
2012年3季度	8669.1	163910	-1.6	8167.5	172052	1.1	10916.8	166351	-1.5
2012年4季度	8616.9	162924	-1.1	8228.5	173337	0.4	10846.2	165276	-0.5
2013年1季度	8623.9	163056	0.2	8263.0	174064	0.6	10789.1	164406	0.3

资料来源：Nationwide，"UK House Prices Since 1952"，http://www.nationwide.co.uk/hpi/downloads/UK_house_price_since_1952.xls。

表12 英国2013~2014年度个税税率表（从2013年4月6日起实行）

个人收入税率表2013~2014（按收入种类和税阶分类）			
收入税阶	非储蓄收入	储蓄收入	红利收入
0英镑至2790英镑储蓄税收的起始税率	不适用	10%	不适用
0英镑至32010英镑基本税率	20%	20%	10%
32011英镑至150000英镑	40%	40%	32.5%
超过150000英镑	45%	45%	37.5%

资料来源：HM Revenue & Customs (HMRC)，"Income Tax Rates and Allowances"，http://www.hmrc.gov.uk/rates/it.htm#2。

统计资料

表13 英国 2010~2014 年度企业税税率表

税　率	2010	2011	2012	2013	2014
薄利税率	21%	20%	20%	20%	20%
申请薄利税率的企业的利润不能超过	300000 英镑			
企业所得税减免界限下限	300000 英镑			
企业所得税减免界限上限	1500000 英镑			
企业税主要税率	28%	26%	24%	23%	21%
信托及开放式投资公司的特别税率	20%	20%	20%	20%	20%

资料来源：HM Revenue & Customs（HMRC），"Corporation Tax Rates"，http：//www.hmrc.gov.uk/rates/corp.htm。

表14 英国全国人口分布情况（按地区）表

地　区	人口	男性	女性
英格兰	53012456	26069148	26943308
威尔士	3063456	1504228	1559228
苏格兰	5295000	2567000	2728000
北爱尔兰	1810863	887323	923540

资料来源：Office for National Statistics, "Table 1 2011 Census: Usual Resident Population by Five-year Age Group and Sex, United Kingdom and Constituent Countries", http://www.ons.gov.uk/ons/rel/census/2011-census/population-and-household-estimates-for-the-united-kingdom/rft-table-1-census-2011.xls。

表15 英国全球竞争力排行表（2012~2013）

	排　行（全球144个国家排名）	得　分（1~7）
2012~2013年全球竞争力	8	5.4
2011~2012年全球竞争力（全球142个国家排名）	10	5.4
2010~2011年全球竞争力（全球139个国家排名）	12	5.3
基本条件(20%)	24	5.5
社会环境和体制	13	5.4
基础设施	6	6.2
宏观经济环境	110	4.0
健康和基础教育	17	6.4
效率增强因素(50%)	4	5.5
高等教育和培训	16	5.6
货物市场效率	17	5.1
劳动力市场效率	5	5.4
金融市场开发	13	5.2
技术条件	7	6.0
市场规模	6	5.8
成熟度和创新(30%)	9	5.3
商业成熟度	8	5.5
创新	10	5.2

资料来源：World Economic Forum, *The Global Competitiveness Report 2012-2013*, p.358, http://www3.weforum.org/docs/WEF_GlobalCompetitivenessReport_2012-13.pdf。

表16 英国全球竞争力排行表（社会环境和体制部分）

序号	社会环境和体制分类	得分(1~7)	全球144个国家排名
1.01	财产权利	6.2	5
1.02	知识产权保护	5.9	6
1.03	公共资金转移	5.7	13
1.04	政治家的公众信任度	3.8	31
1.05	非正常支付和贿赂	5.9	17
1.06	司法独立	6.2	11
1.07	政府官员做决定的偏好	4.2	22
1.08	政府开支浪费	3.8	34
1.09	政府法令带来的负担	3.4	72
1.10	解决纠纷的法律效率	5.4	11
1.11	挑战条规的法律效力	5.1	11
1.12	政府政策制定的透明度	5.3	13
1.13	政府服务对改善企业表现的作用	4.1	42
1.14	恐怖主义造成的商业成本	5.2	98
1.15	犯罪和暴力造成的商业成本	5.3	51
1.16	有组织犯罪	6.0	35
1.17	警察服务的可靠度	5.9	23
1.18	企业道德表现	5.9	12
1.19	审计力度和报告标准	5.9	13
1.20	企业董事会效能	5.3	15
1.21	散户投资者利益的保护	5.2	16
1.22	投资保护力度：0~10（最强）	8.0	10

资料来源：World Economic Forum，*The Global Competitiveness Report 2012 - 2013*，p.359，http://www3.weforum.org/docs/WEF_ GlobalCompetitivenessReport_ 2012 - 13.pdf。

表17 英国经济预测（除另有注明外，均为与上一年变化百分比）

	结算		预测*				
	2011	2012	2013	2014	2015	2016	2017
GDP 增长	0.9	0.2	0.6	1.8	2.3	2.7	2.8
GDP 水平(2011年=100)	100.0	100.2	100.8	102.6	105.0	107.8	110.8
产出缺口（潜在产出百分比）	-2.7	-2.7	-3.6	-3.7	-3.4	-2.9	-2.3
GDP 主要构成							
家庭消费	-1.0	1.0	0.5	1.2	1.7	2.4	2.8
企业投资	3.1	4.9	1.9	6.1	8.6	8.6	8.6
政府消费	-0.1	2.6	0.4	-0.7	-0.4	-1.0	-1.8

续表

	结算		预测*				
	2011	2012	2013	2014	2015	2016	2017
政府投资	-26.2	2.7	2.6	5.0	1.8	-1.5	-1.2
净贸易	1.2	-0.8	0.1	0.1	0.1	0.1	0.1
通货膨胀(CPI)	4.5	2.8	2.8	2.4	2.1	2.0	2.0
劳动力市场							
就业人数(百万人)	29.2	29.5	29.8	29.9	30.1	30.3	30.5
平均收入	2.3	2.1	1.4	2.7	3.6	4.0	4.0
依照国际劳工组织(ILO)标准的失业率	8.1	7.9	7.9	8.0	7.9	7.4	6.9
领取失业金人数(百万人)	1.53	1.59	1.58	1.63	1.59	1.48	1.38

* 该预测根据英国国家统计局（Office for National Statistics）于2013年2月27日发布的2012年第四季度英国国内生产总值（GDP）数据编制而成。

资料来源：Office for Budget Responsibility，*Economic and Fiscal Outlook*：*March 2013*，Cm 8573，p.9，http：//cdn. budgetresponsibility. independent. gov. uk/March - 2013 - EFO - 44734674673453. pdf。

2010~2012年英国大事记*

英国研究中心编

2010年

一月

1日

英国工业联合会（CBI）总干事兰伯特（Richard Lambert）呼吁内阁部长推进处理财政赤字的计划。

英国《2007法律服务法》设立的法律服务委员会开始行使其职能，成为第一个统一的法律服务监管和援助机构。

英国首相布朗和美国总统奥巴马已同意联手向也门反恐部门捐款，以支持其打击国内恐怖势力。

2日

根据英国首相布朗提议，讨论也门激进势力和反恐问题的国际会议在伦敦召开。

5日

英国政府对哥本哈根气候谈判在减少温室气体排放方面未做出具有法律约束力的承诺感到失望。

6日

财政大臣曼德尔森的预算报告计划大幅削减英国高达1780亿英镑的预算赤字。

---

* 北京外国语大学英国研究中心2011级硕士生集体编写，李靖堃、王展鹏审校。

2010~2012 年英国大事记

严重雪灾造成公路堵塞,至少 10000 所英国学校关门停课。

7 日

英国央行表示,债券购买规模继续维持在 2000 亿英镑。

9 日

外交大臣戴维·米利班德抵达巴基斯坦,讨论阿富汗与打击恐怖主义等问题。

10 日

保守党领袖戴维·卡梅伦说,如保守党获胜,他们将在削减 1780 亿英镑的预算赤字问题上比工党"更进一步"。

12 日

前首相布莱尔的前发言人阿拉斯泰尔·坎贝尔说,他会为有关伊拉克大规模杀伤性武器的"2002 文件"中的每一个字辩护。

英国内政大臣约翰逊宣布,根据一项新法律中关于禁止"美化恐怖主义"的规定,英国伊斯兰极端组织"伊斯兰为英国"及其化名组织"伊斯兰侨民"等组织将被取缔。

16 日

外交大臣戴维·米利班德抵达阿富汗首都喀布尔,讨论阿富汗未来。

17 日

威廉王子代表女王首次正式出访新西兰,受到首相约翰·基和总督阿南德·萨蒂亚南德的欢迎并出席了相关活动。

18 日

英国政府推出"海外恐怖袭击受害者赔偿"计划,英国公民如在海外遭恐怖袭击,其家人可寻求赔偿。

法国苏伊士环能集团和英国国际电力关于合并事项的会谈失败。

19 日

英国皇家海军上将斯坦诺普发表讲话称,英国未来几年必须继续推进建造两艘新型航母的计划,以便为英军采取空中和地面行动提供不可或缺的平台。

英国的通货膨胀急剧上升。据国家统计局统计,衡量通货膨胀率的消费物价指数从 1.9% 升至 2.9%。

20 日

首相布朗表示,英国正面临全球更趋活跃的恐怖主义威胁,英国将在机场实施更加严密的安保措施以保卫本土安全。

格拉斯哥电影节拉开帷幕。

英国失业人数18个月来首次下降。

21 日

外交部由于英镑贬值而削减在巴基斯坦的反恐支出。保守党指责政府对英国的全球利益"漠不关心"。

22 日

英国内政大臣约翰逊表示将该国的国际恐怖主义威胁级别从原来的"实质"威胁提升至"严重"级别威胁。

24 日

外交大臣戴维·米利班德坚称不会削减巴基斯坦反恐资金。

25 日

英国首相布朗表示,他相信英国经济正在走出衰退的阴影,但世界经济仍旧脆弱,英国政府将采取一系列措施继续促进经济复苏和扩大就业。

官方数据显示,英国有望结束有史以来为期最长、影响最深的经济衰退期。

26 日

英国政府调查报告显示,英国公众在对待同性恋问题上变得更加自由、宽容。

27 日

戈德史密斯勋爵承认他改变了对伊拉克战争是否合法的看法,但他否认这一改变来自政治压力。

28 日

阿富汗问题国际会议在伦敦召开,会议就解决阿富汗问题分安全、发展与治理、地区合作和国际援助三个主题展开讨论。英国外交大臣米利班德主张针对阿富汗塔利班武装制定一个五年计划,拟用5亿英镑来换取塔利班放下武器,以便驻阿富汗士兵能顺利撤离。

29 日

前首相布莱尔在英官方伊拉克战争调查委员会作证，否认英国伪造情报为入侵伊拉克寻找借口，并为自己支持伊拉克战争的决定辩护。

二月

2 日

英国外交国务大臣刘易斯说，英国继续支持也门政府打击"基地"组织，并将恢复英国到也门的直飞航班。

英国首相布朗宣布，如工党在大选中获胜，将提出一项新法案，谋求在2011年10月之前举行全民公决，以决定是否废除现行的"简单多数"议会下院选举制度。

英国前国际开发事务大臣克莱尔·肖特指责前首相布莱尔为派兵参与伊拉克战争"欺骗"内阁成员。

3 日

英国国防部公布了一份"绿皮书"，宣布打算削减英国海陆空三军的规模，提高军队效率。

4 日

英国高等教育国务大臣莱米称，英国大学校园伊斯兰极端主义分子正处于警方严密监控之中。

5 日

英国首相布朗宣布，北爱尔兰的两大主要政党已就权力分享达成协议，这意味着伦敦方面有望于今年4月将警务和司法权下放给北爱自治政府，北爱新一轮的和平进程将可能取得重大进展。

英国检控署署长斯塔摩尔宣布，三名工党议员及一名保守党议员将会因开支报销问题面临刑事犯罪指控。

英国航空公司与英国重大欺诈案件调查局达成协议，英航承认欺诈罪，愿承担违约责任。

7 日

英国贸易大臣、前欧盟贸易委员彼得·曼德尔森批评说，欧盟在全球银行业改革方面未发挥应有的领导作用。

9 日

1000 位英国专业人员被派遣到出现军事冲突或自然灾害的国家帮助其开展重建工作。

英国宇航系统公司（BAE Systems）因在武器协议中违规行贿，将向美国政府支付 4 亿美元的罚金。

10 日

据英国国家统计局数据，英国制造业产值在 2009 年 12 月增长了 0.9%，远远超出原来的预测，2010 年还会有进一步增长。

英议员发出警告，英国武装部队在伊拉克和阿富汗的战役中消耗巨大，已无法采取任何新行动。

12 日

英国国家安全局主管埃文斯为对英国情报部门曾有组织地参与虐囚的指控辩护。他表示，有关英国情报机构与关塔那摩虐囚事件有染的指控与事实不符。

保守党领袖戴维·卡梅伦承诺，如赢得选举，将进行"激进"改革。

15 日

英国财政大臣达林坚持削减英国预算赤字的政策。

16 日

英国通货膨胀急剧上升，消费物价指数从 2009 年 12 月的 2.9% 上升到 2010 年 1 月的 3.5%。

17 日

英国首相布朗要求对参与杀害哈马斯高级官员的嫌疑人盗用英国公民护照信息一事展开彻底调查。

英国 2009 年 12 月失业人数为 246 万，较前三个月下降了 3000 人。

18 日

英国外交部召见以色列大使，要求其就以色列是否参与上月哈马斯高官迪拜遇害案作出解释。

正在阿富汗访问的英国外交大臣米利班德表示，英国无意向阿富汗增兵。

19 日

英国和阿根廷就马尔维纳斯群岛（英国称福克兰群岛）的石油主权产生争议。英国钻油平台"海洋保卫者"无视阿根廷警告，19 日运抵马尔维纳斯群岛海域。阿根廷对此表示强烈反对。

20 日

英国首相布朗正式公布了其领导的工党的竞选口号及纲领。

22 日

英国迪塞尔石油公司宣布，该公司已开始在福克兰群岛附近海域钻井。阿根廷外长当日表示不会使用武力解决争端。

24 日

保守党影子内阁财政大臣奥斯本已承诺，该党如赢得大选，将"竭尽全力"处理英国的预算赤字危机。

英国首相布朗向 20 世纪 20～60 年代被送往前殖民地国家的超过 13 万名儿童发表了官方道歉，并声明将提供一项 600 万英镑的资助帮助曾被拆散的家庭找回家人。

26 日

英国经济在上一年最后三个月增长了 0.3%，远超预期。

27 日

反对党保守党在英国南部布莱顿召开的春季党代会上提出了竞选主张，涉及国家经济、债务、家庭、医疗服务体系、教育和政治改革六大主题。同时宣布 2010 年的竞选口号是"为变革而投票"。

三月

1 日

据白金汉宫报道，安妮公主突然访问在阿富汗的英国军队。

2 日

英国政府拒绝美国帮助英国和阿根廷解决福克兰群岛争议。

3 日

南非总统祖马抵达伦敦，开始对英国进行正式国事访问。祖马与布朗首相等英方官员举行会谈,就气候变化、津巴布韦局势等问题交换看法。祖马还会见了保守党党首卡梅伦和王储查尔斯亲王。

5日

英国首相布朗在接受伊拉克战争独立调查委员会的质询时,坚称2003年的出兵决定是"正确的"。

6日

自由民主党承诺如在大选中获胜,将增加对苏格兰的支出3亿英镑。

10日

首相布朗宣布,为节省政府开支,将从2010/2011财政年度起,冻结高级公职人员的薪酬。

11日

英国政府公布一项铁路建设项目,计划2017年在首都伦敦和苏格兰之间开工修建一条高速铁路,预计耗资300亿英镑。

14日

英国外交大臣米利班德开始访华,就全球经济、双边关系、气候变化、国际热点问题与中国领导人举行会谈。

19日

首相布朗表示,2010年是巩固全球经济复苏、应对气候变化、打击恐怖主义、防止核扩散、减少贫困五大全球性挑战的关键一年。他认为,2010年将举行的10个重要国际会议将决定国际社会在未来要面对的机遇与挑战,也将是对国际社会所做的各项承诺和决心的一个检验。

20日

英国航空公司机舱服务员开始为期3天的罢工。

22日

英国广播公司调查披露,多名议员接受外国政府邀请,免费出访而未作申报,违反了议事规则。

23日

英国安全大臣维斯特表示,2012年的伦敦夏季奥运会和残奥会将是英国历史上最大规模的运动会,也很可能是二战以来英国面临最严峻安全挑战的一次运动会。

24 日

英国财政大臣达林公布 2010/2011 财年预算报告，推出总额为 25 亿英镑的经济刺激新措施。

英国公共与商业服务雇员工会（PCS）在财政大臣公布预算报告之日，再度组织全国公务员举行 24 小时罢工行动，以抗议雇主在裁员赔偿方面的决定。

25 日

英国王储查尔斯突访阿富汗南部赫尔曼德省，会见阿地方政府官员并看望驻扎该地的英军。

首相布朗呼吁英国铁路工人暂停罢工，敦促各铁路公司与工会继续谈判，避免大罢工行动在复活节期间造成全国交通混乱。

29 日

英国财政大臣达林与保守党和自由民主党在加税与削减开支问题上展开激烈辩论。

30 日

英国外交国务大臣布赖恩特在议会发表声明说，英国将退出 1948 年成立的西欧防务组织"西欧联盟"。

四月

1 日

首相布朗在伦敦会见德国总理默克尔。双方就经济形势、外交政策、中东和平进程、气候变化及伊朗核问题进行了讨论。

英国法院颁布禁令，原定 6 日铁路工人开始罢工的计划因投票过程存在问题，罢工不合法，禁止此次罢工。

6 日

英国首相布朗请求女王下令解散议会，并宣布将于 5 月 6 日举行大选。

8 日

六国代表在英国常驻联合国代表驻地召开讨论伊朗核问题的国际会议。

12 日

英国首相布朗宣布解散议会，正式拉开大选序幕。布朗在工党的竞选纲领中承诺，如获连任，将不会提高公民个人所得税，并通过继续改革来"重新塑造"英国。

13 日

英国主要反对党保守党在伦敦宣布竞选纲领，强调赋予公众更多表达自己意愿的权利。

15 日

英国举行历史上首次各党领袖大选电视辩论。

22 日

英国三大政党领袖在英格兰西南部城市布里斯托举行第二次大选电视辩论，主要围绕外交事务阐述各党政策。

29 日

英国三个主要政党领导人进行了大选前最后一次电视辩论，三人围绕经济问题阐述了各自政策主张。保守党领袖卡梅伦强调"变革"，得分最高。

五月

3 日

英国能源巨头——英国石油（BP）发表声明，将为墨西哥湾石油污染带来的灾难后果负责，并承担"所有必要和适当的清洁费用"。

6 日

英国大选投票正式拉开帷幕，选民将前往设在英国各地的投票站选出650名议员，组成新的议会下院。

7 日

英国洛克霍普勘探公司宣布在福克兰群岛北部盆地首次发现石油。

阿根廷外交部发表声明，指责英国石油公司在马尔维纳斯群岛非法勘探、开采石油。

工党在大选中暂时落后最大反对党保守党56个议席，首相布朗表示希望与大选中获得55个议席的自由民主党结盟组成联合政府，但遭自由民主党领袖克莱格拒绝。

8 日

英国在伦敦举行二战胜利 65 周年纪念活动,三大党领导人均参加了此次活动。

近千民众在伦敦市中心举行抗议游行,要求改革英国的选举制度。

英国保守党和自由民主党在一份简短联合声明中表示,保守党领袖卡梅伦和自由民主党领袖克莱格就如何组阁问题举行了"建设性的和友善的"会谈。

9 日

英国财政大臣达林在布鲁塞尔宣布,英国不会支持欧盟紧急援助基金。

10 日

英国首相布朗宣布,他将在今年 9 月工党代表大会召开前辞去该党领导人职务。他同时宣布,工党和自由民主党将就组成新政府问题进行正式谈判。

11 日

英国诞生第二次世界大战结束以来首个联合政府。保守党和自由民主党首次合作,两党领袖戴维·卡梅伦和尼克·克莱格分别出任首相、副首相。当日,布朗宣布辞去首相职务。

12 日

英国首相卡梅伦分别与中国总理温家宝、印度总理辛格通电话。卡梅伦表示,中国是英国的重要战略伙伴,他领导的政府将奉行积极的对华政策,推动中英关系发展。他向印度总理表示要与印度发展"新的特殊关系"。

13 日

首相卡梅伦召开首次内阁会议,拯救疲软的经济和削减政府巨额财政赤字成为联合政府最紧迫的任务。

英国新任外交大臣黑格表示,联合政府两党均希望英军继续留在阿富汗,直到圆满完成任务。他表示,联合政府不会人为设定撤军时间表。

14 日

英国新任外交大臣黑格访美并与美国务卿希拉里举行会谈。

16 日

首相卡梅伦表示支持放弃原有首相"随意"解散议会下院的制度,以一项固定 5 年任期、需得到 55% 议员支持才可提前解散下院的"固定任期制"取而代之。

18 日

英国议会重启，上届议会下议院议长约翰·伯科再次当选。

19 日

副首相尼克·克莱格代表新政府公布政治改革方案，内容包括废除身份证、中央政府下放社会管理权、改革选举制度、赋予民众问责腐败议员的权力等。

20 日

卡梅伦首相前往法国首都巴黎，与法国总统萨科齐会面。双方表示了团结合作应对金融危机的意愿。

21 日

英国国防部表示，大约 8000 名驻扎在阿富汗赫尔曼德省的英军士兵将服从美国的管理。

英国首相卡梅伦访问德国，与德国总理默克尔会晤。卡梅伦表示，英国希望在当前的欧元区经济危机中扮演"积极参与者"角色。

22 日

英国国防大臣表示，为避免使英国人民和国家利益受到威胁，英军将尽快撤离阿富汗。

24 日

英国新任财政大臣奥斯本公布了一项削减政府开支计划，预计在本财政年度内削减政府开支 62 亿英镑，旨在减少飙升的政府财政赤字。

英国政府官员罗伯逊通知伦敦奥组委，2012 年伦敦奥运会的财政预算将削减 2700 万英镑。

25 日

英国女王伊丽莎白二世在议会发表施政讲话，公布了联合政府其后 5 年的立法及执政计划。

26 日

英国外交大臣黑格表示，英国库存的核弹头将不会超过 225 枚。这是英国官方首次公开披露这一数字上限。

27 日

英国内政大臣特雷莎·梅宣布，前工党政府耗巨资推行的身份证制度将于百日内废止。

28 日

英国首相卡梅伦表示，联合政府将通过鼓励银行借贷等各种措施支持企业，使下个 10 年成为英国企业最具活力的 10 年。

29 日

英国财政部第一副大臣劳斯因涉嫌违规报销租房费用，宣布辞职。

30 日

白金汉宫证实，英国女王伊丽莎白二世将确定不出席今年 10 月在印度新德里举行的英联邦运动会。这是几十年来伊丽莎白二世首次缺席此项赛事。

六月

3 日

第五届"《金融时报》可持续发展银行峰会"在伦敦举行。包括世界银行行长佐利克在内的 250 多位银行家和战略决策者参加了会议，共同探讨如何更好地将可持续发展战略融入金融机构的决策和运营。

7 日

英国国防大臣福克斯坚称，驻阿英军将留驻赫尔曼德省，不会参加北约即将在坎大哈展开的大规模攻势。

8 日

英国财政大臣奥斯本宣布新政府控制财政赤字的计划。该计划将仿效加拿大政府在 20 世纪 90 年代的做法，即在短时间内大幅削减财政开支。

英国新政府公开向美国保证，英国将继续承担在阿富汗战争中的责任。

10 日

英国首相卡梅伦抵达阿富汗，与阿富汗总统卡尔扎伊举行会谈。这是卡梅伦就任首相以来首次访问阿富汗。英国新政府将阿富汗作为外交优先国家之一。但卡梅伦表示，英国不会再向阿富汗增派兵力。

12 日

英国举行盛大皇家阅兵式和飞行表演，庆祝女王伊丽莎白二世84岁生日。

14 日

英国政府新成立的预算责任办公室当天公布的第一份经济预测显示，明年英国经济增速仅为2.6%，大大低于前工党政府3月份预测的3%~3.5%。

15 日

首相卡梅伦代表英国政府向38年前在北爱尔兰德里（又称伦敦德里）遭英国政府军枪杀的游行民众致歉。

16 日

英国财政大臣奥斯本宣布，将对英国的金融监管体系进行彻底改革，其中包括拆分金融服务管理局，将其监管职能转至英国中央银行——英格兰银行。

17 日

英国首相卡梅伦表示，英国支持欧盟要求削减成员国财政赤字和加强经济监督的决定，因为这有助于在未来形成一个更稳定、强大的欧元区，也符合英国自身的利益。但卡梅伦表示，英国不是欧元区国家，也"永远不会"成为其中的一员。

22 日

财政大臣奥斯本向议会递交了新政府上台后的紧急财政预算，这份被奥斯本称之为"强硬而公平的"预算案，基调为大幅削减公共开支和增税。

23 日

正在巴基斯坦访问的英国外交大臣黑格表示，在未来4年内英国将对巴基斯坦增加6.65亿英镑的援助，主要用于教育和该国西北部地区的重建。

24 日

英国联合政府宣布，从2016年起将男性退休年龄推迟至66岁，同时取消目前法律规定男性65岁必须离职退休的规定。

27 日

英国内政大臣特雷莎·梅表示，英国将削减来自非欧盟国家的移民数量。从现在起到2011年4月，英国将把引入非欧盟移民的数量限定在2.41万人以内，比去年下降5%。

30 日

英国预算责任办公室表示，政府最近出台的削减财政赤字方案将导致未来5个财年内公共部门裁减约60万个工作岗位。

七月

1 日

英国外交大臣黑格暗示，英军将在2014年前撤离阿富汗。

2 日

中国、美国、俄罗斯、英国、法国和德国的外交部高级官员在布鲁塞尔举行会议，就伊朗核问题的形势和如何进一步推进外交努力交换了意见。

5 日

副首相克莱格提出选举改革计划，建议减少议员数量并就选举制度进行全民公决。他在议会下院宣布，英国将于2011年5月5日举行全民公决，决定是否改革现行选举制度，由"简单多数制"，改为"排序复选制"。

英国女王伊丽莎白二世抵达美国纽约，她将首次访问"9·11事件"世贸中心遗址。

6 日

英国女王伊丽莎白二世向联大发表了主旨为和平与团结的讲话。这是伊丽莎白二世自1957年首次造访联合国以来，第二次向联大发表讲话。

7 日

英国宣布，驻阿英军部队将把阿富汗最为危险、争夺最为激烈的一些地区的防务移交给美国海军陆战队。

8 日

首相卡梅伦说，将对政府机构进行大刀阔斧的改革，并承诺给予公众更多权利。

10 日

英国石油公司欲出售价值120亿美元的资产，以弥补漏油造成的损失。出售资产中包括其在美国阿拉斯加州普拉德霍湾的原油基地。

11 日

天主教会主教要求尽快修改继承法。

13 日

英国内务部官员证实,英国边境署近期内将禁止"俄美间谍事件"中的安娜·查普曼入境。由于"从事间谍活动",查普曼的英国国籍已被剥夺。

2010 年世界杯落下帷幕后,国际足联随即公布了大赛排名,英格兰由于止步 1/8 决赛,因此在 32 支鏖战南非世界杯的国家队中仅列第 13 位。

14 日

欧盟三大成员国——英、法、德呼吁将欧盟减排目标上调至 30%,而非目前的 20%。

英国国防部宣布,任命陆军总部参谋长理查兹接替现任的国防部参谋长斯特拉普。

15 日

伦敦德里被命名为英国文化名城。

英国驻美大使欣沃尔德表示,英国新政府认为释放洛克比空难制造者迈格拉希的决定是一个"错误"。

16 日

美国众议院自然资源委员会通过一项法案,规定作业期间死亡人员超过 10 人,且违反健康和安全法律的任何公司,都将面临长达 7 年的石油和天然气开采禁令。这一禁令可能涉及英国石油公司。

英国当地时间 15 日晚,英国石油公司表示该公司首次止住了事故油井过去三个月里持续泄入墨西哥湾的原油。

18 日

英国国防大臣福克斯表示,英国作战部队定于 2014 年撤出阿富汗,但部分军事人员会留下帮助训练当地安全部队。

19 日

英国移民事务大臣格林在接受采访时表示,英国不会通过禁止穆斯林在公共场合穿着"蒙面"罩袍的提议。

预计英国服装成本今年将出现 20 多年来最大增幅,包括英国债务负担在内的多种因素共同推高了商品价格。

20日

美国总统奥巴马同到访的英国首相卡梅伦在白宫举行会谈。卡梅伦称，没有证据表明英国石油公司与释放洛克比空难制造者迈格拉希一事有染，并对美国要求对迈格拉希获释进行调查的提议表示了不同看法。

22日

英国国防大臣福克斯表示，由于资金缺乏，英国将在阿富汗战争结束后大幅削减兵员及武器装备。

英国首相卡梅伦在华盛顿表示，英国军队最早可能从2011年开始撤离阿富汗。

29日

英国首相卡梅伦本周访问印度，希望恢复两国之间紧密的合作关系。卡梅伦还警告巴基斯坦停止帮助恐怖分子。

八月

4日

按照对墨西哥湾漏油规模的最新估计，如被发现负有严重疏忽责任，英国石油公司可能面临超过200亿美元的罚款。

5日

美国政府和英国石油公司周三宣布，封堵墨西哥湾原油泄漏的战役进入一个转折点。

6日

英国文化媒体体育部削减英国各大文化机构预算，为英国电影做出重大贡献的英国电影委员会（UK Film Council）被撤销。近日，英国的一线演员联名上书，表示对此举的不满。

英国政府为大幅削减开支，在《战略防务与安全评估报告》草案中提出一系列建议，以满足财政部要求，将军费开支削减10%～20%。根据该报告，裁军涉及英陆海空三军，其中空军幅度最大。

9日

对核能的利与弊进行多年激烈争论后,英国能源大臣表示,2018年英国将建成并启用首座新的核电站。

12日

鲁珀特·默多克竞购英国天空广播公司的全部股权。

17日

英国石油首次以石油销售收入为抵押,筹集50亿美元新贷款,以在墨西哥湾漏油事件之后增强其流动性。

英国国家统计局公布7月消费价格指数,该月通胀率由6月的3.2%降至3.1%,但距离央行规定的2%仍有很大差距。

23日

正在芬兰访问的英国外交大臣黑格在赫尔辛基表示,英国政府希望改善与俄罗斯的关系。

29日

一年一度的伦敦诺丁山狂欢节开始举行。自1966年首次举办以来,该节日已成为欧洲最大的街头狂欢节。

九月

1日

英国前首相布莱尔表示,他对支持伊拉克战争的决定"毫不后悔"。但在其自传《旅程》中,布莱尔坦言,2003年入侵伊拉克带来的后果让他始料未及。

3日

英国前财政大臣坦承,该国实行的饱受争议的"银行奖金税"未能改变金融业在薪酬方面的行为模式,因为银行家们会想方设法规避这项税收。此项对2.5万英镑以上奖金课征50%税收的奖金税,在伦敦金融城非常不得人心。

6日

英国航空公司首席执行官威利·沃尔什与西班牙伊比利亚航空公司的高管共同起草了一份由12家公司构成的候选名单。一旦英航与伊比利亚航空完成合并,就将考虑展开收购,这项计划将打造出世界最大的航空公司。

英国伦敦地铁工人举行大罢工,抗议地铁公司的裁员计划。

9日

畅销系列小说《哈利·波特》的作者 J. K. 罗琳捐出 1000 万英镑设立一个研究多发性硬化症的诊所。

10日

伦敦市长鲍里斯·约翰逊表示将竞选连任,并有望于下月获得保守党提名。

19日

英国工会联盟在利物浦举行集会,抗议政府削减公共开支,约 4000 人参加了抗议活动。

英国副首相克莱格的助手宣布,英国 88000 名监狱囚犯不能参与选举投票的现状即将结束。

20日

凭借《英国达人》走红的苏格兰歌星苏珊·波伊尔成功创下三项最新吉尼斯世界纪录。

中国最大的客车制造商金龙汽车本周将宣布与英国公交和铁路运营商 Arriva 建立合作关系,这是中国汽车制造商进入欧洲的一个重大举措。

23日

世界最大的私营房产公司"高纬环球"的一份报告显示,英国伦敦新邦德街已超过巴黎香榭丽舍大道,成为欧洲租金最贵的商业街。

位于英国肯特海岸的世界上最大的海上风电站——萨尼特风电站正式投入使用。

24日

英国内政部宣布,来自爱尔兰的恐怖主义威胁增强,决定将与爱尔兰有关的恐怖主义威胁等级从"中等"提高到"较严重"。

27日

中国光明食品正就收购英国联合饼干公司(United Biscuits)进行谈判。联合饼干拥有麦维他品牌。

英国零售商森宝利(J Sainsbury)计划打入中国高端市场,寻求在华扩张的机会。

28 日

英国工党新领导人埃德·米利班德发表当选后的首次重要讲话,阐述工党在经济、内政、外交及社会方面的一系列政策主张。

十月

1 日

司法部公布,英格兰和威尔士的服刑人数创下历史新高,达到 85495 人,距监狱满负荷人数仅为 2000 人。

2 日

联合政府公布福利制度改革措施,将失业者和低收入者并入新的统一信用体系。此举是为简化福利制度,节省开支,同时保证"有劳必有酬"。

英国慈善委员会将正式承认德鲁伊教的宗教地位。

3 日

首相卡梅伦称将缩减儿童补贴等普遍津贴,以促成福利制度的整体改革。

大约 5000~7000 人在伯明翰游行,抗议保守党在该地举行关于削减公共开支的会议。

4 日

有保守党议员和绿党议员希望促成比例代表制选举投票方案,而当前提上政府立法日程的仅为"排序复选制"。

7 日

威尔士、苏格兰和北爱尔兰首席大臣发表联合声明,批评英国政府的支出削减计划。

8 日

国防部证实,一英国士兵在阿富汗的一次爆炸中死亡。至此,英军在阿富汗作战中的死亡人数已达到 340 人。

9 日

一名英国救援工作人员在阿富汗遭绑架,美军救援行动失败后人质被杀害。

13日

一份英国遗产报告显示,英格兰的文化遗产景点游客火爆,其中两处遗址的成人游客同2008年相比增长了100万人。

外交大臣黑格同俄罗斯外长拉夫罗夫呼吁建立更加紧密的英俄关系。

2010年上半年英国新成立公司的数目达到204361家,为十年来最高。

14日

英国财政部计划在2011~2015年间将370亿英镑的国防预算削减10%。美国国务卿希拉里·克林顿承认美国对英国联合政府国防开支削减幅度"感到担忧"。

16日

智利总统塞巴斯蒂安·皮涅拉访问英国。

肯特郡的英国国教徒成为英国第一批接受罗马教皇建议脱离英国国教改信天主教的信徒。

17日

英国银行被要求承担征收税款职责并签订相应的税收协议。财政大臣奥斯本称,截至当天,15家银行里仅有4家签订了该协议。

18日

英国政府在其新的国家安全战略中表示,计算机网络袭击及恐怖袭击是英国面临的最大威胁。

22日

英国皇家海军最新型和最大型的攻击型核潜艇"敏捷号"在苏格兰斯凯岛搁浅。援救行动已展开。

23日

首相卡梅伦坚称预算方案正确、公平,其中收入最高的人群负担最重。

工会活动分子参加了一系列全国性抗议活动,反对政府削减支出。英国工会联合会称明年3月26日将在伦敦海德公园举行全国性示威。

25日

工党领袖埃德·米利班德提出警告称,需要"根本性的变化"来保证英国经济不会走向衰退,敦促联合政府把更多精力放在支持经济增长上。

26 日

交通大臣菲利普·哈蒙德为 16 项公路和公共汽车改进计划亮绿灯,他认为这是英国未来发展的"关键驱动力"。

27 日

英国政府规定所有公司从 2012 年起,不论规模大小,都必须为其雇员提供养老金计划。雇主需将所有员工纳入政府新设立的国家就业储蓄信托机构（NEST）。

28 日

法、德等 10 个欧盟国家支持英国的提议,将 2011 年欧盟预算增长率控制在 2.9% 以内,远低于早先欧盟议会要求的 5.9 个百分点。

英国国家统计局数据显示,威尔士的人口在今年很可能超过 300 万,并将以 8% 的速度增长,有望在 2023 年达到 330 万人。

31 日

英国天然气集团作出迄今最大的投资——将为开采澳大利亚东北部地区的液化天然气投资 93 亿英镑。

十一月

2 日

英国政府确认一项计划,允许部分服刑囚犯拥有选举权。5 年前欧洲人权法院判定,剥夺囚犯的选举权是非法的。

3 日

内政部长特蕾莎·梅首次发表关于反恐的重要讲话,并为英国采取的安全措施辩护。

4 日

英国外交大臣黑格警告,巴以和谈正陷入僵局。

首相卡梅伦宣布,将修改英国知识产权法,以"适应网络时代"。

5 日

今年第三季度苏格兰皇家银行税前亏损额达到 14 亿英镑。

6 日

1000 多人在卡迪夫集会支持保留威尔士第四台（S4C）。政府要求 BBC（英国广播公司）自行负担该威尔士语频道的运营，同时减少预算。

7 日

英国就业与养老金事务大臣伊恩·史密斯提议长期领取救济金的人将被迫做体力劳动，诸如园丁和垃圾清扫工的工作。

9 日

卡梅伦首相开始了以推动英中贸易为主题的北京之行。温家宝总理与卡梅伦举行了会谈。

查尔斯王子访问位于伦敦的爱尔兰使馆，成为第一位开创此先例的英国王室成员。

英国前驻阿富汗特使谢拉德·考伯表示，英国需要在未来 50 年中为阿富汗提供援助，而不是随着 2015 年英军撤出阿富汗而结束。

10 日

几千名学生和教师在伦敦举行游行，反对英格兰将高校学费上涨至每年 9000 英镑的计划。一部分游行学生冲进位于米尔班克塔的保守党总部。

11 日

英国国家统计局表示，今年 9 月来英旅游的外国游客数量及其消费额度同比均下降。

13 日

英国首相卡梅伦在昂山素季软禁获释当日向其致敬，称她"毫不气馁地坚持自己信仰"的举动"鼓舞人心"。

14 日

英国女王参加在伦敦阵亡将士纪念碑举行的纪念日活动，带领全国人民悼念在战争和冲突中牺牲的人们。几千退役军人及主要政党的领袖参加了该悼念仪式。

15 日

英国海军同古巴就如何加强加勒比海地区的禁毒行动举行谈判。

17 日

英国财政大臣奥斯本表示,只要爱尔兰提出援助要求,英国已就援助爱尔兰做好准备。奥斯本称邻国经济的繁荣有益于英国的国家利益。

19 日

英国房租连续 9 个月上涨,平均月租金为 691 英镑。

20 日

首相卡梅伦在里斯本举行的北约峰会上称,英军撤出阿富汗的最后日期已定为 2015 年。

21 日

最新哈利·波特系列电影《哈利·波特与死亡圣器(上)》打破英国票房纪录,保持连续三天和单日票房销量冠军。

23 日

英国政府宣布,允许从欧洲经济区外进入英国的技术移民数量上限为 21700 人,比 2009 年减少 6300 人。

24 日

女王伊丽莎白和菲利普亲王抵达阿拉伯联合酋长国,开始为期 5 天的海湾地区之行。此次访问旨在加强英国同这一地区的联系。

25 日

英国迎来 17 年来最早的大范围降雪,苏格兰北部和英格兰东北部等许多地区降雪厚度达 15 厘米,40 余所学校停课。

26 日

英国"月球里根横越南极洲远征队"到达南极。这支探险家、机械师及科学家组成的探险队希望穿越冰冻的南极大陆,沿途将进行一系列科学试验。

27 日

住房福利改革推迟至 2012 年 1 月,这将为几百万房屋补助领取者在补助上限重新调整之前留出更多时间。

29 日

英国预算责任办公室公布今后三年的经济增长预测后,财政大臣奥斯本表示英国的经济复苏已步入正轨。

十二月

2日

新一轮降雪及冰冻天气再次给英国大部分地区造成困扰，英格兰南部和东部情况最为糟糕。

3日

英国陪护慈善机构称，上万名照顾亲友的陪护人员错过领取每周53.9英镑的财政补助。近30万护理人员未申领的补助总额达到8.4亿英镑。

8日

英国呼吁为军人提供便利使其更容易获得银行抵押贷款。许多军人由于长期的海外军旅生活，常常无法获得贷款。

11日

首相卡梅伦赞扬联合国一项遏制气候变化的新决议。该协议在墨西哥坎昆达成，包括建立帮助发展中国家的专项基金。预计到2020年，英国每年将为该基金出资15亿英镑。

13日

独立生活基金将在2015年停发。这项基金为21000名身体严重残疾的人士平均每周提供300英镑帮助其支付家庭护理人员的费用。

副首相克莱格在马恩岛举行的第15次大不列颠—爱尔兰委员会上呼吁建立"透明的"税务管辖权。

14日

数据显示，英国已成为欧盟成员国中最不健康的国家之一，肥胖率和未成年怀孕率均高居首位。

15日

英格兰格洛斯特郡的伯克利核电站被关闭。该电站为全球首家商用核电站，建成于20世纪50年代末，在其鼎盛时期发电量可满足布里斯托城的需求。

16日

苏格兰首席大臣亚历克斯·萨蒙德指责英国政府修建新核电站的计划将给

苏格兰的可再生能源项目带来不利影响。

20 日

首相卡梅伦在参加欧盟领导人峰会时表示，英国从 2015 年起将不再对欧元区提供经济援助。

21 日

苏格兰所有地方政府已原则上同意接受苏格兰政府制定的进一步削减财政支出的 2011 年预算草案。

23 日

英国今冬死于流感的人数已达 27 人，其中 24 人死于猪流感，9 名为儿童。全国健康服务系统正面临越来越多的难题。

2011 年

一月

3 日

英格兰地区停车费用和停车限制放松，地方议会将有权自定规则，同时政府鼓励降低停车费用。

4 日

联合政府为弥补赤字，将增值税率由 17.5% 提高至 20%。

蒙古国家安全委员会官员胡尔斯在伦敦希思罗机场被捕，律师称其被英国外交部诱捕。

6 日

英格兰体育理事会为提高女性参与运动的机会投入 1000 万英镑。

7 日

英国各大交通枢纽提升安全等级至第二等级，以防基地组织袭击。

英国 2010 年汽车销量相比 2009 年上涨 1.8%，其中英国品牌路虎汽车销量上涨 28%。

伦敦警察局就新的窃听指控问询《世界新闻报》。

9 日

英国失去举办 2018 年"世界杯"的机会,首相卡梅伦公开抨击国际足联运行机制黑暗。

中国国务院副总理李克强应邀抵达爱丁堡,开始对英国为期四天的正式访问。

13 日

英国竞争委员会审核通信管理局(Ofcom)要求新闻集团收购天空卫视的计划。

在下院议席补选中,执政联盟惨败,工党轻松赢得了东奥尔德姆与萨德沃斯区议席。

19 日

英国为体现男女平等修改《王位继承法》。威廉王子的第一个孩子无论男女,都将成为现时王位的第三继承人(第一继承人是查尔斯王子,第二继承人是威廉王子)。

20 日

工党影子内阁财政大臣阿兰·约翰逊由于家庭原因辞职。

21 日

《世界新闻报》窃听门事件继续发酵,首相新闻主管库尔森辞职。

26 日

丰田汽车在英国召回 19000 辆汽车。

伦敦警察局依据新的证据对《世界新闻报》窃听事件展开新一轮调查。

电信运营商宣布将建立覆盖英国全境的免费无线网络。

28 日

针对埃及爆发的抗议活动,英国首相卡梅伦呼吁埃及政府进行改革。

二月

1 日

辉瑞制药将关闭其在英国肯特郡的研发中心,此举可能使大约 2400 人失去工作。

英国警方在威尔士和英格兰地区推出新版网上犯罪地图,居民可查所在街道的犯罪等级。

2日

埃及局势混乱致恐慌,英国政府将包机前往开罗接英国滞留公民回国。与此同时,卡梅伦呼吁埃及必须迅速有效地实现变革。

3日

英国加入欧盟网络安全计划。

4日

一月汽车销量较去年同期降低11.5%。

5日

卡梅伦宣布,由于财政赤字巨大,政府决定排除大幅减税的可能性。

8日

英国外交大臣黑格前往中东,开始"变革"之旅。

9日

英国多家私营银行同意并签署梅林贷款协议,将贷出1900亿英镑。

10日

英国下院不顾欧洲人权法庭的裁决,投票否决给予囚犯选举权的提案。

14日

《国王的演讲》赢得七项BAFTA(英国电影电视艺术学院奖)大奖,包括最佳影片及最佳男演员奖。

埃及新政府要求英国冻结前埃及政府官员在英资产。

15日

英国外交大臣与俄罗斯外长就在两国间建立联络专线达成协议。

17日

白金汉宫确认美国总统奥巴马将于5月对英国进行其首次国事访问。

18日

最高法院确认有证据显示《世界新闻报》窃听事件涉及人数众多,案情进一步复杂化。

19日

反对削减开支计划组织举行示威活动,抗议巴克莱银行交税仅为其盈利的

1%。

英国外交部谴责也门、巴林及利比亚政府对抗议者的暴力镇压。

20 日

英国政府宣称反对欧洲人权法涉及囚犯选举权的条款。

21 日

英国首相卡梅伦在埃及新政府成立仅10天后访问埃及。

24 日

英国石油公司出售其在西欧最大陆上油田的股份。

25 日

英国国家统计局数据显示2010年第四季度英国经济低迷，GDP下滑0.6%。

27 日

英国首相卡梅伦称赞英国军队对利比亚平民的营救行动十分成功。

28 日

英国首相卡梅伦表示英国正在与联合国合作，建立利比亚禁飞区。

三月

1 日

英国政府决定冻结卡扎菲及其家族在英国的资产。

2 日

最后一部哈利·波特电影《哈利·波特与死亡圣器（下）》首映式在伦敦特拉法加广场举行。

3 日

伦敦政治经济学院院长霍华德·戴维斯爵士因与利比亚卡扎菲政权关系密切而辞职。

4 日

第一届"世界图书之夜"在特拉法加广场启动。

5 日

威尔士联合工会举行反对削减公共开支计划的集会，参加者约1500人。

6日

英国最大百货连锁商场约翰·刘易斯将向顾客发售投资债券。

9日

威廉王子出访澳大利亚和新西兰受灾地区。

独立电视台（ITV）将重返伦敦金融时报100指数行列。

英国与法国呼吁国际社会谴责卡扎菲政权。

12日

伊朗宣布放弃对奥运会会徽的反对意见，将参加伦敦奥运会。

15日

英国、法国及黎巴嫩搁置建立利比亚禁飞区的计划。

16日

英国青年失业率达到1992年以来最高。

20日

美英法三国联合打击利比亚卡扎菲政权。当日，美国和英国开始空袭利比亚军事目标。

英国内政大臣特里萨·梅公布学生签证细节，严防欧盟外非学生身份人员以学生身份进入英国。

英国2月份通货膨胀率高达4.4%，远高于政府2%的预期。

23日

英国驻也门大使馆工作人员因也门骚乱撤离。

24日

美英两国签订协议，在未来几年将共同培养数千网络安全人才。

25日

空中客车公司决定在布里斯托市投资7000万英镑建设航空工业园。

26日

伦敦警方与部分反对政府削减公共开支计划的游行示威者发生冲突。

31日

利比亚卡扎菲政权外交部长穆萨·库萨抵达英国，寻求政治避难。

四月

1 日

受原材料价格上涨和消费水平疲软影响，三月份英国采购经理人指数降至 5 个月来最低，标志着英国制造业增速再次放缓。

4 日

2011 苏格兰议会选举在即，苏格兰保守党发表竞选纲领。

5 日

卡梅伦首相上任后首次访问巴基斯坦，承诺加强两国安全方面的合作并提供价值 6.5 亿英镑援助。

6 日

苏格兰工党发表竞选纲领。

10 日

英国将联手荷兰起诉冰岛政府，以追回在该国破产后损失的 40 亿欧元存款。

15 日

英国首相卡梅伦和美国总统奥巴马、法国总统萨科齐在三国主流媒体上联名发表公开信，谴责利比亚卡扎菲政权，声称"卡扎菲一日掌权，利人民一日不得安宁"。

19 日

英国最大的煤炭生产商英国煤炭（UK Coal）连续三年亏损。

20 日

财政大臣奥斯本表示，英国难以接受欧盟预算高达 4.9% 的增幅。

苏格兰高校问鼎英国国内科研成果商业转化排行榜。数据显示过去十年内苏格兰地区的大学创办了 172 家商业公司。

21 日

伦敦空气污染水平创 8 年来新高。

26 日

英国外交大臣黑格强烈谴责叙利亚武装力量武力镇压示威者。

英国联合法国、意大利力主对叙利亚实施制裁。

27 日

马拉维驱逐英国使节后，英方驱逐马拉维高级专员。

2011 年第一季度英国经济增长 0.5%，经济现平稳复苏迹象。

英国外交部传召叙利亚大使，要求叙政府立即停止对反政府力量的镇压。

29 日

威廉王子和凯特·米德尔顿在威斯敏斯特大教堂举行婚礼。

五月

1 日

英国国家经济与社会研究所（NIESR）称，自 2004 年欧盟东扩以来，东欧劳工移民为英国 GDP 贡献价值 50 亿英镑。

2 日

英国驻利比亚大使馆被毁，利驻英大使被驱逐后离开英国。

3 日

首相卡梅伦表示他的个人立场与官方"反对选举制度改革"系列活动无关。

国际慈善组织"救助儿童会"的一份报告显示，英国儿童生存状况位列发达国家第 23 位。

5 日

苏格兰、威尔士、北爱尔兰议会以及地方市政选举拉开大幕。同时还将通过公决决定是否对英国下院选举制度进行改革，由"排序复选制"取代现行"简单多数制"。

外交大臣黑格表示北约对利比亚军事行动应加快步伐。

6 日

苏格兰民族党在地方议会选举中获得了历史性胜利，获 45.4% 的选民支持，在全部 129 个议席中获得 69 席，成为 1999 年以来苏格兰地区第一个单独执政的多数党政府。

7 日

全民公决以压倒性多数否决选举制度改革的提案。本次公决投票率为

42%，选民以69%反对票对31%支持票否决该提案。

国际空间问题创新中心投入运营。

首相卡梅伦与法国总统萨科齐达成共识，将从军事、政治、经济多方面向卡扎菲政府施压。

8日

2011年度《泰晤士报周末版》英国富豪榜出炉。印度钢铁大亨拉什米·米塔尔连续七年问鼎榜首。

11日

英国外交部计划在萨尔瓦多、吉尔吉斯斯坦、南苏丹、马达加斯加和索马里五国设大使馆，并向中国和印度增派外交官。

13日

工党与联合政府就欧元区增长数据展开辩论。工党称由于政府政策不力，英国被欧元区反超；联合政府强调欧元区作为主要出口对象经济增长对英国而言是利好消息。

17日

女王伊丽莎白二世访问爱尔兰，成为爱尔兰独立后第一位访问该国的英国国家元首。

卡梅伦表示400名英军士兵将在一年内撤离阿富汗，但驻阿部队人数将维持在9500人。

18日

英国失业率连续两季度下降，3月末为7.7%。

22日

英国在伊拉克军事行动全部结束。

24日

中国独立信用评级机构——大公国际下调英国主权信用评级，称由于英国经济增长缓慢、通胀严重，缩减财政赤字十分困难。

负责防务的国务大臣尼克·哈维称，英国尚未决定是否向利比亚派遣战斗直升机。

美国总统奥巴马抵英开始国事访问，利比亚和中东局势将成为此次访问的核心议题。

女王接见奥巴马总统夫妇。当晚在白金汉宫举行国宴款待奥巴马一行。奥巴马强调，英美特殊关系建立在共同的利益和价值观之上。

26日

卡梅伦呼吁八国集团向阿拉伯"民主革命势力"提供经济援助，称援助将有效控制极端主义减少难民涌入。

国家统计局发布数据称，英国五成低技能岗位由移民填补，十年间移民数量已翻倍。

27日

卡梅伦批评八国集团未能兑现国际援助承诺，缺口达190亿美元。

英国在农村地区推广超速宽带服务，项目资金高达5.3亿英镑。

29日

苏格兰内阁表示将采取行动捍卫苏格兰司法独立。

30日

英国商务部下调2011年英国经济增长预期至1.3%，称通胀加剧、家庭收入缩水是重要原因。

31日

英国国防部表示将加大力度防御网络攻击，称未来的战事将在虚拟和现实世界中同步发生。

六月

1日

五月份英国制造业增速降至20个月来新低。

3日

由于也门局势进一步恶化，英国外交部敦促在也门的英国人迅速撤离，政府将不组织统一撤侨。

4日

外交大臣黑格前往利比亚，与反对派"全国过渡委员会"商讨利比亚政治路线图。此举遭卡扎菲政府"强烈谴责"，称英国"干涉利内政"。

6 日

国际货币基金组织（IMF）报告称英国宏观经济政策无须调整。报告认为经济增长乏力、通胀加剧只是暂时现象。

9 日

英法向联合国递交决议草案，谴责并要求叙利亚立即终止镇压抗议者的暴力行为，但未提及军事干预。

宝马将在未来三年内对其在英国的工厂投资 5 亿英镑。

12 日

英国外交大臣黑格强烈谴责叙利亚以武力镇压抗议示威者的行为，要求叙政府立即取消对国际红十字会的入境限制。

13 日

首相卡梅伦承诺英国政府将出资 8.14 亿英镑为世界儿童接种疫苗。

16 日

五月份英国零售业营业额下挫 1.4%。国家统计局称，油价上涨及工作前景的不确定性导致消费者削减开支。

17 日

26 名斯里兰卡人遭英国驱逐。移民事务部长称英国慎重对待每一例政治避难申请。

20 日

下院讨论希腊救助计划前景，工党议员、前外交大臣杰克·斯特劳称欧元区终将崩溃。

21 日

首相卡梅伦表示欧元区国家不会放任欧元体系崩溃。同时，卡梅伦明确表态英国不会参与援助希腊。

副首相克莱格率贸易代表团出访巴西，表示英国对巴出口额应加倍。

22 日

英国议会人权委员会要求彻底改革引渡法规。

英国政府强烈批评波兰反对欧盟制定更高减排目标。

23 日

英国拟建新一批核电站,公布了 8 处选址。但该计划能否通过将由议会投票决定。

24 日

英格兰银行呼吁全面核查欧元区债务危机对英国银行业造成的风险。

26 日

中国总理温家宝出访英国,出席"中英战略经济对话",承诺中方将采取措施扩大双边贸易。

27 日

英国首相卡梅伦与中国总理温家宝签署价值 14 亿英镑的贸易协议。

28 日

受居民消费收紧影响,多家大型零售商大范围关闭门店。国家统计局数据显示,第一季度英国家庭可支配收入同比下滑 2.7%。

英国国家统计局发布数据显示,第一季度英国经济增长 0.5%。

29 日

欧洲法院裁定英国不得驱逐两名索马里罪犯。两人在英策划并实施多宗刑事案件。

受皇室婚礼法定假日和炎热天气影响,四月份英国服务业产值现 15 个月以来最大跌幅。

30 日

英国银行业落后于全球主要竞争对手。2008 年金融危机以来,英国银行业利润从全球第二跌落至第五,被中国、日本、法国赶超。

上年度英国人口增速为 50 年来最快,达到战后"婴儿潮"时期水平。2010 中期常住人口约为 6226.2 万,同比人口净增加 47 万(0.8%)。

七月

1 日

6 月份英国 Markit/Cips 采购经理人指数(PMI)降至 51.3,为 21 个月以来最低。

3日

英国承诺为埃塞俄比亚提供3800万英镑的食品援助,并呼吁国际社会伸出援手。

4日

首相卡梅伦突访阿富汗,慰问驻阿英军。

《卫报》曝《世界新闻报》曾于2002年非法窃听失踪少女米莉电话,窃听丑闻曝光。

5日

针对窃听指控,时任《世界新闻报》主编、现任新闻国际总裁布鲁克斯称对窃听事件并不知情,并称将全力调查。反对党领袖米利班德强烈要求布鲁克斯辞职。

6日

英国首相卡梅伦宣布2012年年底前从阿富汗撤出500名非作战部队士兵。届时,英国驻军规模将降至9000,仅次于美国,位列第二。

7日

新闻集团宣布,拥有168年历史的《世界新闻报》将于7月10日发行停刊号。受窃听丑闻影响,这家英国最畅销小报行将关张。

欧洲央行自今年4月以来第二次提高利率,基准利率上调至1.5%。英格兰银行表示英国基准利率保持0.5%不变。

《哈利·波特与死亡圣器(下)》在伦敦特拉法加广场全球首映。

8日

受窃听丑闻影响,前保守党新闻发言人、《世界新闻报》主编库尔森被捕。

剑桥公爵夫妇结束为期8天的加拿大访问,即将前往洛杉矶。此次访问为剑桥公爵夫妇首次以英国王室夫妇身份出访海外。

9日

英国承认南苏丹独立。

12日

英国下院同意英国向国际货币基金组织增资90亿英镑。

13 日

受窃听丑闻影响，新闻集团宣布放弃对英国最大卫星电视运营商天空广播公司（BSkyB）的竞购。

英国首相卡梅伦任命大法官莱维森成立独立调查小组，对《世界新闻报》窃听丑闻进行调查。

15 日

受窃听丑闻影响，新闻国际总裁布鲁克斯宣布辞职。

16 日

英国首相卡梅伦的助手公布了卡梅伦与默多克会晤的情况，窃听丑闻进一步升级。

17 日

受窃听丑闻影响，伦敦警察局长史蒂文森宣布辞职。

前新闻国际总裁布鲁克斯因窃听丑闻被捕。

18 日

英国首相卡梅伦访问南非。

19 日

默多克父子以及布鲁克斯出席议会关于窃听丑闻的听证会。

23 日

27 岁英国女歌手艾米·怀恩豪斯去世。艾米·怀恩豪斯曾在 2008 年获第 50 届格莱美奖年度最佳唱片、最佳歌曲、最佳新人、最佳流行女歌手等大奖，成为第一个获得五项格莱美大奖的英国歌手。

26 日

英国经济第二季度增长放缓，GDP 增长 0.2%，低于第一季度的 0.5%。

27 日

英国外交部承认利比亚反对派国家过渡委员会为该国的唯一合法政府，并与其建交。

29 日

英国报业监管机构新闻申诉委员会主席巴斯科姆宣布辞职。

八月

1日

7月英国Markit/Cips采购经理人指数（PMI）下降至49.1，制造业萎缩。

3日

英国警方在南安普敦缴获价值约3亿英镑的可卡因，破获迄今最大的跨国贩毒案。

6日

伦敦托特纳姆区发生骚乱。当晚，约300人在托特纳姆区游行，抗议警方4日枪杀非裔男子达根，随后和平游行演变为骚乱，多辆警车被毁，多处店铺遭抢劫。

7日

骚乱扩散到伦敦恩菲尔德与布里克顿等区域，50多人被捕，20多名警察受伤，多处商铺遭抢劫、纵火。

8日

伦敦骚乱进一步升级，骚乱者与警方发生冲突，克拉珀姆、克里顿及恩菲尔德等地多处房屋和商铺遭纵火。骚乱进一步扩散到伯明翰、布里斯托尔和利物浦等城市。英国首相卡梅伦中断假期提前回国。

9日

英国首相卡梅伦增派1万警力并调派军队处理骚乱，部署警力总量达到1.6万。

10日

伦敦骚乱趋于平静，其他城市仍有骚乱发生，法院24小时全负荷工作，审判被捕的约1200名骚乱者。

英格兰银行下调2011年英国经济增长预期，由1.8%降至1.5%，同时表示通货膨胀可能在年底上升至5%。

11日

英国议会提前结束夏季休会，就骚乱问题进行辩论。卡梅伦表示，政府将努力恢复社会秩序，并考虑对利用网络散播谣言、组织犯罪的行为加强监控。

同时，政府向在骚乱中受影响的个人和商家提供帮助，即使未投保，也可根据骚乱损失法案申领保险金。

13 日

卡梅伦表示对骚乱肇事者采取"零容忍"政策。

卡梅伦邀请美国"超级警察"布莱顿处理骚乱惹争议。布莱顿在美国有多年打击街头黑帮的经验，并领导处理1992年洛杉矶骚乱事件。

15 日

英国骚乱已逮捕约3100人，审判约1100人，大部分被控纵火、抢劫、煽动骚乱和暴力等。其中部分骚乱者因通过社交网络传播骚乱信息或组织骚乱而被控扰乱社会治安。

16 日

国家统计局数据显示，英国7月消费者价格指数上升0.2%~4.4%，零售价格指数保持5%不变。

17 日

英国法院重判骚乱参与者遭质疑，首相卡梅伦为重判骚乱参与者辩护，认为法院应当向社会发出强硬信号。

英国宣布在英格兰肯特郡、牛津郡和剑桥郡等地设立13处企业振兴区，以期振兴经济。

英国国际发展大臣安德鲁·米切尔访问索马里首都摩加迪沙，许诺英国将为索马里提供2500万英镑的食品和药物援助，并呼吁国际社会对索马里施以援手。

19 日

惠普宣布以71亿英镑收购英国第二大软件公司Autonomy，作为其从硬件到软件开发战略转变的一部分。收购消息传出后，惠普股价下跌20%，Autonomy股价上涨72%。

塔利班对喀布尔英国文化委员会发动自杀式袭击，造成至少12人死亡。

21 日

英国政府发表声明，敦促卡扎菲下台。英国外交部表示，滞留在利比亚的英国公民已乘船离开利比亚前往马耳他。

22 日

BBC 报道称库尔森担任保守党新闻主管期间曾接受新闻国际数十万英镑福利。

国防部称英国将从美国波音公司购买 14 架新型奇努克式直升机，该合约价值约 10 亿英镑。

25 日

国家统计局数据显示，2010 年英国净增移民约 23.9 万人，较 2009 年增长 21%。

28 日

英国发展大臣称英国将通过国际红十字会向利比亚提供约 300 万英镑的紧急人道主义援助。

为期两天的欧洲最大的街头艺术文化节诺丁山狂欢节开幕，预计将有 100 万人参加此次活动。

29 日

英国在利比亚首都的黎波里设立外交办事处，但外交部表示仍未确定重新开放英国大使馆的时间。

30 日

联合国利比亚制裁委员会准许英国解冻 18.6 亿第纳尔（约合 9.5 亿英镑）的利比亚资产，用于支持利比亚战后重建工作。

考古学家在威尔士南部高尔半岛发现一洞窟遗址。专家称，该洞窟可能是迄今为止在英国发现的最古老的洞窟，可以追溯到冰河纪。

31 日

戴尔农场（Dale Farm）居民高院上诉失败，英国最大吉卜赛人和流浪人口非法宿营地居民将遭驱逐。

九月

1 日

利比亚问题国际会议在巴黎召开，战后重建成为讨论的主题。英国首相卡梅伦和法国总统萨科齐任会议主席，卡梅伦表示英国将为利比亚战后重建

"尽一份力"。

伦敦骚乱受审人数超过1500，其中1/5为10~17岁的青年，91%为男性。

8月英国Markit/Cips采购经理人指数下降至49，为26个月以来最低，英国制造业继续萎缩。

2日

联合国消除种族歧视委员会呼吁中止驱逐戴尔农场居民。

欧盟加强对叙利亚的制裁，对叙利亚实施石油禁运。

4日

英格兰防卫联盟（EDL）在伦敦东部（该区域禁止游行）游行时与警方发生冲突，66人被捕。当天约有1000名EDF成员参与游行，并有1500名民众参与反示威活动，3000名警察到场维持秩序。

5日

英国外交大臣黑格表示已向利比亚派遣外交使团，尽快重建完整的外交机构。

利比亚反对派高级指挥官贝勒哈吉称自己在被英美两国扣留期间曾遭虐待，并要求英国军情六局（MI6）和美国中央情报局（CIA）道歉。

戴尔农场居民驱逐日期已定，计划从9月19日开始，持续一周。

6日

财政大臣奥斯本表示英国短期经济增长预期下调。

英国石油公司计划向北海油田投资7亿英镑，预计创造1000个工作机会。

8日

中国国务院副总理王岐山前往伦敦出席2011年"中英经济财金对话"，并与英国财政大臣奥斯本进行正式会谈，表示支持伦敦发展成为人民币离岸交易中心。

英国取消男同性恋献血禁令。

12日

英国首相卡梅伦抵达莫斯科，对俄罗斯进行正式国事访问。这是2005年以来英国首相首次正式访问俄罗斯。

英国独立银行委员会公布了关于银行业改革建议的最终报告——维克斯报告，旨在增加英国银行的安全性，提高其竞争力。

14 日

5~7月，英国失业人数增加约8万人，达到251万，为两年来最高。

15 日

英国首相卡梅伦和法国总统萨科齐抵达利比亚首都的黎波里，成为自卡扎菲政权被推翻后最先访问利比亚的西方国家最高领导人。

17 日

自由民主党在伯明翰召开全国代表大会。

18 日

英国警方18~19日采取大规模搜捕行动，在伯明翰逮捕了7名恐怖活动嫌疑人。英国政府称，这是今年挫败的最大一起恐怖袭击图谋。

19 日

英国高等法庭裁决撤销立即拆除伦敦东部地区爱尔兰吉卜赛人定居点的执行令。

格拉斯哥建立英国首家脑肿瘤组织库。

英国宣布在威尔士卡迪夫等地建立5处企业振兴区，以期振兴经济。

22 日

卡梅伦表示支持巴勒斯坦加入联合国。

英国药品监管部门批准摩田眼科医院开展人类胚胎干细胞试验。这是欧洲首次批准人类胚胎干细胞临床试验。

25 日

工党在利物浦召开全国代表大会。

28 日

欧盟委员会主席巴罗佐提议在欧盟范围内征收金融交易税，英国表示将反对该提案。

十月

2 日

英国首相卡梅伦表示本届政府不会就是否退出欧盟举行全民公决。

3日

英国财政大臣奥斯本表示,地方议会税冻结时间会进一步延长,英国政府希望以此表明政府在坚持财政紧缩政策的同时,努力帮助人民渡过经济困难时期。

5日

保守党年会闭幕,首相卡梅伦发表讲话,强调各界齐心协力,共渡经济难关。

世界文化遗产基金公布了本年面临危机的建筑名单,英国普雷斯顿汽车站等七座建筑榜上有名。

6日

英国广播公司(BBC)宣布,为缩减开支,该公司将在未来五年内裁减2000名员工。

英格兰银行宣布将进行第二轮量化宽松,向市场注资750亿英镑。

英国国防部就国防部长利亚姆·福克斯允许其好友参与内部事务展开调查。

7日

穆迪下调英国12家金融机构评级,其中包括苏格兰皇家银行(RBS)和莱斯银行(Lloyds Banking Group)。

8日

迈克尔·杰克逊纪念演唱会在卡迪夫千禧体育馆举行。

阿富汗战争10周年之际,近5000英国市民在伦敦市中心举行反战游行。

9日

伦敦市民走上街头抗议医保改革。

10日

英格兰民族党(BNP)前领导人格里芬被曝指示下属伪造发票遭调查。

11日

电影《憨豆特工Ⅱ》上映首周即获英国及爱尔兰票房冠军。

13日

议员投票支持在下院使用推特等网络工具。

14日

国防部长利亚姆·福克斯因允许好友参与内部事务而辞职。

15日

受"占领华尔街"运动影响,数千伦敦市民走上街头,宣告"占领伦敦"。

17日

英国居民消费价格指数升至5.2%,为1997年以来最高。

允许女性主教进入英国国教的提案已在地区性投票中获得通过。

19日

西城乐队宣布将在2012年告别巡回演唱会结束后解散。

英女王抵达澳大利亚,开始为期11天的访问。

21日

威尔士大学因其一家伦敦学院涉嫌留学签证诈骗,宣布撤牌并入圣大卫三一学院。

22日

英国各地残疾人走上街头,抗议政府削减补助。

24日

英国就是否退出欧盟举行全民公决的动议在下院遭到否决。保守党议员在此次投票中大规模倒戈,共81名保守党议员违背卡梅伦要求,投了赞成票。

25日

上千青年走上伦敦街头,抗议政府为削减开支而取消多项青年服务。

欧洲法院宣布,澳大利亚女艺人凯莉·米洛的法国前男友马丁内斯控告英国《星期日镜报》侵权案可在任何能看到相关报道的欧盟国家内进行审理。

27日

英国司法大臣肯尼思·克拉克在量刑改革中首次将终身监禁的适用范围扩展至除谋杀之外的犯罪行为,如二级性侵犯及暴力犯罪行为。

29日

英国开始从利比亚撤军。

十一月

2日

维基解密创始人阿桑奇上诉失败,将被引渡回瑞典为其所控强奸罪作出答辩。

3日

最新一部邦德电影片名为《007:大破天幕杀机》,这是007系列的第23部影片。

英国联合工会(Unison)投票通过罢工决议,反对政府养老金改革计划。

5日

英国边境署署长克拉克被控未能严格执行边检而遭停职。内政部调查报告称,克拉克为了缩短港口和机场的入境办理时间而简略步骤,给恐怖分子和犯罪分子进入英国造成可乘之机。

7日

英国主要工会之一北爱尔兰公共服务联盟(Nipsa)宣布将于本月30日举行大罢工,抗议政府养老金改革计划。

不允许男同性恋者献血的法令正式终止。从今日开始,只要在过去一年中没有同男性发生过性关系的同性恋者都可参加献血。

英国政府宣布推翻最高法院2008年做出的关于本国公民配偶若非欧盟成员国公民且不满21岁则不得居住在英国的法令,称这一法令侵犯人权。

11日

英国外交部宣布威廉王子将于明年二、三月被派往福克兰群岛服役。阿根廷方面对此表示谴责,称这一举动是对阿根廷主权的"挑衅"。

12日

英国国际救援组织乐施会(Oxfam)将其工作人员从南苏丹边境地区撤离。

13日

英女王及其他皇室成员和首相卡梅伦参加阵亡战士纪念日的悼念活动。

14 日

《世界新闻报》窃听丑闻爆发后,针对英国媒体行为而进行的"莱韦森调查"在英国上诉法院法官莱韦森主持下启动。

15 日

英国国际发展事务大臣安德鲁·米切尔访问缅甸,呼吁缅甸政府释放政治犯。

19 日

BBC年度慈善募捐会"为了需要帮助的孩子"筹集到2600多万英镑,创下了这一活动有史以来的募捐最高纪录。

21 日

英国最高法院宣布律师在出席最高法院庭审时无须再穿戴传统的长袍和假发。

22 日

英国政府宣布针对英国海岸警卫中心的削减计划,八支海岸警卫队将被撤销。

25 日

英国推理女王阿加莎·克里斯蒂著作《捕鼠器》即将迎来其登上戏剧舞台的第60个年头,为庆祝其诞辰60周年,这部上演时间最长的戏剧将首次在英国展开巡演。

针对英国媒体行为进行的"莱韦森调查"进入第二周,多位受害者讲述了私生活被媒体侵犯的经历,其中包括演员休·格兰特及《哈利·波特》系列丛书作者J.K.罗琳。

27 日

在国际原子能机构发布关于伊朗核设施的调查报告后,财政大臣奥斯本宣布对伊朗实施经济制裁。作为回应,伊朗政府驱逐英国驻伊朗大使。

28 日

由于地方政府财政紧缩,英国历史最悠久的环保慈善团体"英国环保"面临关闭。

29日

财政大臣奥斯本发布了秋季预算报告,并公布了英国预算责任办公室(OBR)最新经济预测报告。该报告下调了英国短期增长预估,但认为英国不会发生衰退。

30日

有"世界最美味炸鱼薯条店"之称的英国哈利炸鱼薯条店在约克郡吉斯利的总店宣布关门。

英国爆发32年来最大规模公共部门大罢工,抗议政府的养老金改革计划。据估计全英范围内有超过200万人参与此次24小时罢工行动,并举行超过1000场游行示威。此次罢工由全英教师工会、公共和商业服务工会等20多个工会联合组织。英国各地学校、医院、政府机构、入境边检等公共部门的服务停滞或受严重影响。

部分伊朗民众11月29日攻击了英国驻德黑兰使馆后,英国政府下令关闭伊朗驻英国使馆并命令使馆人员在48小时内离开英国。

十二月

2日

一项允许同性伴侣在教堂举行婚礼的法令获得通过,但英国国教会随后宣布,除非得到英国国教总议会全体成员的同意,同性恋伴侣不得在其教堂举行婚礼。

4日

两只来自中国的大熊猫甜甜和阳光在爱丁堡动物园安家。

7日

英国各地超过2500名"联合利华"员工开始长达24小时的罢工,以抗议该公司的养老金改革计划。

8日

国防大臣菲利普·哈蒙德宣布英国皇家海军核潜艇将于2013年底迎来第一位女操作人员。

9 日

英国首相卡梅伦在欧盟峰会上反对修改《里斯本条约》。为应对欧债危机，德法提出修改欧盟《里斯本条约》，加强财政纪律，这一动议得到绝大多数成员国的支持。然而，由于英国反对，欧盟不得不放弃修改《里斯本条约》的初衷，另外缔结政府间条约。

10 日

7～10 日，苏格兰遭遇风暴，上万户家庭停电，逾百所学校停课，多条道路被封闭。

16 日

英国最高法院宣布接受维基解密创始人阿桑奇的上诉，重新考虑将他引渡回国的判决。该案将于 2012 年 2 月开庭审理。

19 日

除英国外，欧盟各国同意向国际货币基金组织注资 1500 亿欧元用于帮助欧元区面临困境的国家。

威尔士政府宣布将在伦敦设立专门办公室以便直接与各国大使及投资者交流。

20 日

国际评级机构穆迪维持英国 AAA 评级，但警告如欧债危机恶化，英国的最高评级可能不保。

22 日

外交大臣黑格称伊朗政府屏蔽了英国大使馆网站，普通伊朗人民无法登录该网站。

23 日

英国女王伊丽莎白二世 90 岁的丈夫爱丁堡公爵（即菲利浦亲王）因冠状动脉堵塞接受了心脏病手术，手术很成功。

25 日

英国女王发表圣诞讲话，赞扬英国人民在过去一年中表现出的勇气。

31 日

新一年授勋名单公布，名单中包括了来自各行各业的杰出人士。

2012 年

一月

1 日

奥运会组织机构将设立专门的情报部门打击赌博团伙。

英国政府在元旦当日宣布,鉴于目前大量公租房被转租及高薪人士租住公租房的行为,政府今年将推动相应立法以根除这一漏洞。

政府决定拨款 1.5 亿英镑用于为年老病人提供在家接受照顾和看护的服务。

3 日

国防部公布,自 2001 年起在阿富汗死伤的英国军人总数达到 395 人。

5 日

国防大臣哈蒙德称,将阻止伊朗关闭石油贸易重要枢纽霍尔木兹海峡的报复性行为。2011 年 11 月,英国因怀疑伊朗研制核武器下令禁止本国所有金融机构与伊朗同行进行合作。

英国外交大臣黑格 5 日抵达缅甸首都内比都,开始对该国为期两天的访问,成为 1955 年以来首位访缅的英国外交大臣。

6 日

卡梅伦首相承诺尽最大努力阻止其他欧盟国家在欧洲统一大市场中孤立英国。卡梅伦已否决修改欧盟条约的建议,称这些变化不符合英国利益。

7 日

在接受《观察家报》采访时,工党领袖米利班德呼吁英国政府建立"更加负责有效的资本主义经济",削减庞大的政府开支,并提出解决此问题的方法是提高政府工作透明度。

政府计划 2016~2026 年花费 170 亿英镑在伦敦与伯明翰间修建 100 英里长的高速铁路线 HS2。

8 日

彩票基金会与威廉王子和哈里王子基金会将共同成立一个致力于帮助军人复员后适应正常市民生活的慈善机构——FIMI。

10 日

交通大臣贾斯廷·葛林宁批准修建高速铁路 HS2 线的计划。

13 日

卡梅伦自担任首相以来首次访问沙特阿拉伯,希望与沙特国王建立友好的个人关系。

14 日

影子财政大臣埃德·鲍尔斯宣布支持政府相对降低公共部门工作人员工资的计划,工会因此指责工党未能代表平民的利益。

自由民主党代领袖西蒙·休斯称,政府设置家庭福利补贴上限的提案破坏家庭幸福。此前政府曾提议每个家庭每年接受的福利补贴不得超过 26000 英镑。

16 日

副首相克莱格呼吁企业向员工分配股份,以提高生产效率促进经济增长。

20 日

政府首次公布外来移民申请工龄福利比例的估算结果。调查发现在英国出生的移民比在国外出生的移民申请补贴的比例更大。

国际发展大臣安德鲁·米切尔由于泄露一起反贪污案中的举报人姓名向公众道歉。

21 日

英国广播广告行为委员会(BCAP)宣布,从事生育服务(包括堕胎服务)的私人诊所将被允许在广播电视中做广告。

22 日

在大法官莱韦森对媒体道德进行的调查中,英国广播公司(BBC)已通过调查,无任何迹象表明其曾有电话窃听行为。

25 日

苏格兰首席部长亚历克斯·萨蒙德向苏格兰议会提出 2014 年秋举行有关

苏格兰独立的公决的详细计划,并开始征集公众意见。

26日

三名英国公民在阿富汗拉什卡尔加市的爆炸中受伤。

27日

奥运会开幕式主题确定为"奇妙岛屿"。

奥运会组织者已进驻奥运村,奥运村将迎来200多个国家和地区的16000名运动员及官员。

政府提交的社会福利改革法案遭到市民的反对。在伦敦最繁忙的购物街区,坐在轮椅上的残障者举行抗议活动。

约克大主教警告政府官员不应颠覆传统,承认同性婚姻。他表示支持民事伴侣关系,但称只有独裁者才企图重新定义婚姻。

31日

军方表示英国将于2014年底从阿富汗撤军。

二月

2日

剑桥公爵威廉王子抵达福克兰群岛,开始担任为期6周的调查援助飞行员。

6日

铁路系统行政长官称,伦敦奥运会期间交通系统受到不良影响将不可避免,而且奥运会成功与否也在一定程度上依赖于当局是否能够有效解决这一问题。

7日

《泰晤士报》编辑正式就员工私自窃取他人电子邮件信息撰写报道的行为向公众道歉。

9日

公共关系专家麦克斯·克利福德称,电话窃听行为是新闻界的"癌症",它涉及的其实只是很少部分人,大多数记者都是被迫牵涉其中。

剑桥公爵夫人首次独自参加公众活动,出席了伦敦中心卢西安·弗洛伊德展览的首发式。

11 日

阿根廷外长谴责英国就福克兰群岛领土争议向联合国提出官方诉讼后在南大西洋部署核潜艇。

12 日

文化大臣杰瑞米·亨特称公众呼吁建立独立于政府机构的更严格的新闻出版业管理体制。

首相卡梅伦公开支持卫生大臣安德鲁·兰斯利针对英格兰国民健康保险制度的改革方案。

15 日

女王在演讲中表示,英格兰教会的职责是保护国民的信仰自由,而非阻止人民信仰圣公会以外的其他宗教。

18 日

内政部向曾因寻求庇护而被关在成人拘留中心的 40 名外国难民儿童赔偿 100 万英镑。

20 日

英格兰部分地区地下水位已低于 1976 年水平,环境部长召开会议研究旱灾的影响。

21 日

英国设立热线,帮助受到种族歧视的伊斯兰移民。

23 日

司法部公布数据显示,去年骚乱中被判有罪者共 1500 人。

24 日

外交大臣黑格宣称,英国官方承认叙利亚全国委员会为叙利亚合法代表,并将加强与该委员会的关系。

26 日

新版《太阳报》周日版上市,在《世界新闻报》关张后,努力抢占周日报业市场份额。

28日

在法院裁定占领伦敦抗议活动违法必须停止后,示威者的帐篷已清理完毕。

29日

詹姆斯·默多克卸任新闻国际执行主席职务。

由于马尔维纳斯群岛争议,阿根廷政府命令国内公司禁止进口英国商品。

三月

1日

英国议会上院通过福利改革法案。

5日

英国大型零售商乐购(TESCO)将在英国创造2万个就业岗位。

苏格兰计划延长两座核电站的使用期限。

6日

巴西经济超过英国成为第六大经济体。

卡梅伦要求叙利亚总统巴沙尔·阿萨德下台。

7日

英国养老基金联合会称,英国央行的量化宽松举措造成养老金出现900亿英镑亏损。

英国国防部证实六名英军士兵在阿富汗被炸身亡。

10日

英国举办第一届国际风笛大会。

11日

副首相克莱格提议开征"大亨税",以提升自由民主党不断下滑的支持度。

13日

应美国总统奥巴马邀请,英国首相卡梅伦自13日起开始对美国进行为期三天的正式访问。

苏格兰与中国双边贸易额翻番。

14日

美国总统奥巴马和英国首相卡梅伦在白宫就阿富汗、伊朗、叙利亚和全球经济复苏等问题举行会谈。

英国考虑发行百年公债。

15 日

思科 50 亿美元收购软件商 NDS。

英国政府就同性婚姻合法化议题展开磋商。

19 日

首相卡梅伦发表讲话称，政府正考虑将国内公路网部分私营化，以减少公共资金投入。

20 日

英国政府启动"国家贷款保证计划"，将通过政府担保，由商业银行向中小企业提供 200 亿英镑的低利率贷款。

英国 2 月通胀率小幅滑落至 3.4%。

21 日

英国政府公布了自 2012 年 4 月 1 日起的新财政年度预算。新财年预算案拟调整税收、商业和福利政策，普降个人所得税。

22 日

英国 2 月零售业销售额环比下跌 0.8%。

26 日

英国政府计划 2013 年将皇家邮政公司私有化。

28 日

英格兰部分地区严重干旱，供水受到限制。

伦敦教师举行罢工。

30 日

英国将向叙利亚反对派追加 50 万英镑援助。

四月

1 日

英国将开征"空气税"。

2 日

英国、阿根廷两国在马岛战争爆发 30 周年纪念日分别举行了纪念活动。

3 日

默多克之子宣布辞去英国天空电视新闻网董事长一职。

4 日

英国皇家海军军舰前往马岛海域服役。

5 日

英国中央银行决定将其主导利率继续维持在 0.5% 的历史最低水平。

6 日

英国暂时关闭驻马里大使馆并撤回所有外交人员。

8 日

黑客组织"匿名者"入侵英国内政部网站。

10 日

英国首相卡梅伦访问日本。

12 日

应英国文化大臣杰瑞米·亨特的邀请,刘延东国务委员访问英国,启动中英高级别人文交流机制。

13 日

英国首相卡梅伦访问缅甸。

标准普尔维持英国 3A 主权信用评级。

15 日

中共中央政治局常委李长春抵达伦敦,开始对英国进行正式友好访问,并出席伦敦书展中国主宾国活动开幕式。

16 日

法国燃气将以 64 亿英镑全盘控股英国国际电力。

17 日

英国首相卡梅伦在唐宁街 10 号会见中共中央政治局常委李长春。

英国 3 月通胀率升至 3.5%。

18 日

英国失业率回落至 8.3%。

20 日

英国准备向国际货币基金组织增资 100 亿英镑。

21 日

英国女王伊丽莎白二世迎来 86 岁生日。

22 日

英国媒体曝英军情处曾与卡扎菲进行情报合作,政府展开调查。

23 日

莎士比亚戏剧节拉开帷幕。

英国通信管理局调查天空电视台非法入侵受害人电子邮件事件。

24 日

英国文化大臣杰瑞米·亨特卷入默多克丑闻,面临要求其辞职的压力。

25 日

英国 2012 年第一季度国内生产总值萎缩 0.2%。英国经济再次陷入衰退。

26 日

汇丰银行将在英国裁员 2000 人。

27 日

英国"云霄塔"太空飞机项目进行关键试验。

29 日

英国红十字会医生达勒在巴基斯坦遭武装分子绑架后被斩首。

30 日

世界最大 BT 种子网站海盗湾被英国高等法院判令封杀。

五月

1 日

自由民主党最大捐赠者迈克尔·布朗因巨额诈骗被判入狱 7 年。

3 日

英国边境署计算机系统崩溃,上千名外国乘客无法离境。

4日

两名驻阿英军士兵遇袭身亡。至此英国对阿军事行动死亡总人数已达412人。

工党候选人乔·安德森以绝对优势获选利物浦市市长一职。

14日

英国首相卡梅伦会见达赖,中国外交部发言人对此表示强烈不满和坚决反对。

15日

前新闻集团首席执行官丽贝卡·布鲁克斯面临指控。

18日

为庆祝登基60周年,英国女王伊丽莎白二世在温莎城堡设宴招待26国王室成员。巴林国王和斯威士兰国王的到场遭到人权人士抗议。

22日

英国皇家海军护卫舰迎来首位女指挥官萨拉·西。

23日

英国将与沙特签署武器贸易协议。

25日

英国反对政府减支团体计划周末在各地举行11场示威活动。

26日

英国共和派人士举行示威活动,抗议女王登基钻禧庆典。

29日

地铁工作人员将每人获得850英镑的额外报酬,以确保奥运期间不发生罢工事件。

六月

2日

庆祝英女王登基60周年钻禧庆典活动拉开帷幕。伊丽莎白二世参加埃普瑟姆赛马会,开启女王登基60周年庆典活动。

3 日

庆典活动的"重头戏"千船巡游在泰晤士河进行。多名英国王室成员和女王一起搭乘"王室之舟",率领千艘船只沿泰晤士河航行。

4 日

白金汉宫举行大型音乐会,女王点燃4000余个接力火坛的最后一座,将欢庆活动推向高潮。英国各地民众还将举行街头狂欢活动,庆祝女王登基60周年。

7 日

英国军队面临大范围改组。国防部长菲利普·哈蒙德称将在8年内裁员2万人。

8 日

苏格兰首府爱丁堡近日出现军团病疫情。已确认21人染病,其中1人死亡,另有19例疑似病例。

11 日

伦敦的粮仓广场向公众开放。

工党领导人埃德·米利班德会见布拉德福德穆斯林妇女。

12 日

英国军队再次裁减2900个岗位。

14 日

马岛战争结束30周年,英国首相卡梅伦表示英国将尊重马岛人民在公决中所做出的选择,并表示拒绝与阿根廷就马岛主权问题展开谈判。

15 日

伦敦奥运火炬结束在苏格兰为期7天的传递。

16 日

英国女王迎来自己的官方生日,表彰各领域杰出人士的"荣誉名单"也于同一天正式揭晓,共有1201名各界人士受到嘉奖,其中包括多位娱乐圈大牌明星和时装设计师。

17 日

英国政府决定为新一代核潜艇订购价值10亿英镑的核反应堆。

18 日

北爱尔兰卫生部长称同性恋献血者的血液存在健康风险,遭受质疑。

示威者围堵普雷斯顿附近的钻井平台,抗议用液压裂解法获取天然气。

20 日

一对穆斯林夫妇被控计划炸弹袭击在英犹太人。

英国马戏传奇人物格里高图进行最后一次马戏团巡演庆祝自己从艺50年。

二十国集团墨西哥峰会期间,卡梅伦拒绝接受阿根廷总统有关马岛主权的函件,要求阿根廷尊重马岛居民对主权归属的选择。

21 日

英工党领袖埃德·米利班德承诺改革劳务移民政策。

英政府宣布2015年起英国驾照上将印有英国国旗。

22 日

英国将建造新型"三叉戟"核武器。

26 日

为庆祝女王伊丽莎白二世登基60周年,英国宣布将把伦敦著名地标"大本钟"改名为"伊丽莎白塔"。

27 日

伊丽莎白二世访问北爱尔兰,在贝尔法斯特会见前爱尔兰共和军领导人、北爱地方政府第一副首席部长兼新芬党领导人麦吉尼斯。

28 日

横跨泰晤士河的伦敦电缆车系统开始运行。

为期一周的阿拉伯艺术节在利物浦开幕。

七月

1 日

迫于巴克莱银行间贷款利率丑闻,银行董事长马库斯·阿吉乌斯提出辞职。

英国首相卡梅伦宣布,不排除英国举行全民公决决定是否脱离欧盟。

2 日

英国皇家警务督察署宣布,由于政府要缩减24亿英镑开支,警方在今后三年内将裁减近6000名一线警察,数百个警察局和警务岗亭也将关闭。

5 日

经过30年的等候,利兹市迎来第一个现代无轨电车的问世。

英国国防部公布2020年军队规划。作为削减国防开支的举措之一,陆军常规部队人数将从10.2万缩减至8.2万。这一数字是1978年冷战时期英军人数的一半,同时预备役人员数量将翻一倍至3万人。

7 日

英国为残奥会金牌得主发行系列邮票,并将于比赛结束后几周内在全球发行。

10 日

威尔士五个专门雇用残疾工人的工厂宣布停业。

11 日

由于牛奶价格不断下降,大批牛奶场场主走上威斯敏斯特街头举行游行示威活动。

12 日

北爱尔兰一年一度的"奥兰治日"宗教游行在首府贝尔法斯特再次引发冲突,20名警察在冲突中受伤。

13 日

联合国秘书长发言人宣布,英国前首相布朗将被任命为联合国全球教育特使。

16 日

英国外交大臣黑格访问利比亚首都的黎波里,与利比亚过渡政府总理凯卜及其他高级官员举行会谈,讨论加强双边合作。

英国政府宣布计划投资90亿英镑用于铁路网络改造和电气化升级。

19 日

英国首相卡梅伦在阿富汗喀布尔访问时表示,2014年英国驻阿部队撤离后,将继续长期支援阿富汗。

20 日

欧盟各国政府考虑放宽对津巴布韦的制裁换取政治改革。

22 日

凭借《Good Morning to the Night》专辑,埃尔顿·约翰第17次登上最佳专辑榜首。

24 日

英国首相卡梅伦在唐宁街10号举行庆祝女王钻石禧年午宴。

27 日

第三十届夏季奥林匹克运动会在伦敦斯特拉特福德奥林匹克体育场开幕,英国女王出席了开幕式。

八月

1 日

全英房价持续走低。据全国建筑业协会反馈,因经济持续低迷,这已是五个月内第四次全国性的房价下跌。

首相卡梅伦祝贺英国女子双人赛艇选手首次征战即获金牌。他还表示,奥运会的成功举办证明英国有能力即使在困难时期也不辱使命。

2 日

英国首相卡梅伦在伦敦与俄罗斯总统普京会晤,就叙利亚问题进行了讨论。

3 日

英国航天局首席行政官大卫·威廉姆斯将在年底离任。

6 日

财政大臣奥斯本说,伦敦奥运会的成功举办将"英国可以做得很好"这一信息传递给全世界。

7 日

卡梅伦首相驳回上议院改革提案。副首相克莱格因此宣布保守党已"打破了联合执政契约"。

9日

英国贸易赤字创15年新高。六月份英国的贸易逆差急剧扩大，达到1997年以来的最高水平。

10日

英国外交大臣黑格说，英国将向叙利亚反对派提供价值500万英镑的物资援助，其中包括防弹衣和通信设备。黑格称，英国不会向叙利亚反对派提供武器，但会加强与反对派的联系。

12日

伦敦奥运会闭幕。

苏格兰人就业服务中心的工作人员在全英国举行有条件罢工。

14日

英国首次国际文化峰会在苏格兰爱丁堡举办，来自30个国家的部长参会，苏格兰议会的代表也出席了本次活动。

15日

英国国家统计局数据显示，第二季度英国失业率从上一季度的8.2%下降至8.0%。

22日

苏格兰皇家银行（RBS）将因破坏对伊朗的经济制裁而面临调查。

23日

英国器官移植接受者运动会（BTG）在梅德韦举办。共有500名接受过主要器官移植手术的患者参加了本次运动会。

卡梅伦在首相府会见巴林国王，呼吁两国共同打击侵犯人权的行为。这是卡梅伦担任英国首相期间第三次会见巴林国王。

24日

《太阳报》无视王室警告，率先在英国发表哈里王子在拉斯维加斯酒店房间内赤身的照片。该报称，读者有权看到他们可以在世界各地被广泛使用的图像，并称新闻自由正在受到考验。

25日

英国政府启动一个200万英镑的应急计划，应对发生在西非国家塞拉利昂

26日

罗马天主教神父在致苏格兰教会各教区的信中批评苏格兰政府计划接受同性婚姻。苏格兰政府回应，接受同性婚姻是正确的。但同时也强调，没有神职人员将被迫主持相关仪式。

英国外交部发言人说，英国政府致力于外交途径解决"维基解密"网站创始人阿桑奇进入厄瓜多尔驻英大使馆避难事件。

28日

作为24小时火炬传递活动的最后一部分，残奥会圣火到达伦敦，预示着2012年残奥会的开始。

29日

副首相克莱格临时征收富人附加税的提议引发争议。财政大臣奥斯本警告这一提议将"赶走"英国的"财富创造者"。

30日

巴克莱银行任命安东尼·詹金斯为该银行的新行政长官。

31日

苏格兰大臣迈克尔·穆尔宣布任命前劳工部长布赖恩·威尔逊为英国商务大使。

苏格兰位于亨特斯顿和托内斯的两座核电站自2001年美国9·11恐怖袭击以来首次重新向公众开放。

九月

2日

亲爱尔兰的天主教徒在北爱尔兰贝尔法斯特北部举行游行活动，引起被禁止在该区域游行的亲英国新教徒的不满，双方发生了暴力冲突。

4日

首相卡梅伦上任以来首次改组内阁。重要变动包括：文化大臣杰瑞米·亨特改任卫生大臣；就业大臣克里斯·格雷林改任司法大臣；司法大臣肯·克拉克无新职；北爱大臣欧文·帕特森改任环保大臣；保守党首席党鞭帕特里克·

麦克罗夫林改任交通大臣;交通大臣贾斯廷·葛林宁改任国际发展大臣;国际发展大臣麦安德鲁·米切尔改任保守党首席党鞭。

伦敦市长鲍里斯·约翰逊抨击卡梅伦将交通大臣葛林宁改任他职是为扩建希思罗机场,将反对者踢出局。

6 日

捷豹路虎宣布将在中国生产 2 款新车型。

为增加产量,本田在英国的工厂已投资 2.67 亿英镑,用于生产思域和 CR – V 两款新车型和 1.6 升新型柴油发动机。

7 日

英、法、德三国呼吁欧盟对伊朗实施更加严厉的制裁。

希思罗机场扩建事宜推迟至下一次大选后再议。

9 日

伦敦残奥会闭幕。

10 日

英国工会总会年度大会投票决定,号召于今秋举行大规模罢工游行,抗议政府冻结工资、减少公共部门工作人员、实施养老金改革计划等紧缩政策。

伦敦举行奥运会和残奥会庆祝大游行。

11 日

英、德、法和西班牙四国经济部门官员一致表示反对欧盟单独征收航空"碳税",并呼吁就此推出一个全球性解决方案。

安迪·穆雷获得美国网球公开赛冠军,成为 1936 年弗莱德·佩里之后首位获得大满贯的英国男子网球运动员。

12 日

国防大臣菲利浦·哈蒙德在卡塔尔首都多哈表示,西方国家现阶段不会军事干预叙利亚。

14 日

一部涉嫌侮辱伊斯兰教的美国电影引发了多国穆斯林民众的抗议,美国使馆频频遇袭,一些欧洲国家的使馆也受到牵连。当日英国和德国驻苏丹的使馆遭遇袭击,使馆损毁严重。

22 日

外交大臣黑格表示，英国将与加拿大成立联合驻外使领馆，以降低成本。这项合作方案未来有可能将澳大利亚及新西兰也纳入其中。

25 日

英国政府表示将出资 100 万英镑帮助战争地区防止针对女性的性暴力犯罪。

十月

2 日

工党于曼彻斯特召开党代会，埃德·米利班德做主题发言，借用前保守党首相迪斯雷利的口号，欲将英国建设成为"一个全民团结国家"，缩小贫富差距。

3 日

独立电视台播出调查性新闻纪录片，指控已故 BBC 知名主持人吉米·萨维尔对多名未成年人实施性侵。

交通部宣布西海岸铁路线投标过程存在纰漏，决定暂时撤销第一集团竞得的经营权，在作出进一步决定前暂时维持维珍的经营权。

4 日

伦敦警察厅（MET）宣布将对已故 BBC 著名主持人萨维尔性侵未成年人事件展开调查。

英国大学秋季入学申请人数下降约 5 万人。

Halifax 数据显示，英国房价连续 3 个月下跌，9 月房价环比下降 0.4%，同比下降 1.2%。

SMMT 数据显示，英国 9 月汽车销售同比上涨 8.2%，福特公司旗下品牌嘉年华（Fiesta）继续保持销售第一。

5 日

英国燃气电力办公室（Ofgem）称英国 2015 年开始可能面临能源短缺问题。

6日

首相卡梅伦在推特开设个人账户，并发出第一条推文。

7日

保守党党代会在伯明翰召开。

8日

英国科学家约翰·格登与日本科学家山中伸弥获得2012年诺贝尔医学（生理学）奖，两人在细胞核重新编程研究领域有杰出贡献。

10日

政治因素导致欧洲宇航防务集团（EADS）与英国宇航系统公司（BAE Systems）合并计划流产。

中国电信设备生产商华为宣布将该公司英国总部从汉普郡迁至雷丁，以满足公司人员扩张需求。搬迁预计2013年4月完成。

12日

西班牙国际银行（Santander）收购苏格兰皇家银行300余家支行计划破产。

独立警方投诉委员会（IPCC）与检察院宣布对1989年希尔斯堡惨案中警察的不当行为进行独立调查，这将成为英国历史上最大的独立调查。

BBC总裁乔治·恩特威斯尔宣布对吉米·萨维尔案展开两起内部调查，分别调查《新闻之夜》放弃播出萨维尔性侵事件纪录片的原因以及BBC的内部文化。

15日

首相卡梅伦与苏格兰首席大臣萨蒙德就在2014年秋举行苏格兰独立公决签署协议。协议就公决时间、投票问题等达成一致。

内政大臣梅宣布130余个欧盟治安法律条款在英国将不再适用。

16日

统计局公布通胀数据，9月消费者价格指数（2.2%）较8月（2.5%）下降0.3个百分点。

17日

统计局公布失业数据：6~8月，失业人数（253万）下降约5万人，失业率（7.9%）下降0.2个百分点，就业人数（约3000万）达新高。

18日

苏格兰民族党在珀斯召开党代会。

19日

伦敦警察厅正式对萨维尔性侵案展开刑事调查。

因"庶民门"（Plebgate）安德鲁·米切尔辞去保守党首席党鞭一职。

统计局公布公共部门借款净额数据，9月份公共部门借款净额128亿英镑，较去年同期下降约7亿英镑。

首相卡梅伦承诺，如不能为英国争取到满意的欧盟预算安排，将使用否决权。

20日

劳工联合会（TUC）组织伦敦数万人参加大型示威游行，抗议英国政府的财政紧缩政策。

22日

伦敦黑色出租车制造商锰铜控股（Manganese Bronze Holding）提出破产申请。

23日

BBC总裁乔治·恩特威斯尔接受下院文化特别委员会质询。

007系列影片第23部《007：大破天幕杀机》在伦敦皇家阿尔伯特大厅举行全球首映。

25日

奥运会帮助英国经济第三季度实现正增长，GDP增加约1.0%，为5年来最快增长。

福特汽车宣布关闭南安普敦和达格南两地的工厂，约1400人将因此失业。

26日

《007：大破天幕杀机》在伦敦公映，纪念第一部007系列影片《诺博士》上映50周年。上映首日票房约201万英镑，创下今年英国首映票房最高纪录。

29日

英国皮尔森集团与德国贝塔斯曼集团达成协议，企鹅出版社与兰登书屋即将合并。

30 日

英国最大电信运营商 Everything Everywhere 在伦敦和曼彻斯特等 11 个城市推出 4G 业务,英国民众第一次享受到 4G 手机服务。

日立收购德国意昂集团(E.On)和莱茵集团(RWE)在英核电公司,交易额约 7 亿英镑。

31 日

53 名保守党议员违背本党意愿,在下院同工党一起投票反对英国政府支持欧盟增加预算开支。虽此次投票只具建议性,但仍被视为联合政府上台以来经历的重大挫折。

十一月

1 日

中投集团入股伦敦希思罗机场控股,购买其控股公司西班牙 FTG Topco Ltd 10% 的股份。

5 日

首相卡梅伦出访海湾国家,旨在加强英国与海湾各国在防务、安全和贸易方面的联系,军售是此次访问的重点。

6 日

Halifax 数据显示,英国房价连续 4 个月下跌,10 月房价环比下降 0.7%,同比下降 1.7%。

英国与阿联酋建立共同防务伙伴关系。

8 日

外交大臣黑格出访印度,旨在加强双方贸易与核合作。

9 日

首相卡梅伦宣布,勒姆教区主教贾斯汀·韦尔比将出任第 105 任坎特伯雷大主教,接替今年 12 月退休的罗恩·威廉斯成为普世圣公会的精神领袖。

国际发展大臣格林宣布英国将在 2015 年结束对印度的国际援助。2012~2015 年间,英国将继续对印度提供约 2 亿英镑的援助。

10 日

BBC总裁恩特威斯尔因《新闻之夜》错误影射保守党资深政客性侵儿童决定辞职。

11 日

BBC前总裁恩特威斯尔任职仅54天，离职时却获全年薪水（约45万英镑），引发争议。

12 日

谷歌、星巴克及亚马逊等世界知名企业管理层在下院接受避税质询。

环境大臣帕特森率商务代表团访问中国，旨在推广英国食品。

13 日

统计局公布通胀数据，10月消费者价格指数（2.7%）较9月（2.2%）上升0.5个百分点。

15 日

统计局公布失业数据：7～9月，失业人数（251万）下降约4.9万人，失业率（7.8%）下降0.1个百分点，失业人数创一年以来新低。

英格兰与威尔士41个警区（伦敦除外）举行警察与刑事专员（PCC）选举。刑事专员将负责任命警察局局长，设定地方警务重点及编制地方警务预算等。

16 日

工党赢得南卡迪夫、佩纳斯、中曼彻斯特和科比全部四个选区补选。

警察和刑事专员（PCC）选举结果揭晓，41个警区中，保守党候选人赢得16个警区，工党13个，独立候选人12个，自由民主党候选人无一当选。此外，PCC选举平均投票率仅为15%左右，民主赤字令人担忧。

20 日

英国普世圣公会主教会议投票决定拒绝女性担任主教。

英国外交部承认叙利亚反对派联盟为该国唯一合法政府。

伊丽莎白女王与菲利普亲王结婚65周年纪念活动举行。

惠普总裁惠特曼称英国软件公司Autonomy存在严重会计不当行为，导致惠普收购这家公司时的估值存在严重偏差，损失约50亿美元。去年夏天，惠普公司以 111 亿美元的天价收购 Autonomy。

21 日

首相卡梅伦表示欧盟预算中英国返还款是不容谈判的问题。

22 日

BBC 信托会主席彭定康任命在 BBC 任职近 30 年的托尼·霍尔男爵为新总裁。

25 日

伦敦市长约翰逊出访印度，旨在为伦敦招商引资。

26 日

财政大臣奥斯本宣布任命加拿大央行行长马克·卡尼为英国央行新行长，接替将于明年 7 月退休的现行长默文·金，任期 5 年。卡尼是首位非英国国籍的英国央行行长。

28 日

商务大臣温斯·凯博在爱丁堡正式设立英国第一家环保投资银行，旨在推动环保科学技术方面的投资。统计局数据显示，英国约有 10.5% 的就业人口就业不充分。

29 日

莱维森大法官公布新闻窃听案调查报告，建议在不损害新闻和言论自由的前提下立法设立独立媒体监督机构。

联合国大会投票决定同意巴勒斯坦地区成为联合国非会员观察员国，英国在此次投票中弃权。

30 日

工党赢得北克里登、米德尔斯堡和罗瑟勒姆三个选区补选。

十二月

3 日

英国王室宣布剑桥公爵夫人凯特王妃怀孕，威廉王子和凯特王妃将迎来自己的第一个孩子。

5日

财政大臣奥斯本公布秋季财政预算报告。宣布赤字削减按计划进行；但削减债务目标难以完成，同时下调2012年经济增长预测为-0.1%（春季时为0.8%），并公布提高高额所得税起征点、个人所得税起征点，降低企业所得税等计划。

《007：大破天幕杀机》上映40天即打破英国票房纪录，获票房约9430万英镑，此前票房冠军为《阿凡达》。

6日

SMMT数据显示，英国11月汽车销售同比上涨11.3%。年初至今新车销售量为192万辆，同比增长5.4%。

11日

国家统计局公布2011年英格兰和威尔士人口普查数据：总人口约为5610万，上涨约7%。按宗教信仰统计，基督教人口（59%）下降13个百分点，无信仰人口（25%）上涨10个百分点，穆斯林人口（4.8%）上涨1.8个百分点；按种族统计，白人人口（86%）下降5个百分点；按国籍，37%的伦敦居民在外国出生，印度、波兰和巴基斯坦为最大人口输入国。

汇丰银行因洗钱被美国罚款约19亿美元。此前渣打银行因违反美国对伊朗等国的经济制裁被罚款超过3亿美元。

12日

国家统计局公布失业数据：8~10月，失业人数（251万）下降约8.2万，失业率（7.8%）环比下降0.2个百分点。

13日

评级机构标普将英国的信用评级调为负面展望。

14日

监管机构同意伦敦证券交易所集团（LSE Group）收购伦敦结算所（LCH Clearnet）。

17日

中石化投资约10亿英镑，与加拿大能源公司塔里斯曼（Talisman Energy Inc.）组建合资企业，合作开发北海油气田。

18 日

统计局公布通胀数据，11 月消费者价格指数与 10 月持平，维持在 2.7%。

19 日

关于《新闻之夜》放弃播出萨维尔性侵事件的调查报告公布。报告称没有证据显示节目组蓄意掩盖萨维尔性侵事件，但放弃播出是错误决定。

日产表示将在桑德兰工厂投资约 2.5 亿英镑，用于制造小型高档轿车英菲尼迪。

21 日

英国宇航系统公司与阿曼签订价值约 25 亿英镑的合同。

25 日

女王伊丽莎白二世发表圣诞演讲，演讲首次使用 3D 技术播出。

29 日

英国新年荣耀榜公布，大量奥运英雄获封，前首相布莱尔夫人切丽·布莱尔也因慈善工作获封。

后 记

从2012年春天开始思考《英国发展报告》项目到今天全书最终定稿经历了一年零三个月的时间。我的同事们和我很高兴有机会承担国内第一本英国发展报告的编写工作。英国研究在中国的重要性是不言而喻的，然而，近年来国内当代英国研究出现了相对边缘化的趋势。仅以国内国别与区域研究的重要平台国别发展研究报告的出版为例，以美国、日本、印度、俄罗斯、德国、韩国、越南、缅甸等国家为主要研究对象的发展报告相继问世，但迄今还没有英国发展报告出版。此外，与美、日、俄、法、德等重要国别研究相比，国内目前没有以当代英国为主要研究对象的学术期刊（只有南京大学历史系编辑出版的偏重英国史的《英国研究》集刊）。编写英国发展报告可以利用相对有限的资源，对英国内外政策、经济社会发展、中英关系等领域的新情况、新问题、新趋势进行动态追踪，并立足中国的国家利益、中国视角做出分析。

北京外国语大学英国研究中心是立足于外语院校以多学科、跨学科视角开展英国问题教学与研究的国别研究机构，以教育部国别和区域研究培育基地建设为契机，2012年初确定了《英国发展报告》编写计划。我们选择2010年作为本书起点，一方面考虑到这一安排有助于系统追踪2010年英国大选和联合政府成立对英国政治格局及经济社会政策走向的影响。另一方面，2010年也是希腊危机向整个欧元区蔓延的起点，从某种意义上说始于2008年的全球金融危机进入了2.0阶段，其对英国乃至整个世界的影响还有待观察。本书的大多数讨论截至2012年底，部分稿件涉及了2013年初英国各领域的重要新发展，如卡梅伦关于英国欧盟地位全民公决的讲话、英国政党政治的新变化、英国经济走势等。

在英吉利民族发展的延续与变革的历史中，其超乎寻常的稳定结构下，仍

后 记

不时呈现出一些对后续历史进程产生特殊影响的关键时刻。2010～2013年的三年间英国面对内外部的诸多挑战做出的回应（如战后首次出现的联合政府、危机下英国经济的艰难转型、苏格兰独立公决启动、英国欧盟成员国地位的去留）对于英国能否有效摆脱进一步衰落的命运至关重要，其影响将在英国发展的历史长河中显现出特殊的意义。这一跨年度的发展报告在关注当前英国政治、经济、社会、文化发展的同时，希望以更宏观的视角反映英国力量的变迁，探讨英国内部治理与更广义的国际政治经济环境之间的互动与关联，从而将编年史式的对细节的关注与大历史的宏观叙事结合起来，从民族、国家、世界乃至个体关系的视角看待英国，并在此基础上对英国的未来发展及其对国际体系、中英关系的影响作出判断。

本书关注的问题有，在当前国际金融危机和欧债危机迁延不愈、国际力量转移的背景下，英国如何通过国内政治、经济、社会政策的调整应对危机，实现经济社会发展；如何在国际事务中通过积极参与国际规则建构，提升国际话语权，利用在国际金融、政治与安全体系中的影响，发挥在低碳经济、创意文化产业等领域的比较优势，维护其大国地位和全球影响；如何借助自身软实力建设应对和延缓其衰落。

本书的编写是国内外同行通力合作的结果。除北外英国研究中心的师生外，来自中国现代国际关系研究院、中国社会科学院欧洲研究所、英国《金融时报》、中国对外经济贸易大学、洛阳外国语学院、河北大学等机构的专家学者承担了大量撰稿和审稿工作，弥补了我们在学术积累和人员方面的不足。中国欧洲学会英国研究分会、英国研究中心学术委员会的领导和专家在《发展报告》的论证和编写过程中给予了很多富有启发的指导和建议。

教育部国际司、北京外国语大学主管领导、科研处、英语学院的领导和同事对《发展报告》的立项与编写给予了许多热情的关心和无私的帮助。

英国研究中心的研究生承担了《发展报告》的许多资料检索和编务工作。特别是中心2012级博士生杨光杰、2013届硕士毕业生张放、2012级硕士生赵翊君承担了大量的文字处理工作。中心2011级硕士研究生黄潇漪、黄晓蕾、李烨、刘剑、刘子预、穆婕、钱珊珊、王瑞雪、王婷婷、幸颖、张景璐、张晓敏完成了英国大事记部分初稿的编写。在此一并致谢。

我们要感谢中国社会科学文献出版社全球与地区问题出版中心祝得彬主任和责任编辑仇扬、徐瑞从本书出版选题到编辑出版过程中给予的大力支持，他们在学术上敏锐的眼光和文字上的精益求精使本书增色不少。

王展鹏
2013 年 7 月 16 日

图书在版编目（CIP）数据

英国发展报告：2010～2013：国际金融危机背景下的英国/王展鹏主编.—北京：社会科学文献出版社，2013.12
ISBN 978-7-5097-5209-8

Ⅰ.①英… Ⅱ.①王… Ⅲ.①经济发展-研究报告-英国-2010～2013 Ⅳ.①F156.14

中国版本图书馆 CIP 数据核字（2013）第 248465 号

英国发展报告（2010～2013）
——国际金融危机背景下的英国

主　　编 / 王展鹏

出 版 人 / 谢寿光
出 版 者 / 社会科学文献出版社
地　　址 / 北京市西城区北三环中路甲29号院3号楼华龙大厦
邮政编码 / 100029

责任部门 / 全球与地区问题出版中心　　　　责任编辑 / 仇　扬　徐　瑞
　　　　　（010）59367004　　　　　　　　 责任校对 / 李艳涛
电子信箱 / bianyibu@ssap.cn　　　　　　　 责任印制 / 岳　阳
项目统筹 / 祝得彬
经　　销 / 社会科学文献出版社市场营销中心（010）59367081　59367089
读者服务 / 读者服务中心（010）59367028

印　　装 / 北京季蜂印刷有限公司
开　　本 / 787mm×1092mm　1/16　　印　张 / 20.5
版　　次 / 2013年12月第1版　　　　字　数 / 331千字
印　　次 / 2013年12月第1次印刷
书　　号 / ISBN 978-7-5097-5209-8
定　　价 / 69.00元

本书如有破损、缺页、装订错误，请与本社读者服务中心联系更换

▲ 版权所有　翻印必究